JN092962

都市大阪の
戦後史
復興・再生・発展
橋爪紳也
山川出版社
宝塚歌劇

はじめに

昭和の大阪

「大阪・関西万博」が開催される2025年（令和7）は、「昭和100年」となる。また2025年は大阪にあっては、都市計画を実施して市域を拡張、いわゆる「大大阪」が成立してから100周年の節目でもある。2025年は、大阪が近代都市として1世紀という年齢を重ねた足跡を再考する好機となるだろう。

ただ東洋最大の商工都市として繁栄をみた「大大阪の時代」、戦時下、占領下における戦後復興期、さらに「1970年大阪万博」をエポックとする高度経済成長期に至るまで、その道程は平坦ではなかった。各時代に生じた都市課題に関して、さまざまな計画や事業が練られ、今日の都市の発展に繋がっている。

この期間のなかで、いわゆる「大大阪の時代」の都市計画や、まちづくりを含む都市文化に関しては、大正時代からの連続性を加味しつつ、私も多くの著作で検証を行ってきた。しかし戦後復興期から高度経済成長期に関しては、都市計画やまちづくりの領域にあって、学術研究の蓄積が今後、さらに望まれると考える時代である。またこの時代を対象とする一般向けの平易な通史は少ない。

本書は「昭和の大阪」のうち、戦後復興期から高度経済成長期にフォーカスをあてて、都市が復興し、再生し、発展をなす経緯を、都市計画や地域計画の視点から検証し、一般向けの読み物として編んだものである。

大大阪の時代

大阪が大都市として発展するうえでの転機は、１９２５年（大正14）に実施された第２次市域拡張にある。西成（にしなり）郡や東成（ひがしなり）郡など市域に隣接する44の町村を編入したことで、面積１８１㎢、人口では２１１万人と世界５位を数え、東京を凌ぐ東洋最大の都市となった。

従来の４区制から13の行政区に再編、都市計画を実施して御堂筋（みどうすじ）などの道路網や地下鉄を整備するなど都心機能を高度化、同時に編入した地域では区画整理を行い住宅地や工業用地として計画的な開発が進められた。さらに郊外では、私鉄などによる郊外住宅地開発が盛んになり、いっぽうターミナル文化や繁華街ではモダンな消費文化が開花した。

もっとも、どの範囲を大阪の都市計画区域とするのかについては、大阪府と大阪市とで意見の相違があった。１９２１年10月、大阪地方委員会にあって内務省は、西は神崎川（かんざきがわ）、北は豊中村・千里（ちさと）

村・吹田町・守口町、東は八尾町・平野郷町、南は堺市・浜寺町まで、２市70町村２８２㎢を対象とする原案を示した。都心まで1時間以内に到達が可能であり、まとまった都市生活が営まれる範囲であるとされた。

都市計画区域に定めるということは、将来的に合併や編入が想定される地域であると理解された。県域を超えて、尼崎市を含めるべきだとする強い意見もあった。対して大阪市は、すでに人口稠密な堺市をこの区域に入れることは「何等利するところがない」とした。また中河内、北河内の両郡に所属する13町村や、神崎川以北は、「人煙稀薄」の地であり、差しあたりは都市計画の必要性を感じないと述べた。結局、内務省案よりも大幅に縮小されることになる。

このような経過ののち、１９２５年4月1日に市域拡張が施行される。当日、大阪市長である関一は「『生産の都』としての大大阪を築きたい」と施政方針を語った。以後、大阪は「大大阪」の愛称で呼ばれ、人々は「大大阪の時代」と総括される繁栄の日々を謳歌することになる。

占領下の大阪

戦時下にあって、日本は総動員体制に移行する。戦時的色彩が強まった１９４０年（昭和15）、都市計画法（旧法）の目的に防空が加えられる。翌年、大阪府は防空の視点から、服部、鶴見、久宝寺、大泉の4大緑地の大阪都市計画事業決定を行った。戦況は悪化をたどるなか、大阪市内などでは建物疎開も行われる。

１９４５年8月15日、日本の無条件降伏を受けて第二次世界大戦は終結した。産業都市であった大阪は、いくたびもの空襲で焼き払われる。

同年8月28日に先遣隊が神奈川県厚木に進駐、米軍を主体とするＧＨＱ（連合軍最高司令官総司令部）による日本の統治が始まる。関西では機雷によって大阪港が使用できない状態にあったため、9月25日に和歌山に上陸したのち、陸路で大阪に入った。

大阪の占領統治は近畿軍政部の傘下である大阪軍政部が担った。ＧＨＱは日本政府に建造物の包括的な調達要求を行った。大阪でも、日本生命ビル、朝日ビルディング、安田ビルディングをはじめ、船場（せんば）や中之島に立地する主要なビルディングは進駐軍や軍政部の使用するところとなった。軍連絡飛行場である靱（うつぼ）飛行場が新設された。

米軍関係者の生活を支える施設も必要となった。たとえば大阪では、そごう百貨店はＰＸ（購買部）、千日前の歌舞伎座は進駐軍専用のキャバレーとして利用された。

いっぽうで兵舎を大量に確保する必要性が生じた。また１９４６年2月に家族の入国も許可されたことを受けて、将校や家族のための住まいも必要となる。新大阪ホテルなど主要な西洋式のホテルが接収の対象となった。

また富裕層の邸宅や別荘を収用して、欧米流の生活に沿って改築のうえ、将校が「家族用住宅（デペンデントハウス、通称ＤＨ）」として使用する場合もあった。たとえば「浜寺ＤＨ」は、第8軍25師団の下士官用家族住宅として新設されたものだ。

１９５１年９月８日、サンフランシスコ講和条約が調印される。翌年４月28日に発効されたことを受けて日本の主権は回復、６年８カ月におよぶ占領統治がようやく終わる。

ただしその後も、米軍が継続して使用した施設もあった。一例が朝鮮戦争の前線から送られてくる軍事病院「CAMP SAKAI」として利用された大阪商科大学（現・大阪公立大学）杉本学舎である。キャンパスの接収が解除され返還式が行われたのは、１９５５年９月10日である。

戦後復興から高度経済成長へ

占領下にあって、焦土からの復興が始まる。

大阪では、空襲で大きな被害を受けた市街地の復興が急務となる。政府が戦災復興院を設置したのは１９４５年（昭和20）11月のことだ。大阪や堺も含めて全国１１５都市を戦災都市に指定、同年12月30日に「戦災地復興計画基本方針」を決定する。

１９４６年には、大阪市、堺市、布施市で、戦災復興土地区画整理事業が着手される。たとえば堺では、大戦末期の空襲で旧市街の大半が灰燼に帰したことから、大阪府知事が事業主体となり面積約２９４haを対象とする事業が進められる。結果、幅員50ｍの並松浜寺南町線（大道筋）や大浜古市線（フェニックス通り）などの広幅員道路が整備された。

昭和30年代に入ると、わが国は高度経済成長期を迎える。おおよそ１９７３年頃まで国内の実質経済成長率がおおむね10％を継続した。好況が続くなか、大阪では、大阪市内の過密が社会問題となる。いっぽう府下では産業の発展に応じて、農地の市街化が急激に進んだ。道路や下水道などの都市基盤施設の脆弱さ、住宅や宅地の不足が喫緊の課題となる。

これを受けて1960年、大阪府は「千里ニュータウン」の開発に着手する。大阪独自の新たな郊外住宅地開発事業であり、新住宅市街地開発法制定の契機となったプロジェクトである。

同じ1960年、大阪府は圏域の骨格となる「十大放射三環状線計画」を策定している。なかでも高速道路を併設、最大幅員120mで計画された「大阪中央環状線」は、大阪空港、千里ニュータウン、堺臨海工業地帯などの拠点や4大緑地を結ぶルートが選定され、いわば「大阪の背骨」となるものとされた。

大阪は、千里丘陵を会場に日本万国博覧会の誘致に成功する。1970年の開催に向けて、道路、鉄道、公園、河川、下水道など多くの都市基盤整備事業が実施されることになった。大阪空港の国際線の運航が始まる。阪神高速道路公団は1967〜69年度の3年間で59・6㎞（うち大阪府域37・6㎞）を完成させる。大阪市営地下鉄も堺筋線や中央線をはじめ、万博に向けた工事が進展する。

本書の構成

戦後復興期から高度経済成長期、そして1970年大阪万博の開催に至るまで、戦災によって壊滅的な打撃を受けた大阪は、いかに再建され、また今日に至る都市基盤を整備してきたのか。

本書は、広域計画や地方計画、さらには都市基盤の建設事業に関する一次史料に加えて、当時の関係者による回顧談などを用いつつ、戦後復興から高度経済成長期に至る大阪の都市再生の物語を再構成するものである。

本書は下記の各章からなる。

序章　戦災と焼失
第1章　復興へ向けた都市計画
第2章　生活空間の再興
第3章　産業の再生
第4章　都市基盤の拡充 1――高速道路
第5章　都市基盤の拡充 2――鉄道、航空
第6章　万博の大阪
終章　万博と万博のあいだ

序章では戦災の状況について述べる。第1章から第3章では復興期における都市計画の概要と産業復興の状況を紹介する。第4章と第5章では高度経済成長期の大阪の都市整備について述べ、第6章で1970年大阪万博の準備と成果について検証する。終章では、先の万博から現在、さらに将来に向けた展望を記す。

本書では実際に具体化した事業だけではなく、社会状況の変化に応じて変更を余儀なくされたプランも扱っている。たとえば占領下に示された復興都市計画案など、実現をみてはいないが当時の理想を描いたものとして、再評価をなすべき構想も少なくない。結果として「建設された大阪」だけではなく、「未完の大阪（Unbuild Osaka）」も含めた都市計画史研究の成果として読んでいただければ幸いである。

都市大阪の戦後史

目次

本文中の引用文は適宜、現代仮名遣いに改め、漢字は新字体に改めました。

序章

戦災と焼失

変貌した大大阪

手元に『記念記録寫眞第1号（変貌ノ大大阪）』と題する8枚組みの写真がある。終戦直後の大阪にあって、都心の様子を撮影した写真として、ひろく知られているものだ。

それぞれに「大阪駅前」「エビス橋ヨリ心斎橋筋」「道頓堀附近」「新世界附近」「御堂筋本町附近」「大阪城・府廳ヲ望ム」「天王寺五重塔附近」「天王寺亀ノ池附近」と、タイトルがつけられている。

「大阪駅前」の写真を見ると、瓦礫が散乱するなかに蔵が1棟だけ、焼け残っている様子が見える。遠くに見える大阪駅舎は、いくつかの色で塗り分けられている。空襲に備えて、主要な施設に施された迷彩の名残りだろう。

「エビス橋ヨリ心斎橋筋」の写真では、橋上を往来する人々の姿がとどめられている。軍服で歩く人の姿もある。心斎橋方面を見晴らすとビルディングが散在している様子が見える。ただ窓は破れて火がまわったのだろう、どの建物も内部は黒く焼け焦げている。遠くに大丸百貨店の外観も見える。大阪を代表するこのデパートも焼夷弾を多数受けて、かろうじて躯体は戦火に耐えたが、吹き抜けのある華やかな店内のかなりの部分を焼失した。また御堂筋に面した美しい外壁の一部も崩れ落ちた。

「新世界附近」の写真では、大阪国技館のドーム屋根を支えた鉄骨がむき出しになっている様子がわかる。

「御堂筋本町附近」の写真は、都心から北西方向を見晴らしたものだろう。遠くに朝日ビルディン

「エビス橋ヨリ心斎橋筋」

「大阪駅前」(『記念記録寫眞第1号〈変貌ノ大大阪〉』より、以下同)

「新世界附近」

「天王寺五重塔附近」

「御堂筋本町附近」

グの塔が見えている。町家が並んでいた船場は見る影もない廃墟だが、中之島界隈のビル群は、かろうじて姿をとどめている。また御堂筋の名物である銀杏並木が猛火に耐えて、存続している様子が見えているのも印象的だ。

「天王寺五重塔附近」の写真には、堂宇が焼き払われ、基壇だけになっているさまが記録されている。

かつて繁栄を見た「大大阪」は、重なる空爆によって市街地の多くを焼き尽くされた。しかしこれらの写真にもあるように、劫火によって黒く変色はしたが、形をとどめたビルディングも少なくない。また戦前に整備された幹線道路網や運河のネットワーク、地下鉄などの都市基盤は、そのままに復興の礎となるように思われたことだろう。

8度の大空襲

太平洋戦争中、米軍による大阪への空爆は熾烈を極めた。日本第二の都市であった大阪は、わが国を代表する商工都市であり、また陸軍造兵廠などの軍事産業の集積もあったため、格好の標的となった。大規模な空襲だけでも8度を数えた。

第1回の大阪大空襲は夜間爆撃であった。1945年(昭和20)3月13日の深夜23時57分から翌日にかけて、3時間半ほど空襲が継続した。グアム、テニアン、サイパンなどの基地から、274機のB29が来襲した。まず先導機が、市岡元町や塩草など、あらかじめ設定された照準点にナパーム弾を落とす。各所で発生した大規模な火災が後続機の目標となり、約２０００ｍの低空から木造家屋が密集する住宅地に、クラスター焼夷弾が次々と投下された。

第２回は、６月１日の午前９時28分から始まった。大阪港や安治川(あじがわ)右岸の臨港地区、城南の陸軍施設が攻撃目標とされた。とりわけ港区と大正区が、壊滅的な被害を受けた。

第３回は、６月７日、高倉町や鶴橋駅、天王寺駅周辺が照準点とされた。あわせて、大阪城の東側にあった大阪陸軍造兵廠を目標として大型爆弾が投下された。長柄橋(ながらばし)にも爆弾が直撃した。機銃掃射もあって、橋の下に避難していた市民約４００人が犠牲となったという。またこの時、柴島浄水場が破壊されたことにより、上水道供給機能が停止した。

第４回は、６月15日に行われた。出屋敷(でやしき)駅や神崎(かんざき)大橋南詰など５カ所が照準点とされた。

第５回は、６月26日に行われた。北港(ほっこう)の住友金属製鋼所、大阪陸軍造兵廠などの軍需工場を狙って、精密爆撃が意図された。砲兵工廠に投下された爆弾は外れて、周辺地域に被害をおよぼした。

第６回は、一般に「堺大空襲」と呼ばれている。７月10日の未明、夜間の爆撃によって、堺市の中心部２・64㎢が焼き払われた。被災者約５万５０００人、死者１３７０人、重軽傷者１４７２人、行方不明者３人、家屋の全半焼１万４７９７戸という甚大な被害を出した。

第７回は、７月24日に行われた。木津川(きづがわ)飛行場と伊丹飛行場を爆撃したあと、住友金属工場および大阪陸軍造兵廠が再度、目標となった。ただ大阪陸軍造兵廠へ向かった爆撃機の多くは、上空の視界不良を理由に空爆を断念し帰投したとされる。

第8回は、8月14日に実施された。約150機のB29が来襲、改めて大阪陸軍造兵廠を狙った爆撃であった。1トン爆弾を集中的に投下した結果、造兵廠は壊滅的な被害を受けた。また師団本部のあった大阪城も被害を受け、二番櫓（やぐら）・三番櫓・坤櫓（ひつじさる）・伏見櫓・京橋口多聞櫓（たもん）など多くの歴史的建造物を焼失した。造兵廠の北東に位置する京橋駅周辺にも、4発の1トン爆弾が着弾した。城東線の高架を突き破って炸裂、片町線ホームに避難していた乗客たち数百名が命を落とした。そのため最後の大空襲は「京橋駅空襲」ないしは「京橋空襲」の名がある。

焦土からの復興に向けて

1945年（昭和20）8月15日、日本政府はポツダム宣言を受諾、無条件降伏を受け入れる。人々は終戦直後の状況を把握したいと考えたのだろう、各都市で空襲で焼かれた地域を描きこんだ地図が発行された。

公的なものとしては、内地に復員した軍人や軍属、一般の人々に戦災の概況を知らせるべく、1945年12月、第一復員省資料課が「全国主要都市戦災概況図」を作成している。

大阪では、民間の出版事業者が各種の地図を制作し販売した。ここでは1946年4月に発行された『大阪市街鳥瞰図』（博多久吉発行）を紹介しておきたい（22〜23ページ参照）。

焼失した地区を、街区単位で塗り分けている。どこまでが戦争の被災地なのかについては、版元によって若干の異同があるが、都心部と港湾のある西大阪各地が徹底的に爆撃された様子をうかがうことができる。いっぽう北船場のオフィス街、中之島1丁目から裁判所のある若松町界隈、大手前など官庁街は、被害を免れたことを読みとることができる。ただ大阪城内や造兵廠、京橋駅周辺など壊滅的な攻撃を受けたはずだが着彩がなされていない。出版社側に情報がなかったのか、逆に占領軍から情報の統制が行われたのだろうか。

大阪では、空襲で大きな被害を受けた市街地の復興が急務となる。政府が戦災復興院を設置したのは１９４５年11月のことだ。大阪や堺も含めて全国１１５都市を戦災都市に指定、同年12月30日に「戦災地復興計画基本方針」を決定する。

基本方針では、「国民生活の向上と地方的美観の発揚」と記載、「過大都市の抑制」と「地方都市の振興」が企図された。土地利用計画としては、対象地域・地区の精密な指定及び専用制の高度化のほか、公共施設の移転も含めた適正配置を行うことなどが示された。

街路・緑地・港湾などの都市基盤については、より具体的な考え方が提示された。街路は、大都市では主要幹線の幅員を50ｍ以上とし、必要に応じて50～１００ｍの広幅員道路を設けることなどが定められた。また緑地（公園、運動場、公園道路）を市街地面積の１割以上、確保すること、市街地外周に緑地帯を設けることとされた。

「戦災地復興計画基本方針」を受けて、市域の27％が焦土と化した大阪でも復興計画の策定作業が始まる。

淀川
大淀區
北區
都島區
城東區
東區
南區
浪速區
天王寺區
東成區
生野區
阿倍野區
東住吉區
住吉區

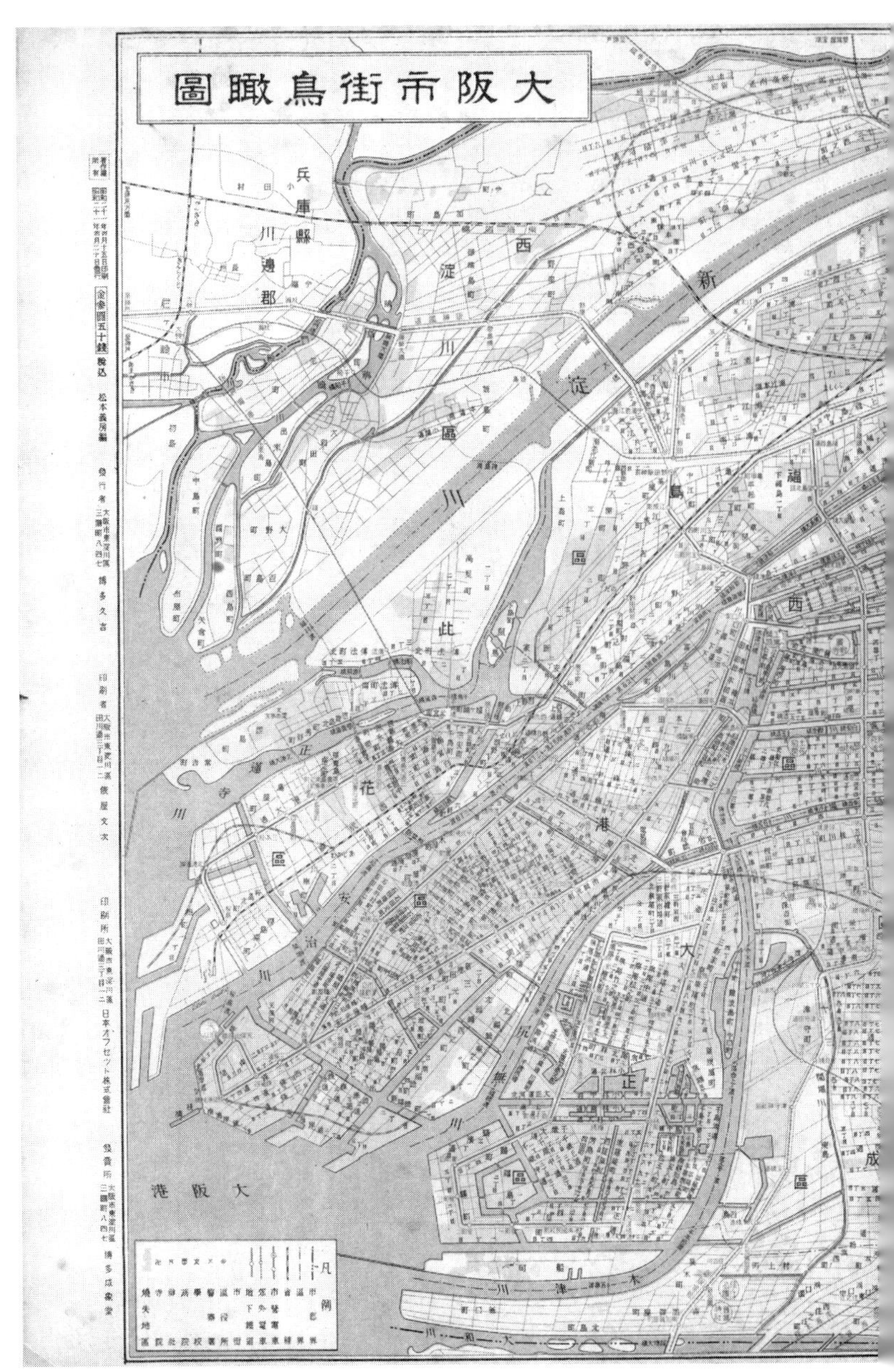

『大阪市街鳥瞰圖』（1946年）

第1章

復興へ向けた都市計画

1　小林一三の大阪市復興構想

関西財界の雄、小林一三が描いた大阪市の復興計画

大阪は、いかに復興したのか。その過程を論じる前に、占領下において、議論され、まとめられた復興計画や構想を紹介しておきたい。

いかなる都市を目指すのかが論点となるなか、新たな「大都市制度」の必要性が語られた。戦前から大阪市などが求めていた「特別市制」（特別の大都市を府県の管轄からはずし、通常の「市」以上の機能を付与して広範囲な自治を許す市の制度）の延長にある議論だが、最終的には「政令市」という制度に落ち着く。

もっとも構想レベルにとどまった「大都市」のアイデアもある。たとえば戦前から戦後を通じて、関西財界を牽引した小林一三（いちぞう）の私案などが知られている。

終戦直後の1945年（昭和20）11月5日、幣原喜重郎（しではらきじゅうろう）内閣のもとに「戦災復興院」が新設された。空襲によって徹底的に焼き尽くされた全国の主要都市を再建することを、主たる目的とした。小林一三は、その初代総裁の重職を担う。彼は就任直後のラジオ放送で、「民間工事力の動員と民間の復興力とに多くを期待しなければならぬのであります」と国民に訴えたという。この時、すでに72

歳であった。

もっとも小林は志なかば、就任して４カ月で、戦災復興院総裁の職を解かれることになる。１９４６年3月に、第2次近衛文麿内閣にあって商工大臣だったことを理由に公職追放されたからだ。その後、小林を初代国鉄総裁にという話もあったようだが実現していない。

ただその間に、小林は具体的な復興案を思い描いていた。とりわけ大阪には、強い思いがあった。戦災復興院総裁就任に先んじて、１９４５年9月20日に「縮小『新大阪市』設計要項」と題する独自の復興計画をまとめている。終戦から１カ月ほどしか経過していない段階での提案であった。

拡大から縮小へ

小林の描いた構想で、もっとも注目するべき点は、都心部と港湾部だけを「新大阪市」として位置づけているところだ。

大正時代以降、大阪市は接続する周辺市町村を編入し市域を拡張した。農地や未利用地に都市計画を施し、道路や鉄道を敷設した。上下水道を整備して、住宅地を開き、あるいは工場の用地に充当した。新たな人口を受け入れ、新たな産業を興すために、旧市街地に接する地域に新市街を計画的に確保することが必要であった。拡張された大阪は、「大大阪」と誇らしげに呼ばれることになる。

これに対して小林は、戦前の方針とは逆に、大阪市を分割することを提案した。彼が想定した新しい大阪市域は、北は新淀川、東は城東線（現在の環状線）、南は木津川を境界とする。現行の区割りでいえば、北区・中央区・西区などの都心部と、福島区・此花区・港区・大正区のベイエリアを加えた地域になる。新たな市域の面積は2125万坪ほど、当時の市域のほぼ3分の1に縮小することとなる。

それ以外の市域は、「淀川市」「住吉市」などの基礎自治体として分離して、自立させればよいと小林は考えた。要するに戦前に大阪市に編入された東成郡・西成郡などの町村を、再度、分離しようというわけだ。

市域を縮小し基礎自治体を再編することで、中之島・北浜界隈など中心部の事業から手をつけることが可能になる。小林には、都心の復興を急がせたいという思いがあったようだ。また住宅地と工場が広がる周辺各区に対して、業務に特化した都心部や流通と港湾に強みのある港湾部とでは、そもそも都市としての機能が異なると小林は理解していたのかもしれない。

「大大阪」から「新大阪」へ

小林は、市域の見直しだけではなく、新たな都市機能の充足の必要性も強調している。一例が大阪城の南側に飛行機の発着場を新設しようという提案である。また大阪駅前や上町台地、堀江あたりに広大な緑地を設けようというアイデアも示している。

交通計画では、大軌線を大阪上本町から本町通りまで、京阪線を天満橋から高麗橋東詰まで、新京阪線を天神筋橋6丁目から梅田まで、それぞれ延伸するべきだとした。また新しい大阪駅も構想、

「弾丸列車完成の時は、新淀川北方に後退し、現在の大阪駅は近畿都市連絡の中心地として計画す」と書いている。のちに新幹線開通時に開業した「新大阪駅」の立地を予見する提案である。「地価を低落せしむる大方針」を立てて、各住宅は「緑樹地帯」や「広場」に接して設け、「ゆとりある設計を」としている。対してミナミ・難波界隈は「特殊商業と住宅地区」として再生させる方向を示す。

敗戦直後、小林は大阪市が設定した復興計画を検討する会議に出席している。その際、官僚が主導する会議のありようをみて限界を感じたようだ。小林は、たとえば住友家当主など財界の中心人物が先導するかたちを思い描いていたという。官の指導力ではなく民の実行力に多くを期待したあたりは、いかにも実業家小林一三らしい。

復興に向けて都市を分割するという、小林が描いた「新大阪市」は、十分に練りあげられた構想であった。特に都市制度のあり方そのものを、議論の俎上に載せようとする意欲があった点に注目したい。

しかし経済的に強く、かつコンパクトな市をつくろうとする新たな大都市制度が実現することはなかった。歴史に「もしも」はないが、仮に小林一三が、あと少し長く復興院総裁を継続して務めていたら、戦後復興を果たした大阪市の姿は、実際とはかなり異なった姿になっていたかもしれない。ひいては政令指定都市や中核都市など、今日に至る大都市制度のあり方も違っていた可能性がある。

2 戦災復興院と戦災地復興計画基本方針

戦災復興院と特別都市計画法

焦土となった都市の復興は急務であった。1945年（昭和20）11月、政府は「戦災復興院」を発足させる。戦前から戦時下を通して、都市計画は内務省が掌握していた。しかし迅速に戦災復興を進めるためには、関連する部署をとりまとめて、一元的に推進する機関を設ける必要があった。すぐさま「戦災地復興計画基本方針」の策定に着手、同年12月30日には、早くも閣議決定がなされる。1946年9月11日、「特別都市計画法」が公布された。関東大震災のあとの復興事業に成立した「特別都市計画法」（1923年〈大正12〉12月24日）に準じて、既成市街地における土地区画整理事業を行うための特別規定を定める法律である。この法律では戦後復興による区画整理にあって、無償減歩（げんぶ）（区画整理などの際、地権者が土地の一部を無償で提供すること）の限度を、従前の1割から1割5分に引き上げることが定められた。また緑地地域制度に関する規定にも特色があった。

もっとも、戦災を受けた市町村は全国各地におよび、かつ、あまりに多数であった。すべての被災地を短期間に復興することが困難であることは自明であった。同年10月、政府は先の特別都市計画法に基づき１１５都市を「戦災都市」に選定のうえ、それぞれに復興計画を立案、主に土地区画整理の手法を用いて市街地の復興を促進する方向性を示す。計画の対象地は総面積１億９８４７万２０８０坪（約６５６㎢）にもおよんだ。大阪や堺も対象となった。

戦災地復興計画基本方針

「戦災地復興計画基本方針」では、「産業の立地、都市農村の人口配分等に関する合理的方策」によって、「過大都市の抑制」と「地方中小都市の振興」をはかることがうたわれた。各都市の性格や将来の発展性に応じつつ、長期にわたって事業を継続するほかはないが、基礎となる土地整理はできる限り、急速に実施するものという姿勢が示された。

また、都市の「能率」「保健」「防災」を主眼として計画を定め、あわせて国民生活の向上と「地方的美観の発揚」を企図することで、各地方の気候や風土、人々の慣習に応じた「特色ある都市集落」を建設することを目標とすると強調されている。

「戦災地復興計画基本方針」における「土地利用計画」の項では、地域や地区をできる限り精密に指定しつつ、その専用制を高度化することが求められた。また従来の配置が不適当な「特殊の目的のために設けらるる地区」は用途の変更、あるいは合併によって整理することも記された。官公庁、学校、駅、市場、墓地なども同様に適正な配置をはかることが述べられている。

「主要施設」の項目は、数値を想定して示すなど具体的だ。街路に関しては、将来の自動車交通や建築様式、規模に適することを期しつつ、防災、保健、美観に資することを求めている。主要幹線街路の幅員は大都市では50m以上、中小都市では36m以上、幹線街路は大都市で36m以上、中小都市では25m以上と定めている。補助幹線街路は15m以上を基本とし、やむをえない場合も８m以上とするとしている。さらに必要な個所では、幅員が50mから１００mの広路もしくは広場を配置して、防災や美観にも配慮するものとしている。

公園、運動場、公園道路なども含めて、市街地面積の10％以上を目途として、緑地を整備する方向性が示された。

さらに必要な場合には、市街地の外周に緑地帯を指定、農地、山林、原野、河川など各種の空地を保存することも明記された。

そのほか産業の振興をはかるべく、鉄道、軌道、港湾、運河を整備するとともに、主要都市では飛行場や地下鉄なども計画することとしている。また市街地の整備に伴い、電線を地中に移設して、水道や下水道の改良をはかること、さらに塵芥や汚物の処理場、火葬場、屠場(とじょう)などに加えて、主要都市では蔬菜(そさい)や鮮魚介の市場といった都市施設の整備を求めている。

「建築」の項目では、市街地建築物の構造や設備に関する監督を強化し、指導を行うこととしている。また「堅牢建築物」ではない建築に関しては、配置および構造に関する条件を厳格にし、できる限り耐火性を高めることとしている。特に都心部および防火帯に属する地区では、「堅牢建築物以外の建築物を禁止」すること、また建築物敷地内の空地を確保するべく建ぺい率の制限強化をはかることなどと特記している。

戦災の経験を通して、都市防災への配慮が最大限に求められたわけだ。

縮小する復興都市計画

しかしその後、復興計画は変更を余儀なくされる。激しいインフレのなか、政府も地方も財源の確保が困難となった。１９４８年（昭和23）12月、アメリカ政府から日本政府に対し、「経済安定九原則」が指令される。また、いわゆるドッジ・ライン（ＧＨＱ経済顧問ジョセフ＝ドッジが立案・勧告して実施された財政金融引き締め政策）、さらにはシャウプ勧告（アメリカのシャウプ税制使節団が連合国マッカーサーに提出した日本の税制改革に関する勧告）などを経て、課税の強化とともに財政支出を極端に圧縮する超均衡財政方針が定められた。この時、公共投資、特に「戦災復興都市計画」事業が槍玉にあがる。

１９４９年６月、「戦災復興都市計画の再検討に関する基本方針」が閣議決定される。１１５都市の計画と事業の見直し作業に直ちに着手、土地区画整理事業の対象となる市街地の面積は大幅に減じられた。

同時に建築物や道路などに課せられた目標値も変更された。街路に関しては、幅員30ｍ以上を「幅員のはなはだ大なる街路」と規定することとなった。結果、幅員１００ｍの道路は、名古屋の２本、広島の１本を除いて廃止された。緑地帯の計画も一部の都市を除いて廃止された。

国庫の補助率も変更される。当初、国の財政措置もあって、戦災復興土地区画整理事業は、９割が国庫補助事業として開始した。焼け跡の迅速な処理が求められたと思われる。ところが、１９４６年の特別都市計画法では８割に減じ、さらに地方財政法が成立した１９４９年には５割にまで減じられている。

大阪の復興計画

大阪市は１９４５年（昭和20）９月に「復興局」を設置、先述した特別都市計画法のもとで復興計画を立案する。ここでは１９４７年９月に発行された『復興大阪産業経済地図』（石川定市発行）を掲載しておきたい。戦災で焼失市街地を塗り分けつつ、この段階で検討されていた戦災復興の都市計画事業を上書きしている。

主要な都市計画道路、安治川内港や大正内港などの港湾整備、都市計画公園の予定地なども記載されている。とりわけ中之島西部や江之子島などの公園化、天満堀川や東西の横堀に沿った帯状の緑地、安治川筋から正蓮寺川に抜ける運河など、その後、実現しなかった計画も記載されている。

また小松、瑞光から上新庄、下新庄、淡路新町、宮原を経由して庄内町にかけて東西に走る「新幹線鉄道」の計画路線と、豊里菅原町の車両基地の予定地も着彩して描かれている。同時期に発行された同種の地図には「弾丸列車」と記すものもある。のちに線形を少し南寄りに変更して実現する東海道新幹線および山陽新幹線の、１９４７年段階の構想が示されているわけだ。

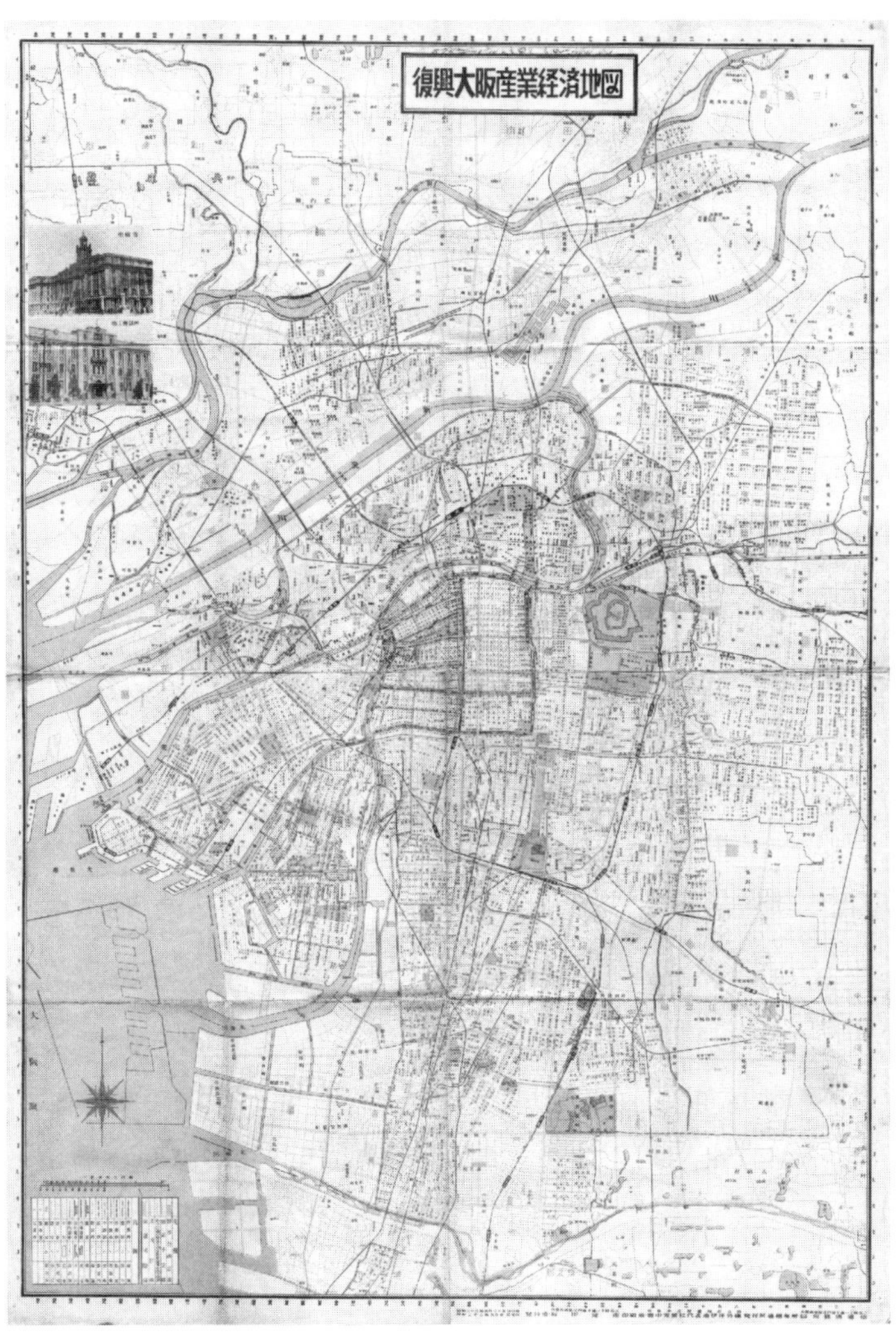

『復興大阪産業経済地図』（1947年）

次節では、特別都市計画法のもとで構想された大阪の戦後復興計画の詳細を紹介してゆきたい。

3 大阪の復興計画——街路、公園、区画整理、港湾

復興都市計画と人口配分

大阪市は1945年（昭和20）9月、政府の「戦災復興院」に先んじて「復興局」を設置する。同局は特別都市計画法のもとで復興計画を立案するべく、関係する部局の課長などからなる委員会を置いた。学識経験者として近藤博夫らが委員に就任した。

近藤は、大阪市の土木課長、港湾部長および理事の要職を務めたのち、大林組の常務に転じていた。その後、1947年4月に行われた大阪市長選挙に社会党から出馬し、保守陣営の候補を破って当選を果たす。戦後最初の公選市長となり、1期4年を務めあげる。近藤は自身も加わって立案した復興計画をもとに、市長として事業の具体化に尽力することになる。

復興計画の検討にあたっては、大阪市域だけではなく、広域における将来構想が議題にあがった。西は兵庫県芦屋市、北は兵庫県伊丹市・箕面村（現・箕面市）・高槻市の北辺、東は大阪と奈良の府県境、南は泉大津・長野（河内長野）・富田林までの範囲が、計画区域とされた。12市26町95村を包

含、面積１３３２㎢におよぶ。

前提になったのが、人口配分に関する計画であった。戦前にあって、大阪市内の居住者は３００万人を超過していたため、過密が都市問題になっていた。ところが戦災によって、１１０万人ほどに減じてしまった。復興の過程で、市内の計画人口をどのように考え、あわせて郊外の開発をどのようにはかるのかが検討された。

議論の結果、復興計画では市内人口を２００万人、１㎢あたり1万１０００人に抑える方向性が示される。対して隣接する「集落地域」に２２５万人、「その他」とされた地域に75万人、市域とあわせて合計５００万人の都市圏とすることとされた。

計画区域の中心は「中之島・船場島之内一帯」に置かれ、外の集落区域は「衛星都市」として健全な発展を目指すものとされた。さらに、その他の区域では農耕地や山林を確保、建物もなるべく現存のままで存続させる方針が示された。また大阪独自の課題として、港湾地帯の整備が求められた。地盤沈下のため高潮などによる浸水が懸念されたことから、防潮堤の整備に重点的に予算が配分されることになる。

ここでは、１９４8年8月に発行された『大阪・堺・布施・吹田　都市計畫地域圖』（和楽路屋発行）を紹介しておこう。大阪府土木部計画課の校閲を受けたもので、大阪市や堺市の復興都市計画に、布施市および吹田市の都市計画を重ねたものだ。広域での計画を前提に、各都市の復興事業が進められた。

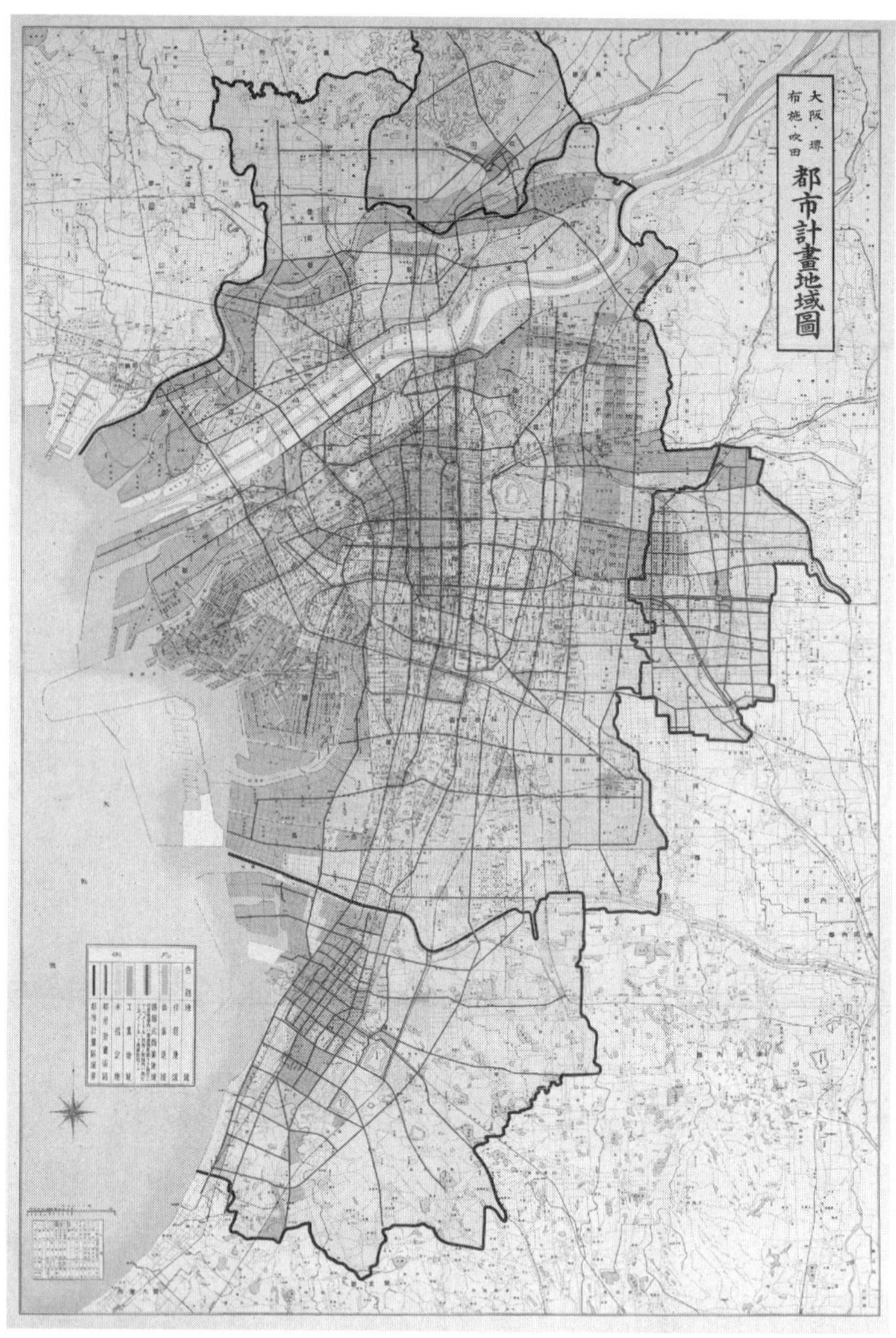

『大阪・堺・布施・吹田　都市計畫地域圖』(1948年)

　このように将来における適正な人口を２００万人と設定したうえで、大阪市は復興計画の事業化に着手した。しかし実際には、１９５０年10月１日に実施された国勢調査において人口は１９５万人を数え、早くも目標とした数字に迫ってしまう。

　また特別都市計画法が廃止された１９５５年には、第３次市域拡張として隣接する６町村を編入、人口は２５５万人を超えることになる。人口の再配分に限って言えば、当初計画で提示された目論見は失敗に終わったわけだ。

街路計画――幻の１００ｍ道路

　１９４６年（昭和21）５月22日に「復興都市計画街路計画」、９月４日に総面積１８４７万４６０坪を対象地とする「復興都市計画土地区画整理計画」が定められる。

　関係者の回顧によれば、「街路計画」の立案にあっては、放射線状の道路ネットワークの構築を想定した案も描かれたという。また城下町に由来する格子状の街路網を特徴とする大阪の都心に、斜めに１本の街路を設ける案も提起されたらしい。ニューヨークのマンハッタンにおけるブロードウエイが意識されたようだ。しかし都心全体が矩形の街区で構成され、道路下に埋設物が設けられている関係から、斜行する都市計画道路の新設は難しいとする反対意見があった。この種のアイデアは、絵を描いただけで立ち消えになったという。

　また１９４６年５月の段階では、大阪でも名古屋などと同様に幅員１００ｍの街路が都市計画決定されていた。大阪市の担当部局では意見が分かれていたが、政府が設置した戦災復興院の強い指示があったという。東西では築港深江線、南北では松屋町筋の拡幅が想定された。

1947年当時に出版された都市計画図では、築港から谷町4丁目まで、また天神橋から農人橋の区間を御堂筋よりも広い大通りとするように描かれている。また前出『大阪・堺・布施・吹田都市計畫地域圖』では、阿波座付近から谷町4丁目、天神橋から下寺町の区間が、100m幅の街路に相当するものとして図化されている。

もっとも具体化するには難問が山積していた。築港深江線では1街区を越えた拡幅が必要となり、松屋町筋では東横堀川に沿って計画された公園と並行した道路の整備が求められることになる。用地買収を進めるにしろ、区画整理で道路用地を確保するにしろ、財源が限られていた戦災復興事業で実現させるには難航するものと予想された。

結局、大阪に幅員100mの大通りを設ける構想は、1949年に各都市の「戦災復興都市計画」を縮小する政府方針が示されたことを受けて再検討がなされた結果、断念を余儀なくされた。見直された「復興都市計画街路計画」では、代替として、南北に幅員50m、40mの幹線道路を新たに2線、東西に港区築港から東成区深江に至る幅員80mの幹線を新設することとされた。

各幹線道路は、おおよそ1㎞の間隔でグリッド状に配置され、総延長367㎞、64本におよぶものである。加えて、40～80mほどの間隔で、区画街路（準幹線道路）を配置する方針が示された。

公園計画――復興公園と公園道

「大阪復興計画」に基づいて、１９４７年（昭和22）1月14日、「大阪特別都市計画公園計画」が定められた。１１２カ所、総面積８２３・53haにおよぶものだ。

大阪府にあっては、１９３１年に総合的な「大阪緑地計画」がとりまとめられた。大阪の市街地を、二重の環状緑地帯である「地域制緑地」で囲むいっぽう、服部・鶴見・久宝寺・大泉という「事業大緑地（営造物緑地）」を配置する壮大な計画であった。しかし戦局の激化に応じて、緑地は防空法に基づく「防空空地」に置き換えられ、「避難空地」や「延焼防止帯」として整備されることになる。

いっぽう大阪市域では、１９２８年以降、中之島、天王寺、大阪城、万代池、北中島などの公園を順次、整備していた。しかしその面積は、１９４３年4月段階でわずかに２２５haほど、市域のおよそ1・2%を占めるにすぎなかった。空襲による被災地には、建物疎開による空地があったが、公園として位置づけられたものではなかった。

復興計画の立案において大阪市は、人口が集中する都心部に公園や緑地を充実させる方針を示した。基幹となる公園とともに、河川などに沿って設ける線形の公園道を整備して各公園を連絡、市街地を線形の緑で包み込む方針が示された。いっぽうで、土地区画整理事業によって小公園を各所に造成、児童が道路上で遊ぶことによる事故を防止することが意図された。

大阪市が公園計画を立案する際には、戦災復興院の示した指針に準拠する必要があった。１９４

5年12月30日に閣議決定された「戦災地復興計画基本方針」では、緑地の総面積は市街地面積の10%以上を目途として整備することとされた。また1946年7月に示された「復興土地区画整理設計標準」では、区画整理を行う地区面積の5%を公園用地として留保するものとなっていた。これらの方針を受けて、同年9月27日付の「緑地計画標準」では、戦災区域における緑地率を10%、うち5%を近隣公園に充てるものとしている。

大阪市の復興都市計画にあっても、復興院が示した10%という数値目標を意識した計画を描く必要があったわけだ。もっとも当初に示された計画をすべて事業化して完成させたとしても、最終的に市の面積の4~5%にしかならない水準であった。

幻の公園

ここでは復興公園計画を描きこむ『復興大阪都市計畫地圖』(大阪市土木局計画課校閲、1950年11月発行)を紹介しよう。

本書にあって、前節で紹介した「江之子島(えのこじま)公園」や「中之島西公園」なども記載されている。また島之内の東南側の4ブロックを占める「道頓堀公園」、瓦屋町(かわらやまち)の南側一帯を占める「高津(こうづ)公園」、生玉(いくたま)神社から上本町(うえほんまち)6丁目にかけて設定された緑地帯「生玉公園」なども描かれている。その後、見直しがなされ、いずれの公園も計画からはずされることになる。

大阪城公園は、南側に接する複数の街区を取り込み、大規模に拡張するものとされた。西は上町(うえまち)

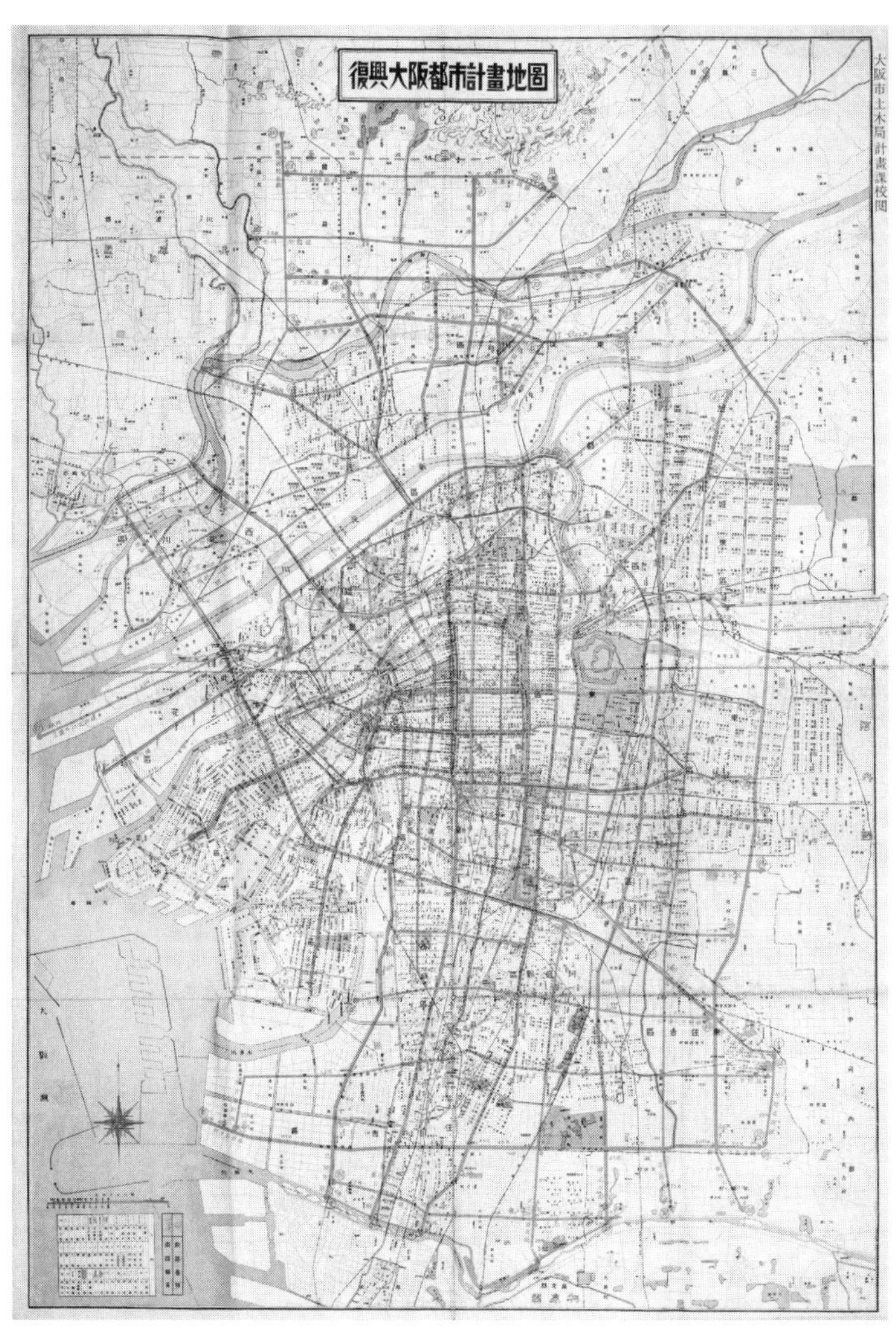

『復興大阪都市計畫地圖』（1950年）

筋、南は長堀通り、東は森之宮駅から玉造筋を境界とし、法円坂町、森之宮東之町、森之宮西之町、元伊勢町、北国分町、八尾町、左官町、半入町、越中町、岡山町、紀伊国町、内久宝寺町、広小路町、寺山町、玉堀町、中道川西町、仁右衛門町、玉造町、東坂町、東雲町、内安堂寺町1丁目、上本町1丁目などを含む案が提示された。

また扇町公園も、堂山町までの広大な区画が想定されていた。天満堀川に沿って南北に延びる公園と連続して、一連の緑地帯とすることとされた。

緑地のネットワークを生み出すべく、東横堀川、西横堀川、長堀川などに沿って、河岸地一帯のみならず、隣接する街区を緑地とする方針が示された。東横堀川では、幅員の拡張が検討された松屋町筋と一体となる帯状の緑地帯が構想された。道頓堀川の北側を占める宗右衛門町にあっても、浜地の街区をすべて取り払い、東西に延びる公園とする絵が示された。

しかし、「大阪特別都市計画公園計画」が発表されると、それぞれの地元から実現性を問う声や反対意見が担当に寄せられたという。区画整理による換地などで用地を確保するにしても、合意を得るのに時間がかかりそうに思えた。大阪市は、順次、大幅な変更や、必要とされる見直しを行っている。大阪城公園や扇町公園などは規模を縮小、土地区画整理事業を断念した島之内では、宗右衛門町の緑道や道頓堀公園などの事業が撤回された。

市営競輪場と靱公園

復興計画における公園計画は改められ、大阪城、靱、高津、浪速、西成、浦江、此花など1万坪以上の基幹となる公園を26カ所、小公園を加えて合計１０８カ所、総面積６３７・55haを確保するものとされた。

整備事業の進捗度合いは、公園ごとにさまざまであった。たとえば『新都市』１９５２年（昭和27）10月号にある記載などを見ると、大阪城公園は整備予定地を１０２・32haに縮小したにもかかわらず遅延していた。なかでも砲兵工廠の跡地部分は、戦災後の整理が進捗をみておらず時間がかかっていたが、国庫補助を得てようやく着工することになったと書いている。

長居公園は、戦時下にあって、大阪市が所有していた土地の多くが農地として耕作された。そのため、公園として再整備するためには土地利用者との交渉が必要であったようだ。都市公園の整備に先行して、１９４８年に大阪競馬場（１９５９年閉場）、１９５０年に市営中央競輪場（１９６２年閉場）が開業することになる。

いっぽうで、靱公園のように事業が進捗をみた事例もある。戦後、焼け野原となった一帯は、進駐軍による接収を受ける。あみだ池筋から四ツ橋筋まで、京町堀と海部堀川に挟まれた東西に長い３万坪の土地が整備され、米軍の連絡飛行場として運用された。

ところが１９５２年の講和条約の発効を受けて、急遽、返還されることになったため、大阪市は靱公園の当初計画を見直し、飛行場の跡地を取り込むこととした。土地の権利者とともに、周辺を含めた戦災復興土地区画整理事業を実施する。靱公園は1955年に開園、なにわ筋が整備された段階で東西に分割されることになる。

戦災復興土地区画整理

各都市の戦災復興は、主に土地区画整理事業によって進めることとされた。

区画整理事業は、多数の土地所有者による合意のもと、都市計画に従って従来の不規則な街区を整序化する事業である。宅地の形状も整えることができるだけではなく、あわせて幹線道路の拡幅を行い、また公園や緑地を確保することが可能になる。一定の幅員を有する街路網を整備することで、地域における経済活動を円滑化すると同時に、火災など災害時の備えとすることができる。いっぽう緑地を広く確保することで、都市の美化と住みやすい都市の造成が可能になる。ただ地主は「減歩」、すなわち一定の土地を公共事業の用地に提供しなければいけない。

大都市において復興区画整理事業を施行する際には、道路および公園の用地に必要とされる民有地の減歩率は、3割4分以内とするようにとの要請があった。また原則として、そのうち1割5分の土地に関しては地主が無償で提供することとし、残余は行政が買収のうえ提供するものとされた。

大阪の復興においても、土地区画整理による事業が求められた。大阪では戦前から、市街地の周辺を占める耕地を計画的に市街化するための手段として、組合施行による土地区画整理が実施されていた。1924年（大正13）1月に結成された阪南土地区画整理組合の試みが端緒である。その後、主に第2次市域拡張で大阪市に編入された各地区で、土地区画整理による宅地開発が進められることになる。大正末には市内に5組合が95万坪を事業化していたにすぎなかったが、1937年（昭和12）2月段階では64組合、約1000万坪の規模にまで拡大している。また1934年には、市が施行するかたちで大阪駅前土地区画整理事業を決定している。復興に際して大阪市は、戦前から培った土地区画整理の経験とノウハウを活用することができた。

もっとも戦災復興の土地区画整理事業では、戦前のような周辺部ではなく、空襲で焼け野原となった市街地が対象となった。1946年4月に全市的な説明会を実施、9月4日には大阪における復興土地区画整理計画が決定した。戦災による焼失地およびその周辺を対象とするもので、この段階での計画地は約6126万㎡、1847万坪におよんだ。

船場・島之内のスーパーブロック構想

もっとも、どの地区を対象とするのかについては、市役所内でおおいに議論があったようだ。復興都市計画を担当した担当職員の回顧談を参照すると、大阪は1600万坪ほどが焼けているが、そのなかで1000万坪での事業化を進めたいとする意見と、焼失地に接した周囲の焼け残った地域も含めて事業対象を拡大、総面積1800万坪での施行を想定するべきという考え方の双方があったことがわかる（『座談会　大阪の戦災復興　その一』大阪都市再開発局、1978年）。

特に意見が割れたのが、船場や島之内などのビジネスセンターの復興をめぐってであった。都心こそ重点的かつ迅速に区画整理を進めるべきだという考え方と、反対に区画整理の対象とするべきではないという主張があったという。

船場や島之内など、城下町にまで遡る歴史的な市街地では、街路幅は６ｍ、もしくは８ｍが確保されていたが、御堂筋や堺筋、本町通りなどを除いては拡幅がなされていない。また街区も整形ではあるが、一辺１００ｍほどのブロックが多く、高層のビル街とするには十分な余裕がない。そこで区画整理によって、既存のブロックを４つほど組みあわせたうえで1街区とし、周囲に20～30ｍの幅員の街路を確保しようとするアイデアが提案された。今日でいうところの「スーパーブロック」を志向するものであった。往時を懐旧する対談には、東京の丸の内界隈のような街区と街路を実現する構想がないと将来に悔いを残すと考えた職員もいたことが紹介されている。

しかし実行には困難が伴うことが予想された。ビジネスセンターである船場や島之内などの都心には、終戦直後から焼け跡にバラックが建てられていた。また、もとより小地主が多い地区である。さまざまな所有権が混在するため、大街区化を果たしたとしても、果たして大きなビルディングが建つのだろうかという疑問が呈された。従来と同様に小さな建物が多数、群居するようでは、結局、スーパーブロックとする意義がないのではないかとする懸念があったわけだ。

もとより船場では、市街地建築物法による後退線の制度によって、すべての街路を10～12ｍの幅員とすることが想定されていた。土地区画整理による複数街区の統合を実施しなくても、7～8階建て程度のビルディングの建設は可能になる。船場・島之内における複数街区の統合に対する消極的な意見の背景には、このような目論見もあった。

事業の縮小

さまざまな議論を経て、焦土となった戦災地区、および近傍での関連する都市改造を含めた復興土地区画整理の計画がとりまとめられ、事業が進められた。当初、単年度に２００万坪の換地処分を実施することが目標とされた。

早く着手した工区では、順調に事業が進んだようだ。たとえば１９４８年（昭和23）度内には、玉造、大和田、堀江、上汐町（うえしおまち）、湊町（みなとまち）、汐見橋、難波島などで換地を終えている。しかし各地区に仮の家屋が建て混み始めると、完成までに時間を要することが予測された。

ここに至って、状況が急変する。連合国総司令部の方針もあり、土地区画整理の対象地区が再検討されることになったのだ。１９４９年６月24日、戦災復興都市計画の再検討に関する基本方針が閣議決定される。

大阪でも、１９５０年４月に未施行地区を除外、事業対象地区を３３００万㎡まで縮小する。加えて大阪港に近い港区や大正区などの１１５６万㎡は、港湾地帯土地区画整理事業として施行することとなり切り離された。最終的に戦災復興による区画整理事業の面積は、２１９８万㎡規模に抑えられる。

この際、中之島地区、淡路地区、および戦前に一度、区画整理がなされた都島（みやこじま）地区などが計画から外された。

加えて船場、島之内など歴史的な市街地での事業化も、先に述べたように反対意見が多くあり、また事業化における困難が予見されたこともあって、早々に見送られることになる。画期的なアイデアであった大阪都心部の「大街区化」は幻に終わった。

港湾の復興計画

大阪の復興にあって、重視されたのが港湾の再生である。大阪市総合復興計画の一環として、新たな港湾計画が立案された。室戸(むろと)台風の水害後に描かれた修築計画や一連の工事を打ち切り、新たな構想のもとに将来像が描かれた。1947年(昭和22)6月25日、戦後、初めて開催された政府の運輸省港湾委員会で、計画案は審議され決定された。

港湾の復興計画は、第1次、第2次の5カ年計画、すなわち10年の工期を想定して立案された。『座談会　大阪の戦災復興　その二』(大阪市都市再開発局、1979年)の記載によれば、その骨子は、おおよそ以下の6項目に整理されるという。

①安治川(あじがわ)、尻無川(しりなし)、正蓮寺川(しょうれんじ)を拡幅浚渫(しゅんせつ)して内港化をはかり、港湾波浪の影響を絶つとともに都心への距離を短縮し、更に、内港化によって生ずる土砂で臨港低地区の全面盛土を実施し、地盤沈下に起因する諸問題を一挙に解決する。

②各河川下流相互間の便をはかって運河を拡幅或いは新設し、小型船の通行、船溜場に利用し、また物揚場を整備して水際線の利用をはかる。
③中央突堤前方に波除堤を新設して港内泊地の静穏化をはかる。
④大正区の内港化に伴い、区内の既存貯木場は大和川尻平林(ひらばやし)町に移転、集約せしめる。
⑤各港域間の連絡のため陸上連絡のほかカーフェリーを整備する。
⑥港湾の効率的利用をはかるため港域を利用目的に沿って性格別に区分する。

右記のほかにも、境川運河を80ｍ幅、天保山(てんぽうざん)運河を１５０ｍ幅、三(み)ツ樋(ひ)堀を１００ｍ幅にそれぞれ拡幅、さらに尼崎港と堺港を将来一体化することを目標とし、関連する河川下流部に１００〜１５０ｍ幅の運河を新設することなども盛りこまれていた。

復興計画の最大の特色は、大阪港にあって第1次修築計画以降、継承されていた櫛形の埠頭を大阪湾側に突き出して拡張する「外港化」の方針を改め、逆に市街地に近い側に新たな港湾機能を拡充する事業を促進すること、すなわち「内港化」を進展させることにあった。

そもそも大阪港は、冬季には季節風である西風が卓越し、波浪が著しく高くなることが、荷役の能率が低下する原因になっていた。内港化によって、この課題を改善することが可能になる。

「禍を転じて福となす。これですよ。今度の計画は、今迄手のつけられなかった大阪内港化の計画を一期(ママ)に実現させようと云うわけです。これさえ実現されれば、名実共に大阪港は日本第一の貿易港になるでしょう」

「貿易と大阪」を特集した雑誌『大阪人』1950年2月号の記事「ルポルタージュ大阪港」（中川三郎筆）では、大阪市港湾局の川西某氏によるこのようなコメントが紹介されている。また復興工事は1947年に工期10年間の総工費10億円を予定して着手されたが、3年目にすでに初期の予算をはるかに超えたことから、新たに80億円に予算を組み替えたと同記事にある。

都市計画と港湾計画

先に述べたように大阪港の復興にあっては、川筋を拡幅して内港を拡充整備する大方針が示された。要は川に面した土地を、大幅に開削することが求められたわけである。この工事で出ることが想定された大量の土砂は、臨港地帯および隣接する都市計画事業区域の盛土に用いられることとされた。

戦前から大阪では、地下水の過剰な利用に由来する地盤沈下が都市問題となっていた。結果、港区などの低地では、台風による大雨や高潮で、1944年（昭和19）、1945年、1946年と連続して浸水、水害を被っていた。低地を災害から防ぐには、全面的な盛土が最善手かつ合理的であった。

各河川の拡充、それに伴う内港化に加えて、浚渫した土による低地への盛土が、港湾修築の根幹をなしていた。前出「ルポルタージュ大阪港」には、「まあ一石三鳥と云うところでしょうか。水の都と云われる大阪で河を利用しないってことはないですからね」という大阪市港湾局調査係長の言葉が引用されている。

また同号には、大阪港振興株式会社の常務取締役であった伊藤和夫による「大阪の都市計画と港湾計画」と題する一文も掲載されている。

伊藤は、従来は大阪の一般都市計画と港湾計画は、密接な関連を欠いていた嫌いがあったと強調する。すなわち都市計画は、あくまでも北浜や船場など都心を中心としたものであり、対して港湾計画は、港湾自体のことだけを考えて、「唯西へ西へと突出して益々市中心から離れ市民の関心を失ってしまった」という見解を示す。

対して今回の計画では、地盤沈下問題の解決と、西風による荷役障害の改善という港自体の「技術的な必要性」に加えて、内港化によって港を市の中心に接近させることで、大阪経済と港が一層緊密に運営されることが意図されたと強調する。これによって、「都市計画と港湾計画とが非常に近寄って来たのであるが、まだ両者の一体化と迄は行ってない」とみる。

そのうえで伊藤は、この機会に大阪経済の中心を港に移転させ、全市の幹線道路を港から放射状に配置することが考えられてもよいのではと提案する。加えて、上海のバンド地区に相当する美しい海岸通りと海に面した公園の整備を、修築計画に入れてほしいと書いている。

六甲山を控える傾斜地に発達した神戸では、市民が毎日、港を眺めて暮らす。港への関心、愛着も子供の頃から自然に涵養される。対して大阪は平坦な街である。水際の土地がすべて倉庫や上屋

大阪港「ダイヤモンド地区」の空撮写真(『大阪の空を飛ぶ』1959年)

に利用された場合、市民が港を見る機会も少なく関心も薄くなる。内港化する港が市民の眼から遮断されないよう、土地利用を工夫するべきという考えを示す。

大阪港と「リトル大阪」

また全面的な地盛の工事にあわせて、区画整理事業を進めることが計画された。地盤沈下の問題を解決すると同時に、公的な施設を配置するための用地を確保するためにも、街区の整理が求められた。ただ事業化に際しては、家屋の立ち退きや補償が派生する。各地で住民の反対運動が起こったようだ。

港湾地区の各所で盛土と区画整理が促進される。たとえば築港の港頭地区、いわゆるダイヤモンド地区での盛土は、港湾局によって1946年(昭和21)から1949年にかけ

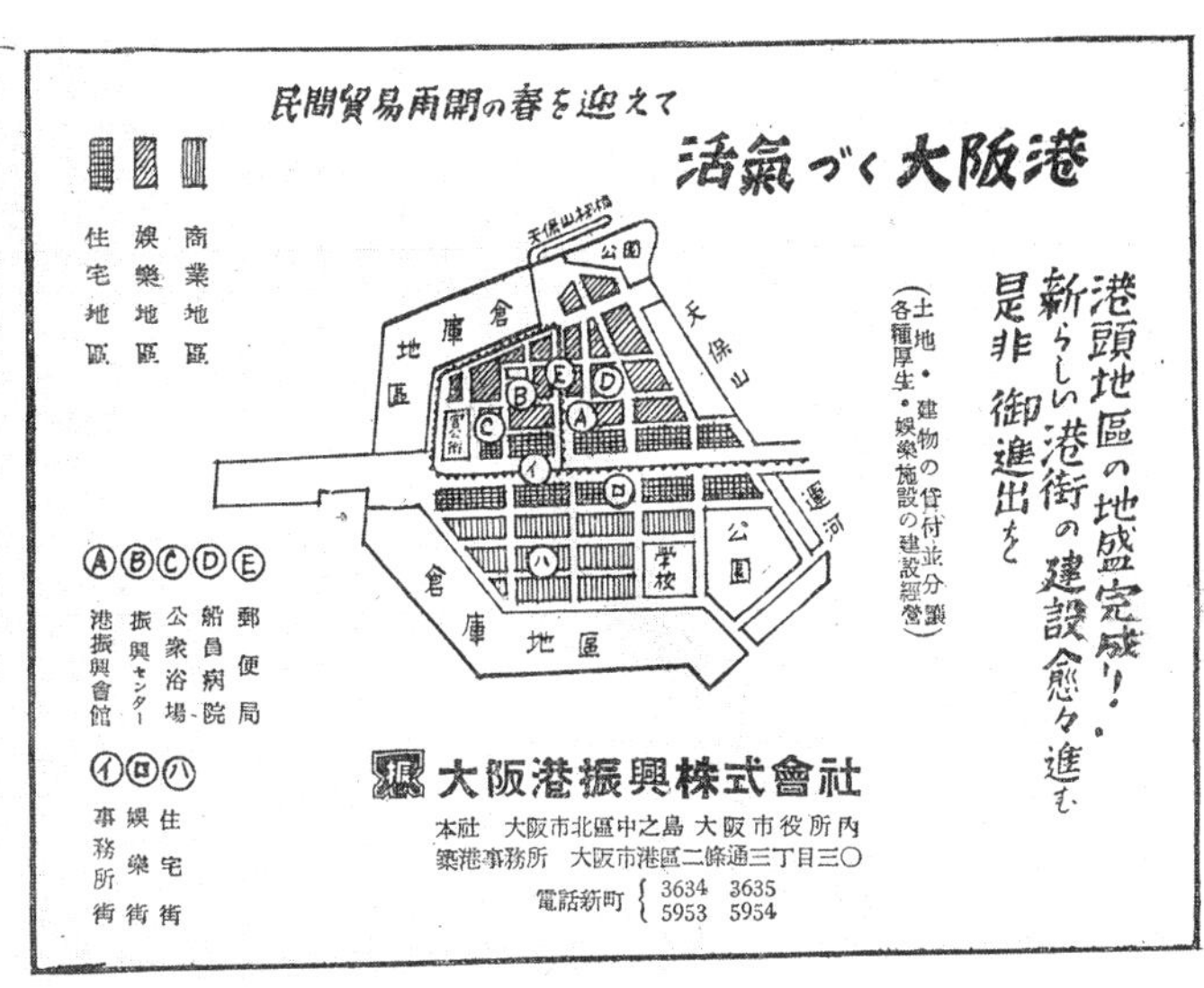

大阪港振興株式会社の広告（『大阪人』1950年２月号）

て実施された。海岸通り一帯を除く、33万9900㎡の区域に99万3500㎥の土砂が地盤に積みあげられた。このうち63万4500㎥は、安治川内港を建設するために開削されたものである。残りは港内泊地の浚渫土が充てられた。

開発主体となったのが大阪港振興株式会社である。同社はここに「リットル大阪」（原文ママ）を建設するべく、1947年から事業に着手する。ここでは少し後の写真になるが、1959年に発行された冊子『大阪の空を飛ぶ』（大阪市公聴課）から、ダイヤモンド地区の空撮を掲載しておきたい。この段階にあって、いまだ整備されていない街区が広がっていた様子がわかる。

計画は4期に区分された。1950年段階で、すでに第1期地区である商店街は竣工、第

2期のうち娯楽センター、酒場、旅館街は完成を見ていた。娯楽センターには、ビンゴ・ゲーム、スマート・ボール、喫茶室などがあったという。大阪港振興株式会社には、将来は学校、海洋図書館、海洋博物館を建てる構想もあったようだ。

『大阪人』の1950年2月号には、大阪港振興株式会社が築港一帯に保有していた土地・建物の分譲と貸付に関する広告が掲出されている。「民間貿易再開の春を迎えて　活気づく大阪港」「港頭地区の地盛完成!　新らしい港街の建設愈々進む　是非　御進出を」と訴求している。港湾と倉庫街で包囲された内側を市街地とし、市電の走る街路沿いを住宅地区、南側を商業地区、北側を娯楽地区と指定した。また要所に、郵便局や公衆浴場、振興センター、船員病院などの公共施設があったことがわかる。

もっとも新たに整地された街区には、まだ多くの人の往来はなかったらしい。第1期工事に応じて開店した喫茶店の経営者は客足の少なさを訴え、ビンゴ・ゲームの店も人が入らず、毎日、組合の寄り合い場所になっていると嘆いている。港湾の復興が、まだ途上にあった時期のエピソードである。

4 復興を阻んだ風水害

ジェーン台風

復興が進む大阪であったが、たびたび災害に襲われた。１９４６年（昭和21）の昭和南海大地震、風水害では１９４５年の枕崎台風、１９５０年のジェーン台風などがあった。耐震や防潮の機能を高めることが必須になった。

なかでもジェーン台風による被害は甚大であった。１９５０年９月３日の朝、台風は室戸（むろと）岬東方を通過、淡路島の南東をかすめて大阪湾に入り、12時頃に神戸市内に上陸、日本海に抜けた。上陸時の中心気圧は９７３ミリバール、大阪での最大瞬間風速は44ｍを記録した。

満潮時間と重なったため、高潮の被害が懸念された。また、台風の速度が遅かったことが、状況を悪化させた。大阪は７時間にわたって暴風雨圏内にとどまることになった。大阪港の潮位はついに、３・85ｍにまで高まった。

戦後復興期にあって、「恒久防潮堤」の建設が計画されていたが、まだ十分に整備されてはいなかった。海水は、堤防をやすやすと越える。西部の臨海地帯中心に、大阪市域の３割ほどが浸水した。大阪府下で、全国の死者３９８名のうち２４０名、家屋全壊１万６６２５戸、家屋半壊６万７７０８戸、床上浸水5万4139戸、床下浸水4万戸余を数えた。

1934年に来襲した室戸台風による「関西大風水害」の恐ろしい記憶が蘇った人も多くあったようだ。雑誌『大阪人』1950年10月号の記事には「一瞬〝死の町〟と化した大阪市内!」「この世の生地獄」といった見出しが並ぶ。台風が通過した直後の市内をルポルタージュする下記のような記事が、その猛威のほどを生々しく伝えている。

「戦災の疲弊からようやく立直って復興も軌道に乗りかけた所に又もやこの台風である。その応急的な家屋や組立式仮住宅などはコッパ微塵といった惨憺たる有様である。堤防の決潰、橋梁の流失、道路の毀損も数え上げれば枚挙にいとまなく、電柱の倒壊にいたっては莫大な数に達している」

「昨日までの華かさはどこえやら打ちひしがれたネオンの残骸が店頭に、ビルの屋上にあわれをとどめ、目を転ずると路上には来る秋に名残りの青葉をたたえながら涼しい緑陰を都市の動きの中に宿していた街路樹が頭を並べて討死しキャシャな張ボテの洋館が地姿をさらけ出して呪われた一夜を大きく口をあけて笑っている。虚脱した都市の一瞬、煤煙も騒音もなく静止した数時間、嵐の後の静けさとはあの事を云うのであろうか」

ジェーン台風が上陸した9月3日、近藤博夫大阪市長は「市民に告ぐ」と題する告示を発表した。状況を述べたのち、次のように被災者を鼓舞している。

「終戦五年、復興も漸く軌道に乗り市民生活も一応安定を見つつあった日本、このような天災に見舞われたことは誠に遺憾の極みでありますが、この上はただ再度復興に立ち上るほかはありません。

数々の災害にも常に自力復興の意気に燃え立った先輩市民の勇猛心を心とし、流言にも迷わず互にはげまし互に助け合いつつ救援と復興に勇敢に立ち上られるよう心から希望し、期待してやみません」

先に紹介した雑誌『大阪人』１９５０年10月号に掲載されたルポルタージュを執筆した記者は、「物質的な損害」よりも、「マヒした虚脱した一瞬が市民に与える精神的な打撃」を懸念したようだ。しかし台風一過、数時間ほどで、槌音や復興に向けた市民の掛け声を耳にして、取越し苦労は立ち所に消えたという。「叩かれても、打ちのめされても立上る大阪人の闘魂、七転八起のネバリ強さ、大阪は過去にも増して近代化し、完全な都市の歩みを続けてゆくこと」がわかったと書いている。

総合高潮対策計画

大阪市は被災者を受け入れるべく、４０００戸の応急仮設住宅を提供することを公表した。あわせて次の天災に備えるべく、西大阪高潮対策事業、港湾地帯整備事業、工業用水水道建設事業、国鉄構内防潮施設工事など広範な施策におよぶ「総合高潮対策計画」が、急ぎ立案された。

基幹となるのが西大阪高潮対策事業である。建設省河川局が所管し大阪府が事業主体、大阪府土木部と大阪市土木局が施工するかたちで「大阪市内河川高潮防御対策事業」および「中小河川神崎(かんざき)川(がわ)改修事業」を実施、建設省港湾局の所管になり大阪市港湾局と土木局が工事を担う「大阪港高潮対策事業」が実施されることになった。

西大阪の河川、運河、港湾、海岸に沿って、各地域を取り囲むように防潮堤を築くことで、安全を確保することが目的とされた。特に港湾地帯では、全面的な盛土が進められることになる。また防潮の効果を高めるため利用度の少ない川は両端を締め切って廃川とすること、防潮堤水門の新設、排水施設の拡充、橋梁のかさ上げなども盛り込まれた。

早くも1950年（昭和25）度中に、工事が着手される。港湾地区では前面に波返しのある堅牢な堤防が築かれた。いっぽう都心の中之島などでは、オフィス街の美観に配慮して鋼矢板の防潮堤が採用された。総延長120㎞におよぶ長大な防潮堤は、9年の歳月を費やし1959年3月に竣成している。

一部が完成した様子を報じる市の広報記事では、「ノー・モア・ジェーン　高潮へ100キロの長城」と題して、「水の都」「橋の都」である大阪が、さらにまた「防潮堤の都」ともなったと書いている。

5 復興に向けた提案

復興の試案

大阪の戦災復興計画が立案された時期、専門家による提言がさまざまになされた。終戦の翌年に刊行された『新建築』（１９４６年２月号）には「都市再建を語る座談会」と題する10人の専門家による討論記事が掲載された。

参加者に、建築家村野藤吾（むらのとうご）、大阪商工会議所理事菅野和太郎、大阪府建築課長堀井啓治、同都市計画課長高津俊久、京都大学営繕課長西山夘三（うぞう）などの名前が見える。論点のひとつが、戦後の住宅のあり方への提案であった。具体的には、共同炊事場や飲食店を共同住宅に併置する「都市住宅のアパート化」が論じられた。

また都市の不燃化については賛同する意見が多く、日本の都市の特徴である「木造都市」については、防災面から否定される。そのほか大阪全体を「田園都市」としてはどうか、土地所有者に地券を渡し都市改造が終わるまでは売買を認めないという土地制度の改革、船場や島之内など都心の街区の統合によるブロック割の見直しなど、抜本的な都市改造に向けた問題提起が多くあった。

『新建築』（１９４６年２月号）には、京阪神改造計画研究班による「大阪市復興計画に対する一試案」と題する記事も掲載されている。冒頭に計画立案までの経緯を記す。それによれば、同研究班は、太平洋戦争中から京阪神各都市の空襲による罹災を必至と考え、「復興に対する遠大な計画」を研究しようとしていたという。その後、戦災と敗戦、ポツダム宣言受諾という現実を受けて試案がまとめられた。

作業は、大阪市復興局建築部長の職にあった伊藤和夫の所説を基礎に進められた。大阪市の臨海部にある低湿かつ地盤が沈下した地区を開削して海に戻し、「新大阪港」を建設することによる解決が本案最大の特徴であるとする。そのうえで「その所説は甚だ突飛の如くであるが、詳細に吟味すれば何等奇矯の見解ではなく、現実の条件に大胆に接近しようとしてゐる果断なる立案である」ことが明らかになるだろうと書いている。

論文では、大阪市内の地盤沈下の様子を等高線で示す図も掲出しているが、もっとも沈下している地区では、毎年15㎝を超える。結果、かつての建築敷地も水面より低くなった。ついには都市用地としては不適当となりつつある場所も少なくない。現在、水面より2m低い地盤は、常時、高潮で浸水する危険がある。解決方法は土盛りをするか、放棄するかいずれかしかない。

また西風が強く沖荷役がしばしば停止する大阪港に関しては、なんらかの根本的な対策を要する。この2点を一挙に解決する方法として、港区、および此花(このはな)区では一部の土地を放棄して、掘り下げて海面とし、開削した土砂で両区の一部に盛土を実施する。とりわけ此花区では、桜島を海側に残すかたちで、海面を内に囲い込むように広く掘り下げる。西風にも対応が可能な「新大阪港」、い

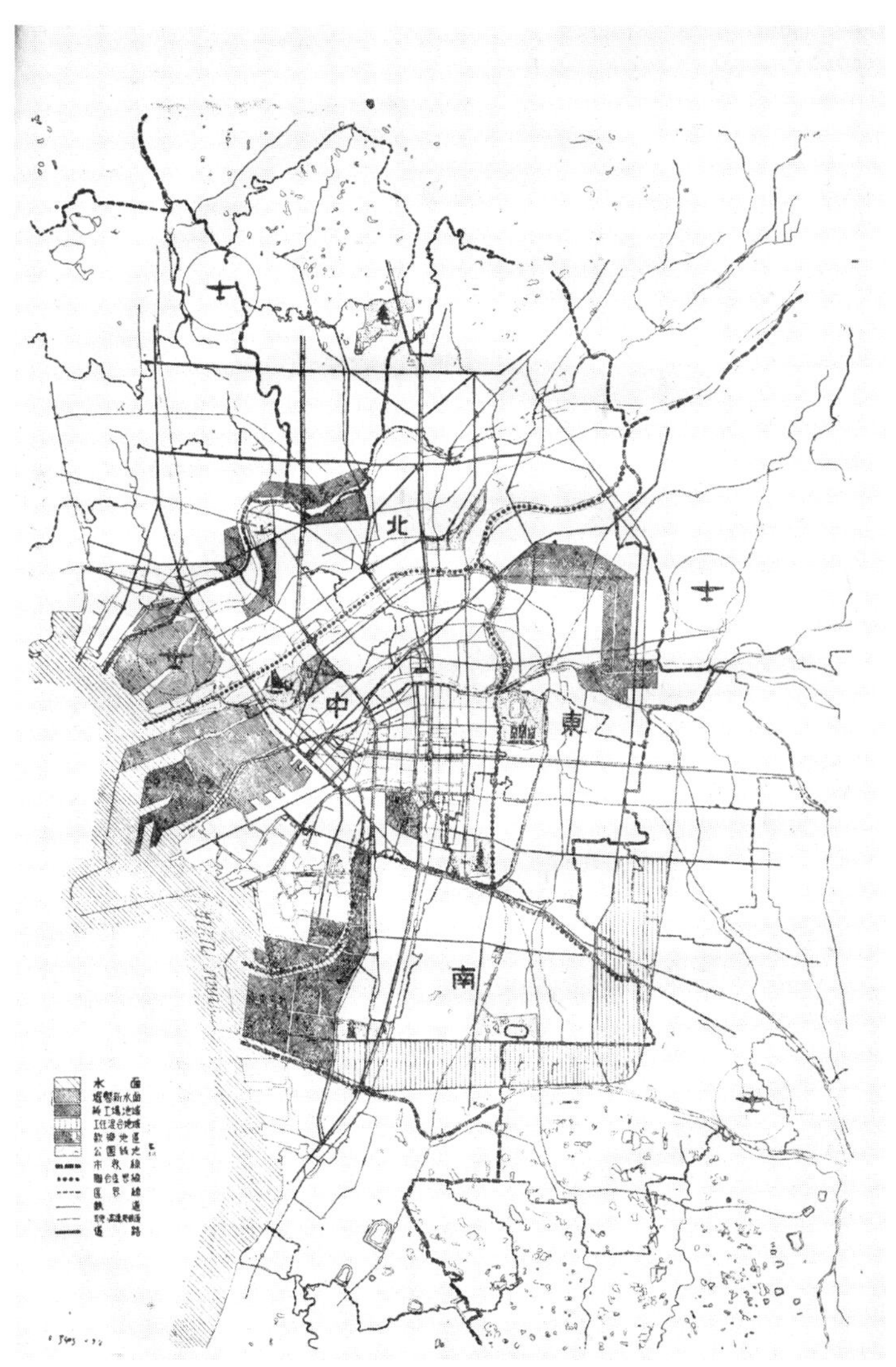

「大阪市復興計画試案」(『新建築』1946年2月号)

わゆる内港化を進めようという提案である。

空港など都市施設の拡充も述べる。鶴見に基幹となる空港を整備するとともに、神崎川の河口部も港区の一部と同様に開削して海に戻し、ここに水上飛行機用の飛行場を設けるものとした。緑地を集約して、20万坪程度の大公園を設けることも提案している。

都心機能は「新大阪港」側に近づけて拡大する。その手段として歓楽街の移転を提唱する。北の新地、堀江、松島などの花街にあって戦災を転機として再建を認可せず、西浜地区と野田阪神以北に集約をはかる。この事業によって、過密した住宅地の改良をはかると同時に、都心の西への発展を促すものとした。

工場地帯や住宅地の再編も提言している。特にもっとも環境が悪いとされる長柄地区を改良、高級住宅地とするべく、計画図を添えて説明する。

この試案の通りに復興計画がまとめられたわけではないが、方法論の一部は採用され具体化する。先に述べたように内港化と開削した土砂による土盛りを軸とした港湾地区の再整備の手法は、大阪市の復興計画における基軸となった。

復興の提案

復興計画が推進される過程にあっても、さまざまなアイデアが求められた。

日本建築協会の機関紙『建築と社会』(1947年3・4・5月号)は、大阪府、大阪市、朝日新聞社の後援を受けて同協会が実施した「都市復興」に関する懸賞論文の入選作とともに、「公館地区」に関する公募設計図案の上位作品を掲載している。

論文部門では、伊藤甫「明日の都市復興」、新田伸三「都市復興の理念と構想」の2篇が準入選となった。伊藤は「至極平凡な都市」を目指すことを想定したのに対して、新田は、都市の復興は「既往都市の再現」ではなく、新しい理念と構想に従って新生するべきものであり、「修正的都市計画を以てしては根本的改造にははるかに遠い」と、緑地や公園、住宅に重きを置く案を提示する。両者の立ち位置がまったく異なっている点が面白い。

「公館地区」の設計競技にあって入選とされたのが、天王寺区を対象とした西山夘三案、および南区を想定した石原正雄案である。

西山案は、天王寺駅の北側に円形の広場を設け、四天王寺までを結ぶ軸線を想定する。公共的な空地を連鎖させ、その周辺に、さまざまな都市機能を配置していく。バロック的な都市計画を展開するものだ。鉄軌道を東西方向の高架道路で覆い、南北方向の高規格道路とジャンクションで連絡する。

西山は、「大阪連合市の南部玄関をなす『交通都市』」の都心部を計画したものと説明する。西山は前提として「天王寺市」という仮想の地域を置く。ここでいう「天王寺市」は、従前の「天王寺区」とは異なり、北側の上本町（うえほんまち）6丁目を中心とする一帯を軽工業地域として、南側の阿倍野区を住居地域として組み入れるものとしている。

南区を想定した石原正雄の提案は、堺筋、長堀川(ながほりがわ)、東横堀川(ひがしよこぼりがわ)、道頓堀に囲まれた島之内地区を想定する。従来の街区を統合し、東横堀川に沿って南北に広大な緑地を確保、ホテルや公会堂、展示館などを配置する。対して堺筋などに面した街区を、15階建ての高層のオフィスビル街とする。2層の交通空間を確保、上層をトロリーバス専用道路、下層を自転車道や歩道に充てるものとしている。

設計公募の審査を担った瀧澤真弓は所感において、西山案は、「豊富な学説と異常な努力との上になる特色ある作品」とし、石原案については、「地域と建物とを統一ある体系にまとめている点を推

大阪市天王寺区公館地区設計図案（西山夘三作。『建築と社会』1947年3・4・5月号）

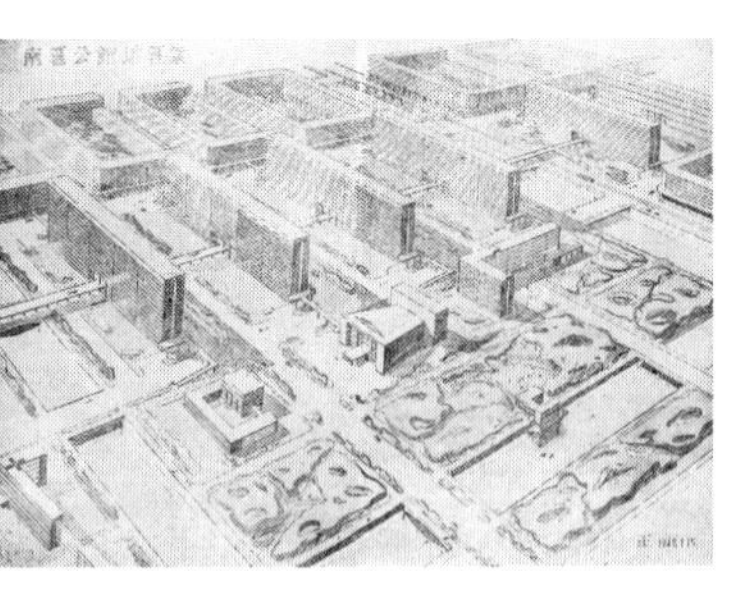

大阪市南区公館地区設計図案（石原正雄作。同上）

す。夢もせめてこの程度までは実現させたいが、果して何時のことか」と書いている。

この時、公館計画の対象となっていた夕陽ケ丘や島之内などは、戦災によって焦土と化し、空き地が多くあった。だからこそ、このような思い切った提案の公募にも意味が見出されたのだろう。特に石原が描いた広大な緑地の提案は、先に紹介したように大阪市の復興都市計画にも類似のアイデアが示されていた。もっともさまざまな仮設建物が建ち始めたため、大阪市は島之内地区の区画整理を断念、事業の進展もままならない。ここに紹介した街区の復興の計画案も、終戦直後には夢や希望として描くことができたが、すぐにもリアリティを失うことになる。

第2章

生活空間の再興

1 住宅難の解消へ

空襲と住宅難

太平洋戦争末期の空襲によって、大阪の市街地は焼き払われる。戦前から終戦直後の大阪市の住宅事情については、大阪市民政局が発行した『本市の住宅事情』(民政局報告第12号、1947年11月)に詳しい記載がある。

同書には、市内で30万9952戸を焼失したとある。戦時下の建物疎開によって事前に取り壊された7万7588戸を加えると、合計38万7600戸の建物を失ったことになる。

戦災を被る前はどうであったのか。『本市の住宅事情』では1941年(昭和16)1月1日現在の調査による数字として、大阪市内にある住宅総数64万313戸、内訳は普通住宅が61万435戸、アパートが1163戸2万6708室、下宿屋が430戸3152室であったとしている。先の数字と比べると、戦争を経て、市内の住宅は半数以下になったわけだ。

その結果、終戦時には、9000世帯2万9000人の人々が、焼け跡での壕舎生活を余儀なくされていた。いっぽうで疎開者や復員軍人が市内に復帰したことによって、敗戦から2カ月にも満たない1945年10月5日の調査では、約2万世帯8万人もの人口増があったという。さらに翌1

９４６年４月までに、18万人が市内に流入した。『本市の住宅事情』によれば、１９４６年５月20日段階での住宅総数は30万１１６０戸、内訳は普通住宅が28万９４６９棟、アパートが４９６棟１万１３９７戸、下宿屋が62棟２９４室と推計された。終戦時から増えてはいるが、急増する市民を受け入れるには不十分であった。

駅構内や校舎、橋梁の下や仮小屋などで、急場をしのぐ人も多くあった。住宅の困窮が最大の社会問題となる。１９４６年の冬には、バラック風の簡易住宅、倉庫を間仕切りして転用した住宅など、越冬を目的とする応急住宅が仮設された。

市営住宅の供給

このような状況を受けて住宅の確保が急務となる。政府や大阪府は、戦災復興にあっては罹災者による自主的な住居の復興を主眼とした。大阪市は住宅相談所を設けて、自主建築希望者に対して、適正な指導、援助、統制を行った。

ただ自力で復興する資力のない人に対しては、公的な住居の提供が不可欠となる。大阪市は、戦前から市営住宅の運営を行っていた。その数は、１９４５年（昭和20）２月末の段階で４１６７戸を数えた。しかし建物疎開で４７５戸、戦災によって１８０１戸を失い、敗戦時には１８９１戸を残すだけであった。そこで応急的な措置として、敗戦から翌年春までのあいだに、簡易な住宅２０００戸を急造する方針を示す。

新規に設ける市営住宅の規格は、厚生省の罹災都市応急簡易住宅建設要綱に従うものとした。簡素な長屋群を1集団として建設、将来的に町会の単位とする。敷地は1棟あたり平均40坪、各戸は6畳と3畳からなる。住区には、集会場、共同浴場、自給菜園などの共同施設が設けられた。

さらに既存建物、たとえば公共建築の転用や被災建物の大改修によって、１０００戸を確保することとされた。野田や巽、芦原や帝塚山（てづかやま）では兵舎が、千船（ちぶね）や築港（ちっこう）では寮舎が転用された。そのほか市内各所の国民学校も住宅に改められた。また毛馬や城北には、バスを改築した、いわゆる「バス住宅」も建設された。

結局、１９４６年春までに、普通住宅１５５戸、仮設住宅１９０３戸、改装住宅４９２戸、改修によるもの４９０戸が供給された。

翌１９４６年度には、庶民住宅６００戸、既存建物の住宅化４００戸、合計１０００戸が確保された。さらに１９４７年の計画では、庶民住宅２３００戸、改装住宅５００戸、鉄筋コンクリート式アパート７００戸、分譲住宅１５００戸、合計５０００戸の建設が目標に掲げられた。

その後も市営住宅の建設は継続される。不足住宅数は１９５０年の10万戸から、１９５５年の６万戸にまで減じ、住宅難は若干、緩和された。いっぽうでインフレによる資材の高騰とともに、利用可能な市有地に限界があるなどの課題も顕在化する。

「住宅」の住人

『市政グラフ』第３号（大阪市公聴課、１９５５年）に「〃住宅〃の住人　せまいながらも…」という記事がある。空撮によって、４００戸の市営住宅からなる「アビコ東住宅団地」の全体像を紹介する。農地のただなかに、計画的な白い住宅群が並ぶ様子が印象的だ。

また写真構成によって、木造の長屋と鉄筋コンクリート造の住棟の外観や居室内を紹介する。家庭菜園や、ブロックごとに確保された子どものための遊び場があった。アパートには和室の茶の間のほか、客間としても使用できる洋室があった。キッチンの写真には「婦人雑誌の口絵から抜け出たような」というキャプションがある。

アビコ東住宅団地（『市政グラフ』第3号、1955年）

「戦後、市営住宅は、およそ二万戸建った。もちろん、三十万余戸を戦災で失い、民間借家も建ちにくい昨今、この数字は住宅難解決にとって焼け石に水の感が強い。

ところで、百何十人に一人という幸運に恵まれて公営住宅に当選する。近所の店へ障子紙などを買いに行くと、きまって『住宅の方でっか』と聞かれる。ことほど左様に〃住宅〃は公営住宅の別名になりつつあるが、その住宅には大別して木造と鉄筋の二種がある。

比率は木造３に対して、鉄筋が１、家賃は二倍から三

アパートの洋室

木造棟の外観（アビコ東住宅団地。『市政グラフ』第3号、1955年、以下同）

アパートのキッチン

子どものための遊び場

倍も違うがともにいろんな階層の人が入りまじって入居している」『市政グラフ』第3号に、このような文章がある。ここでは「住宅」という呼び名が、近隣にあっては「公営住宅」を指す通称であったことが紹介されている。

復興から経済成長へ

『大阪市の住宅』（大阪市建築局住宅建設課、１９５９年）と題する冊子を紹介したい。終戦から昭和30年代前半における大阪の住宅事情を分析したうえで、同時代の大阪市の住宅施策ついて述べたものだ。当時大阪市長であった中井光次（みつじ）は次のような文章を寄せている。

「今次大戦の結果、本市の住宅も戦前戸数の実に半数以上を失うという痛手をうけましたことは、私達の記憶にまだ新しいところでありますが、以来、市民の皆様を初め関係者の努力によりまして今日までに20数万戸の復興をみ、やや明るさを取戻した感があります。しかしながら本市への人口の集中は依然として激しく、住宅の不足は現在なお7万戸と推定されますが、しかもそれらの大部分が低収入勤労者にしわよせられつつある現状にあり、低家賃である公営住宅建設の重要性を痛感する次第であります。

本市は終戦後現在までに3万戸余の住宅を建設し、市民の住宅難の緩和に努めて参りましたが、最近では特に住宅建設の重点をその不燃化と低家賃化におく一方、地上8階建の関西最初のマンモス住宅を法円坂に建設し、宅地難対策と都市の不燃高層化に資するなど着々とその質的改善に努力しております」

復興期から高度経済成長期に入った大阪の住宅事情を総括した文章である。継続して供給されてはいるが、低所得者向きの住宅など、まだ充足しているわけではない。ただ状況は好転しつつある。そこで大阪市の住宅施策も、不足している量を補うだけではなく、高層化や不燃化をはかり、質の向上を目指す努力を始めたことが強調されている。

好転する住宅事情

1955年（昭和30）10月段階の国勢調査によれば、大阪市の人口は255万人を数えた。終戦時に107万人と推定された状況と比較すると、2・4倍に増加したことになる。1951年には単年度に12万人近い社会増があったが、1955年には4万人台に落ち着いていた。

また、1955年10月における大阪市の住宅戸数は50万戸を超えた。終戦時に30万戸を切っていたことから、10年ほどで20万戸ほどが増加したことになる。もっともこの内訳には、1955年4月に第3次市域拡張を実施して編入した新市域に所在する約1万3500戸が含まれる。

その後、高度経済成長期を迎え人口の流入が再び始まる。1957年には、年間8万人もの社会増があった。同時に住宅の着工数も増加傾向となり、1955年10月から1958年度末までに、8万戸ほどの住宅が建設された。諸々を鑑みて、1959年当初における住宅不足数は約7万戸と推定された。

すでに紹介したように、大阪市は終戦直後から応急仮設住宅や転用住宅を市民に提供、以後、１９５８年までに３万戸の住宅を供給した。１９５０年には、市営住宅を補う役割を託して大阪市住宅協会を設立、協会住宅の建設を始める。

大阪市は１９５３年以降、中層耐火住宅や簡易耐火住宅などの割合を増やし、住宅の不燃化に力を注ぐ。先に紹介した市長の文章にあるように、量的な増加に加えて質的な改善をはかろうとしたわけだ。

大阪市は、大火への備えとして、都心に防火建築帯を設定した。耐火建築促進法の施行に応じて、１９５２年10月からは、防火建築帯の指定地域にあって、耐火建築を新築する民間主体に対する助成事業が開始される。また住宅金融公庫法が改正されたことを受けて、１９５７年４月からは、店舗や事務所を併用する中高層耐火建築の建設を対象として、融資の斡旋も始めている。後者に関して述べると、１９５７年度の実績は、申し込み数２５５件、融資数１２８件、総額６億８０００万円にのぼったという。いっぽうで大阪市は、市民生活の安定をはかるべく、低家賃の第二種住宅の供給にも力を入れた。

不燃化と高層化

前出『大阪市の住宅』では、タイプごとに代表的な市営住宅を選定し、外観や室内の写真とともに紹介する。木造住宅や簡易耐火住宅のページもあるが、いわゆる団地の紹介が中心である。不燃化と高層化が、重要な目標になっていたことが理解できる。

第一種中層耐火団地としては、古市団地と矢田中団地、西難波住宅を掲載する。このうち古市団地を「大阪市モデル団地」と呼んでいる。敷地2万3000坪、総戸数826戸、公園と小学校を完備した。2～5階建の住棟が「バラエティに富んだ配置」を見せ、豊富な植栽とあいまって「快適な団地の雰囲気」を示していると書いている。

公園を完備した古市団地（『大阪市の住宅』1959年）

西難波住宅については「本市最初の店舗併存公営住宅」と紹介する。1階には店舗と公衆浴場、2階に店舗と住宅、3階と4階に各11戸の公営住宅を入居させる複合的な住宅である。煙突を併設する外観、衛生的な脱衣場の写真なども掲載されている。

店舗を併設する住宅が求められるようになった背景として、都心における宅地が逼迫してきたという認識を示す。合理的利用が求められるなか、「住宅金融公庫の中高層融資による民間自力建設と公営住宅の都心部への誘致の一石二鳥をかねた」ものと、西難波住宅を説明している。

いっぽうで大阪市は、1958年（昭和33）度末までに低家賃の鉄筋住宅である第二種中層耐火住宅を740戸建設した。老朽化した不良住宅地区の改善や、終戦直後に仮設された応急住宅の建替えに応じて、このタイプの住棟が建設された。冊子では代表的な第二種中層耐火住宅の事例とし

阿倍野区の共立団地

西難波住宅の1階に設けられた公衆浴場の脱衣場（『大阪市の住宅』1959年、以下同）

大阪城と向かい合う法円坂高層住宅

煙突を併設する西難波住宅の外観

て、長柄（ながら）団地や津守（つもり）団地を紹介している。

冊子『大阪市の住宅』には、大阪市の住宅政策の一環として住宅難の緩和に協力すべく設立された大阪市住宅協会の活動も記載されている。1950年以降、5年間で1004戸の耐火住宅、1956〜57年にかけて、阿倍野区の共立団地、港区の八幡屋（やはたや）団地、西区の川口団地などの「協会住宅」を350戸建設してきた。冊子では、階段室を中心に3方向に居室を配置するユニークな平面計画を有する共立団地の写真を掲載している。

1958年時点における最新の「協会住宅」が、市長の挨拶文でも触れられていた法円坂高層住宅である。地下1階地上8階建て、112戸からなる「本市最初の所謂マンモス住宅」は、「東大阪の高台にそびえ大阪城と向い会うという豊かな展望と立地の有利性をもつている」と説明する。

大阪府の住宅建設

大阪府も、住宅の復興に尽力した。ここではまず『復興大阪の巨像』（大阪郷土文化会、1955年）にある記述から、その概要を紹介したい。

『復興大阪の巨像』は、大阪府が実施した戦災復興事業を再評価するべく、敗戦から10年となる節目に出版された小冊子である。著者が着目したのは、1947年（昭和22）4月1日、戦後初の公選府知事となり、3期にわたって府政を担った赤間文三（あかまぶんぞう）の事績である。ここでは、ジェーン台風後に完成させた大防潮堤、わが国で最初となる国際見本市の開催、循環大環状道路の完成、府営水道の整備の４つを、赤間府政における「不朽事業」と位置づけて賞賛している。

　では住宅政策はどうか。この冊子では「民生の安定に打った手」の章に、食料増産、災害復旧、燃料問題の打開、失業者対策、婦人と子供への支援、府税の減免に率先垂範などとともに、「住宅の増建に必死」と題して住宅不足にいかに対処したのかを論じている。

　従業員が安心して暮らす家がなければ、産業の興隆はない。そこで大阪府は１９４８年度から「住宅建設五カ年計画」のもと、府営住宅や民間住宅の建設促進に力を入れた。この結果、１９４７〜54年までの総計で、大阪府下に官民あわせて21万２２２７戸が建設された。このうち民間住宅が16万７６９４戸、残りの４万４５３３戸が府や市町村など公共団体が建設したものである。

　また新規の住宅用地の不足が顕著になったことから、１９５４年からは宅地の入手難の緩和と民間住宅の建設促進に資する施策も実施する。府営住宅の分譲に加えて、宅地造成事業にも着手した。上下水道や道路整備を行ったうえで土地の販売が行われた。

　前出『復興大阪の巨像』では、各地に建設した府営住宅のなかでも、建設大臣賞を得た全国最初の集合団地である箕面（みのお）府営住宅を評価する。「深緑の箕面山を背景に白亜の鉄筋五階建てが燦々と太陽に照り映ゆる光景はいかにも文化都市らしい清新な気がする」と特記している。

高層府営住宅の模型（『復興大阪の巨像』1955年）

高層府営住宅の構想

いっぽう都心部では、都市の不燃化をはかるべく、低層部に店舗が入居、中層階から上方を公営住宅とする中高層耐火建築を促進する動きがでてくる。

戦後復興期における高層集合住宅では、東京都建設局が渋谷に建設した宮益坂（みやますざか）アパートが最初期の事例である。1951年（昭和26）12月に着工、1953年5月に完成をみた。1階を店舗（20戸）、2〜4階を事務所（36戸）、5〜11階を住宅（70戸）という立体的に用途を混合した当時としては最新の公営分譲マンションである。各住戸は約34㎡の広さ、価格は102万2000円であった。新聞では「天国の百万円アパート」「特別船室さながらの豪華版！」などと紹介、全70戸のうち47戸を会社重役などが申し込んだという噂もあった。

大阪府も、従来にない高層の府営住宅を計画、1955年度の着工に向けて設計を進めたようだ。先に紹介した『復興大阪の巨像』では、次のように述べられている。

「商都大阪にふさわしい商店街を包含する十一階の高層アパートで、一棟に百戸を容れる清新な設計で、これなどは世界に類例を見ないものといわれている。この建設地は西区西長堀五丁目付近で完成の暁には戦禍でもっとも復旧がたち遅れている西区地域の再建に大きく役立つことになる」

想定された西長堀（にしながほり）の用地は、江戸時代には土佐藩の藩邸があった場所である。大阪府は土地を購入し、設計をとりまとめる。しかし計画を中断、1955年7月25日に発足した日本住宅公団に事業を託すことになる。

日本住宅公団は、GHQによって解体された旧住宅営団を参考にしつつ、勤労世帯に適正な価格の住宅を供給することを使命として設立された。大阪では、郊外の大規模な団地開発とともに、商業施設と複合する都心型の集合住居を提供する役割を担うことになっていた。

もっとも当初、公団は開発のための土地を保有していなかった。そのため大阪府が、すでに着手していた事業を譲り渡すことになる。郊外の案件では金岡（かなおか）団地の計画、都心では西長堀のプロジェクトなどが移管された。

マンモスアパートの誕生

大阪府の住宅課長であった元吉勇太郎は、日本住宅公団に籍を移し、大阪支所計画部長に就任する。前職にあって立案に関与した西長堀の高層アパートの建設事業に、引き続き携わることになっ

た。

公団によって、当初設計の見直しが行われた。目につく改変は、全長100mほどもある北側のファサードである。原案では、壁で覆われず外廊下を吹きさらしとする設計であったが、実施設計では2階から11階までを貫く縦長のスリット窓を設けて、垂直方向のラインを強調するデザインに変更された。

ユニークな外観に改められた背景には、強風への配慮があった。竣工当時の専門誌には「当初オープン式廊下の計画をたてて建設費の減少を計ったが、高層故の強い風当りを防ぐために、クローズすべく幾つかの案をたて、その機能・意匠及び費用を比較検討した結果、最も適当と思われるこの案を採用したのである」と書かれている（「日本住宅公団・西長堀高層アパート」『国際建築』1959年1月号）。

1958年（昭和33）12月、「西長堀アパート」が竣工する。設計は株式会社大阪建築事務所、施工は鹿島建設が請け負った。竣工時に配布されたパンフレット『西長堀アパート』（日本住宅公団大阪支所発行）の表紙写真には、個性的な北側外観を見上げたカットが採用されている。冊子では地所の由緒を、次のように解説する。

西長堀アパート竣工時（1958年）に配布されたパンフレット『西長堀アパート』の表紙

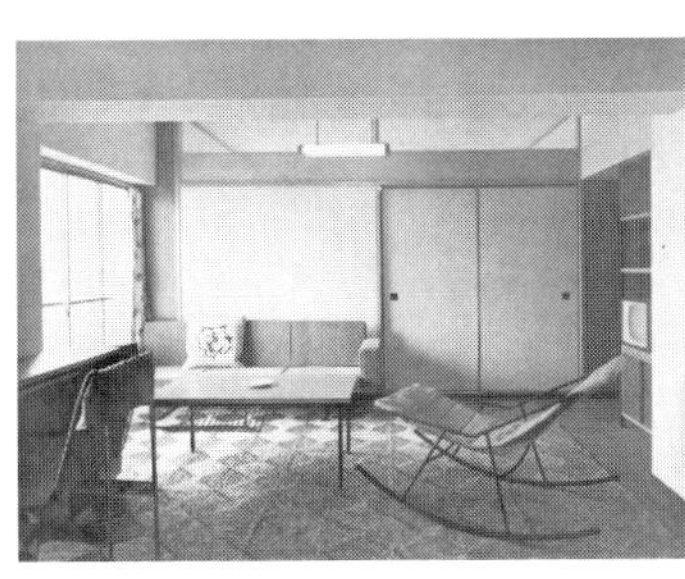
西長堀アパート住戸の洋室（同右）

西長堀アパートのエントランスホールに飾られた吉原治良作「石の壁」（『西長堀アパート』）

「敷地は大阪市中心部よりやや西に片寄ってはいるが、将来繁栄を約束された市街地の真中である。戦前は長堀川を上下する屋形船や附近に堀江の花街を控え、又、土佐の稲荷神社の夜桜等で非常に賑ったといわれる。元来、江戸時代には土佐藩の屋敷であったものが、明治になって岩崎家屋敷となり、三菱商事の煉瓦造建物があった。

今次大戦で附近の繁華街と共に戦災で焼失し、戦後一時プラスター工場となっていたが、大阪府が高層住宅建築用地として選定したものを、住宅公団設立と共に公団に譲渡されたものである」

このように述べたうえでアパートの立地する環境を、以下のように概説する。

「敷地の環境としては北に長堀川をひかえ、東側に将来地下鉄の予定路線が計画されている50ｍ道路があり、南には大阪市大家政学部の建物、グラウンドと敷地を接している。更に西側には土佐の稲荷神社があり境内の南に児童公園がある。又木材市場や銘木店等があるが、民間私有地は少い。都市中心部にも近く、市街地住宅としては、環境も良好である」

西長堀アパートは、その威容ゆえに「マンモスアパート」の愛称で親しまれた。棟内には、ロビーや談話室、洗濯室、物干し場などの共用施設があった。エントランスホールには前衛画家である吉原治良（よしはらじろう）の作品「石の壁」が飾られた。

２６３戸の住戸の間取りプランは1Kから2LDKまで9タイプがあった。和室、洋室ともに、機能的でモダンな仕様である。キッチンには阪神百貨店や高島屋が特別に製作した流し台が据え置かれた。２DKの家賃が月額1万６５００円であり、大卒初任給の1・4倍程度であった。比較的、所得の高い層が真新しい高層住宅に入居したという。

2 復興大博覧会

婦人と子どものために

前項で触れた『復興大阪の巨像』（大阪郷土文化会、１９５５年）には、復興期における社会福祉事業に関する次のような記述がある。

「終戦と同時に大きくクローズアップされてきたのは生活困窮者の激増、浮浪者、浮浪児、行路病者、栄養失調者のはんらんであった。これが救済はまことに焦眉の急で、府財源の貧困ななかからこれに要する対策費の捻出は非常に困難をきわめたのであるが、（中略）二十二年以降二十九年までに要した費用はざっと八十七億円に対し、現在七万五千余万人(ママ)の生活を保証し、幾多の厚生機関を創立してきたのである」

このように述べたあと、民生委員の制度、戦争による未亡人や母子家庭への貸付制度、引揚者への支援、身体障害者への支援や児童福祉の相談窓口の開設、戦没者の追悼や遺児への援護など、大阪府が実施した諸制度を列記する。加えて、府下各地の母子寮、婦人救済施設である成美寮(せいびりょう)や朝光寮(ちょうこう)、整肢学園など、施設の整備について書いている。なかでも特色のある事業として、天王寺区夕陽ヶ丘に開設された「母子の街」について以下のように特記する。

「険悪な世相のもとに生活する気の毒な女性や子供達に温い手をのべる機関として二十四年に夕陽ヶ丘の高台に全国最初の母子福祉施設のモデルセンターとして〝母子の街〟を開設、保育、職業補導、母子相談室、結婚相談、生活指導その他母と子に関する一切の問題を解決する機関とした」

「母子の街」は、公共が先導した複合的な社会福祉事業としてユニークな事例である。加えてその施設群が、復興大博覧会の会場跡地利用として整備されたという点においても類例がない。

復興大博覧会の趣旨

「復興大博覧会」は、毎日新聞社の主催により、1948年（昭和23）９月から11月にかけて開催された。会場となったのは、戦災によって焦土となっていた上本町(うえほんまち)８丁目一帯の通称、夕陽ヶ丘の高台一帯である。地主240名が趣旨に賛同、大阪による区画整理や復興都市計画を前提として、暫定的な博覧会場が確保された。

『復興大博覧会誌』（非売品。毎日新聞社、1949年）では、開催を決意するに至った理由として、「博覧会のもつ使命に重大な意義を見出し、これこそ復興の端緒をひらく世直しの事業である」と信じたことにあると書いている。「大大阪記念博覧会」など、大正時代以降、大阪毎日新聞は民間主催による博覧会を成功させた経験があったことも背景にあったようだ。

さらに開催の趣旨を、次の3項にまとめている。

第一には「産業文化の粋を集める」ことである。

第二に「荒廃に帰した戦災地跡に恒久建造物を構築して土地の復興に資し、住宅難緩和の一助にもすること」を強調する。

第三には「各種の健全な娯楽を設備し、大阪市民の遊園地とし、また厚生の場所とする」ことを目的に掲げる。

復興大博覧会は、「場あたり主義の見世物興行的色彩」を極力排して、「国民の良識」に訴求、敗戦このかたかつてなかった「遠大な理想」を国民の前に掲げるものと強調した。

復興大博覧会の展示と催事

当初は会場内に、復興館、外国館、文化館、観光館、科学館、産業館、教育館、記念館の8棟を

「復興大博覧会全景図」（毎日新聞社発行の絵葉書）

建設することとしていた。しかし出展希望者が多く集まった結果、兵庫館、西日本館、電気館、自転車館、自動車館、農業機械館、衛生館、京都館・印刷文化館などの特設館が増設された。先に計画した展示館も変更され、産業館は、農業・水産・日立館などに改められた。また理想住宅、住宅付店舗なども建設された。このうち複数の展示館と住宅群は閉会後に売却されることとされた。閉会後は敷地を区切る柵を撤去すれば、そのまま復興市街地として利用される計画となっていた。

１９４８年（昭和23）９月18日、博覧会が始まる。開幕を報じる毎日新聞の紙面では「焼跡に生まれた『復興街』、夕陽ヶ丘に輝くモデル・シティ」と記載されている。入場料は福引券付き前売り入場券70円、当日券大人80円、小人30円であった。11月17日の閉会まで、61日間の会期中に入場者は160万人を数えた。会場風景は、当時の絵葉書やチラシ、報告書の写真などから知ることができる。

どのような展示があったのか。貿易館には、輸出用のアルミ厨房用器具などが紹介されていた。前出『復興大博覧会誌』では「こんな立派な製品がメードイン・オキュパイド・ジャパンの名前を背負って貿易の第一線に活躍しているのだと思うといささか心強い気がする」と感心すると同時に、「日本の家庭でも使われるようになるのはいつの日かと考えさせられる」とも記述する。

観光館には、元禄模様の提灯を吊って、祝祭気分を盛り上げた。館内には、国鉄や日本交通公社、全日本観光連盟などによる観光写真のほか、関西の大パノラマ、トヨタ乗用車などの展示があった。そのほか、模型電気機関車や模型汽船の運行、パンアメリカン航空が提供したカラー映画の上映などの企画があった。

各館の展示のなかで、もっとも話題となったのが、東京芝浦電気製作所が出展したテレヴィジョンである。1日3回、平均1時間ずつ公開がされたが、終日長蛇の列となるほどの人気であった。また性病予防、人口問題（産児制限）、伝染病予防、環境衛生などの解説と相談を行う「衛生館」も注目された。

博覧会場では余興として、さまざまな催事が実施された。「コロムビア・ショウ」では、藤山一郎や二葉あき子など、日本コロムビア専属の人気歌手が出演した。藤山一郎は博覧会のテーマソングである復興記念歌『恋し大阪』（作詞サトーハチロー、作曲古関裕而（こせきゆうじ））を歌った。四番の歌詞に「こがれこがれた復興ぶりを　夕陽ヶ丘から眺めれば　白い小窓に小路の青さ　どれも二人のためにある」と、会場となった夕陽ヶ丘の地名が登場する。

前売り入場券についていた福引の抽選会も行われた。商品は１等が会場内西南隅に建設された懸賞住宅、２等が嫁入り道具一式、３等が「オールウェイブ受信機」であった。抽選会場には、「こんなものが当たったら直ぐにも結婚できるのに」と眼で語り合う若い男女の姿もあったという。

「母子の街」の建設

博覧会の終了後、復興館は天王寺郵便局に転用、観光館は「大阪市文化館」として再利用された。また第二衛生館は白百合文化学院が購入、女子教育の学び舎となった。会場内に設けられた86戸の店舗付住宅も販売され、跡地は復興市街地として整備がなされた。

街区の中核となったのが、大阪府による「母子の街」である。府は１９４９年（昭和24）度予算として４２００万円を計上、復興博の展示館のうち、科学館、京都館・印刷文化館、貿易館、農業・水産・日立館の４棟を購入した。これに外国館を加えて、３９００坪の敷地に5館を再配置、「母子寮、婦人の生活改啓、育児保健の指導、技術や職業の指導斡旋、娯楽、修養の設備」などを設けて、「戦争犠牲者の母子を対象として一大楽園」とするべく計画を立てる。「日本ではじめての母と子のセンターランド」とうたった。

京都館・印刷文化館、科学館の２棟は一部を改築、戦争未亡人や遺児、引揚げ者の母子など40世帯120人を収容する「モデル母子寮」に転用された。また科学館の一部を利用して、児童相談所や結婚相談所、生活相談所を併設する「各種婦人相談所」とした。貿易館は乳幼児50人を受け入れる「モデル保育所」に、農業・水産・日立館は350人が洋裁や和裁、英文タイプやラジオの組み立てを学ぶ「婦人公共職業補導所」に、外国館は新しい生活様式を指導する「家庭生活科学館」に、それぞれ生まれ変わった。母子寮と保育所の運営は民間に委託、他の3館は府の直営とし、連絡協議会が設置された。

赤間文三大阪府知事は「審美を尽した施設」と題した文章を『復興大博覧会誌』に寄せ、「従来の多くの博覧会施設と違い、恒久的なもの、すなわちこのまま都市復興建築物として永久性を有する如く計画せられておりまする点などは、全く名案でありまして讃嘆の外はないのであります」と博覧会の跡地利用を評価している。

3 都市の不燃化

戦後各地で展開された不燃化運動

戦後、戦争下の爆撃などによる火災の凄惨な記憶から、各地で都市の不燃化運動が展開される。建築の耐火性を高めることで、火災に強い都市を建設しようというものだ。

東京では１９４８年（昭和23）に「不燃住宅普及協会」が発足、民間の建築業者20社が出展した簡易耐火構造住宅展示会を支援するほか、民間から資金を集めて半蔵門に不燃化アパート２棟を建設して運営した。

日本建築学会も、１９４７年に「都市不燃化委員会」を設置して調査研究を開始する。委員長に日本建築学会副会長の伊藤滋が就任、総合部会、都市計画部会、建築部会の３部会を設置した。理論的な支柱となったのが、戦時下にあって防空都市計画の専門家として活躍した田辺平学である。

都市不燃化委員会総合部会の主査となった田辺は、１９４８年に行った講演において、戦災の惨状を招いた過去を反省したうえで、不燃都市の建設を建築家に課せられた責務と強調、世論を喚起して国民運動として展開しなければならないと述べた。

田辺が主導した総合部会では、恒常的な組織の必要性を提案した。これを受けて、１９４８年に「都市不燃化同盟」が結成される。日本商工会議所の高橋龍太郎が会長に就き、理事長に飯沼一省、副理事長に全国建設業協会理事戸田利兵衛、理事には伊藤滋らが着任した。都市不燃化同盟は、経済団体、行政関係団体、建築業関連団体、建築資材に関わる業界団体、損害保険業に関係する団体、消防関係事業者、商業関係団体などから構成された。

都市不燃化同盟の初期事情については、初田香成の研究に詳しい。同盟は、住宅金融公庫による不燃建築への融資、公共建築物の不燃化、耐火建築への助成金交付、防火地区の防火建築化の徹底、耐火建築促進のための土地収用制度の整備という5項目を、国会や行政、GHQなどに対して、陳情や進言を重ねた。中高層耐火建築物等建設資金融通制度の創設、官庁営繕法や耐火建築促進法などの法制化にも、同盟の影響があったと初田は分析している。

1950年、国会において「都市不燃化の促進に関する決議」が全会一致で可決、1952年に「耐火建築促進法」が成立する。防火建築帯に耐火建築を建設する場合、その3階部分までに対して、木造の場合との差額の半額を、国と地方公共団体が補助するものと定められた。防火建築帯は、主として各都市の中心にある繁華な商店街が想定されていた。日本商工会議所が関与することで、都市の不燃化をめぐる運動は、単なる防火や都市防災の観点にとどまらず、都市の商店街のあり方に影響をおよぼし、さらに再開発という方法論を一般化することに貢献する。

大阪不燃都市建設促進協議会

大阪にあっても、都心の不燃化は急務であった。ここでは1958年（昭和33）4月24日、大阪商工会議所内に設けられた「大阪不燃都市建設促進協議会」の活動を紹介しよう。会長には、杉道助(すけ)が就任した。八木商店の会長であった杉は、戦後、大阪商工会議所の会頭として産業界の復興を牽引した人物である。大阪の経済界にあっても、大阪の不燃都市化が重要であるという認識が共有されていたことが理解できる。

1960年4月、大阪不燃都市建設促進協議会は『さかえる街　もえない街』と題する冊子を刊行している。その冒頭において、杉道助は「産業界による都市不燃化の推進」と題する挨拶文を寄せ、次のような認識を示している。

「イギリスにおいては、1666年の大火の後、木造建築を一切禁止し、燃えない建築物による都市の建設を強力に推進しました。

近代都市建設への第一歩はまず燃えない家を建てることから始められたのであります。最近では「都市再開発」という考え方が生まれ、燃えない街を新しい栄える街に改造しております。大阪においては、まだまだ木造建築が多く、不燃化運動もようやく軌道にのったばかりでありますが此の際、都市再開発という見地に立って都市不燃化を推し進めるならば、単に大阪の不燃化が達成されるばかりでなく、同時に都市の近代化が促進され、ひいては大阪の経済的発展を促し、市民生活の向上に大いに役立つことになるわけであります」

このように述べたあと、不燃都市の建設促進による「合理的近代的な都市建設」と、それに伴う「経済界の躍進」を、協議会が担うべき役割であると強調している。

大阪不燃都市建設促進協議会には、不燃化推進専門委員会、不燃化法規専門委員会、不燃都市計画専門委員会、不燃建築研究会などが設けられた。具体的な活動として、以下の7項目を掲げている。

①大阪市街地区の不燃化促進

②不燃都市建設のための基本法の制定
③大阪における不燃都市建設事業施行のための公益法人の設置促進
④不燃都市建設長期計画の立案検討
⑤民間自力建設による建築物の不燃化促進
⑥不燃化関係予算の確保
⑦不燃都市建設促進のための基礎的調査研究

大阪不燃都市建設促進協議会は、講演会や説明会、映画上映会、懇談会などを実施して、世論の喚起に尽力した。いっぽうで全国各地の関係団体と連携し、不燃化に関する法制度の整備を政府に働きかけるとともに、「大阪不燃都市建設公社（仮）」のような公益法人の設置促進を地元自治体に求めた。

また防火建築帯補助金、住宅金融公庫の中高層補融資、日本住宅公団による市街地施設付住宅の建設、大阪府の不燃化関連予算の確保など、公的補助の拡充に向けて陳情を行った。

さかえる街、もえない街

大阪商工会議所が、大阪不燃都市建設促進協議会の活動を通して重視したのが、都心にある商店街や問屋街の面的な再開発である。協議会では、外国における都市再開発事業の実施方法を調査し、

バイクや看板・幕で占拠された問屋街の街路（同右）

不燃化された商店街（『さかえる街　もえない街』1960年）

また不燃化促進による経済効果についても検討を行った。前出『さかえる街　もえない街』では、ハノーバーやロッテルダムなど、欧米における再開発の最新事例を紹介する。記事では、欧米の都市では１００年前には不燃化を達成していたが、近年はマスタープランに基づいた都市再開発が盛んに実施されていると書く。「The new town in the city（都市のなかに新しい街）」という言葉を紹介、古くなった都市を新しい理想と計画によって改造することで、都市の機能を合理化、高度化する動きがあることを述べている。

また国内にあって、建物の共同化を実施して街区単位の不燃化を行った商店街の先例を写真で示す。静岡、沼津、宇都宮、横浜、魚津、高岡などの各市の商店街は、共同建築によって不燃高層化され、〝燃えない栄える街〟に生まれ変わったと書いている。

対して大阪はどうか。中之島や船場（せんば）などの都心部は、続々と不燃高層化した近代的なビルで埋められつつある。しか

大阪駅前土地区画整理完成模型（『さかえる街　もえない街』1960年）

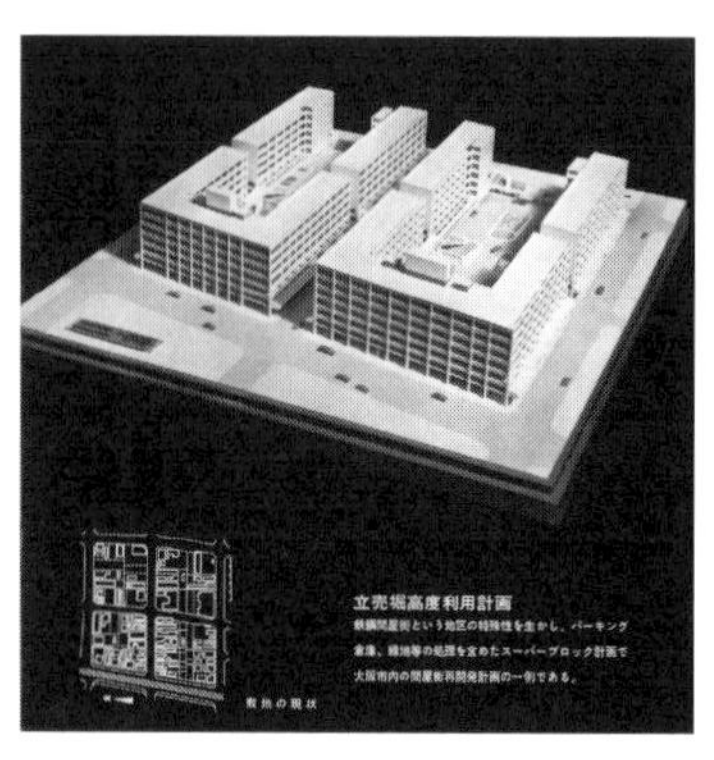

立売堀高度利用計画の模型写真（同右）

し大阪市全体としては、まだまだ木造建築が多く建ち並んでいる。とりわけ、立売堀（いたちぼり）、本町（ほんまち）、松屋町（まつやまち）、大阪駅前などの問屋街は、古い木造店舗が密集している。「ひしめく木造建築」「雑然とした問屋街商店街」「無計画に建て混んだ街並」の3点に課題を整理しつつ、「わりこんでくる車と、はみ出した商品で、動きがとれず、近代都市というには程遠い」という現状認識を示している。掲載されている写真では、車道にバイクがあふれ、突き出し看板や吊り下げられた幕で、街路の過半が占拠されている問屋街の様子を写している。横断幕に記された「みんなの道路　みんなで広く」という標語が印象的だ。

いかにして市街地の不燃化を果たすのか。冊子では、市街地の住宅はすべて不燃高層化、商店街の不燃化は住宅併存のかたちで進められると記載する。さらに大阪駅前、立売堀、南（みなみ）久宝寺（きゅうほうじ）など各地で市街地再開発事業が実施されつつあることに触れ、事業の目的を「集団的な不燃街区を造成することによって、都市の近代化合理化を促進し、あわせて市街地再開発による経済の発展、生活の向上を図ること」であると記す。

冊子『さかえる街　もえない街』では、大阪駅前土地区画整理事業と立売堀高度利用計画の事業を紹介、概要を述べるとともに完成後の模型写真を掲載している。大阪駅前に関しては、戦前に北半分は整理されているが、南半分は、低層木造建築が雑然と密集しており道路も狭いと、まず現状を述べる。そのうえで、土地の高度利用と災害防止を兼ねて、都市区画整理法による大規模な立体換地方式によって「不燃高層ビル街」に改造されつつあると書いている。

いっぽう立売堀に関しては、敷地の現状図と事業完成後の模型をあわせて掲示、大阪における問屋街再開発計画の一例であると述べる。この事業は、鉄鋼問屋街という地区の特殊性を生かしつつ、パーキング、倉庫、緑地を含む「スーパーブロック計画」であると強調している。

あたらしいまちづくり

こうして大阪でも、大阪不燃都市建設促進協議会による斡旋を得て、都市の不燃化に向けた事業が具体的する。ひとつの事例が、上本町（うえほんまち）６丁目から下寺町（したでらまち）にかけて東西に延びる防災建築街区である。南東平高津地区の土地区画整理事業に応じて計画されたものだ。

１９６２年（昭和37）頃に上六ー下寺町地区改造促進協議会連合会が配布した『あたらしいまちづくり　上六ー下寺町　その計画と歩み』と題する冊子がある。防災建築街区の概要と計画立案の過程、初期における事業化の進捗状況に関して、詳しく記している。冒頭で関係者の問題意識を次のように書く。

「わたくしたちのまちには木造の家がぎっしりたてこんでいます。いちど火がでると汗をながしてつくった財産も一瞬にして灰になってしまいます。

たいふうシーズンにはゆっくりねておれません。しかしわたくしたちのまちは、もっと他のめんからもゆきづまってきました。

駐車場がないためにせまい道は一そうつかいにくくなり商売にもさしつかえます。うすぐらい店ではよいはたらき手がきてくれないので困っています。住宅が郊外へでてゆくので夜はさびしいまちになります。あさ夕の通勤は大混雑でぐったりします。わたくしたちのまちは疲れています。若がえりが必要です。

上六から下寺町にかけて市電通り北側にすむわたくしたちは道路がひろがるのをきかいに、あたらしいまちづくりにたち上りました。やがて若もののようにげんきなまちができ上ることでしょう」

都心での居住をはかるいっぽう、防火性能の高い業務地区を整備する必要性を、あえて平易な文章でこのように述べている。街が疲れていて、「若がえり」が必要であるという表現が関係者の切実な思いだろう。

この文章にあわせて、文中に指摘する諸々の都市問題を写真構成で例示する。混雑する大阪駅の通勤ラッシュ風景、バス停で列をつくって乗車の順番を待つ人々の様子、自動車であふれて歩行者が通れなくなった丼池（どぶいけ）の問屋街の風景などを撮影したカットが掲載されている。さらに繁華街での朝火事を報じる新聞記事と、悲惨な火災現場写真も載せている。アルサロ（素人のアルバイトという触れ込みで女性が客の飲食の相手をする店。アルバイト・サロン）が全焼し従業員４名が死亡、22戸を焼き払ったようだ。「朝火事続発」「消火見通し誤り大混乱」「防火の〝ゼロ地帯〟」といったセンセーショナルな見出しが踊っている。

高津台地区市街地住宅

下寺町―上六防災建築街区は、松屋町筋の下寺町交叉点から東へ、高津町１番丁、中寺町、谷町９丁目、上汐町３丁目、東平野町３丁目、さらには上町筋に至る、東西に長く線形の地区が想定された。

この一帯では、都市計画街路長柄堺線（谷町筋）、および都市計画街路泉尾今里線（千日前通り）を整備することが定められていた。そこで区画整理を実施して、換地によって街区を整えつつ、道路用地を生み出すことが想定された。対象となった街区は、延べ面積で４万４９６２㎡におよぶ。事業を完了した暁には、２万６１５１㎡におよぶ防災建築街区が誕生することになる。

南北方向では、従来、幅員12ｍであった谷町筋を40ｍに拡幅するとともに、市営地下鉄２号線の建設が予定された。いっぽう東西方向では、この段階では「東西市電通り」の愛称で呼ばれていた千日前通りの道幅を50ｍにまで拡げつつ、街路の地下空間に市営地下鉄５号線と難波に延伸する近鉄の新線を並行するかたちで建設する構想があった。

高津台地区市街地住宅計画の第1次案（『あたらしいまちづくり　上六―下寺町　その計画と歩み』）

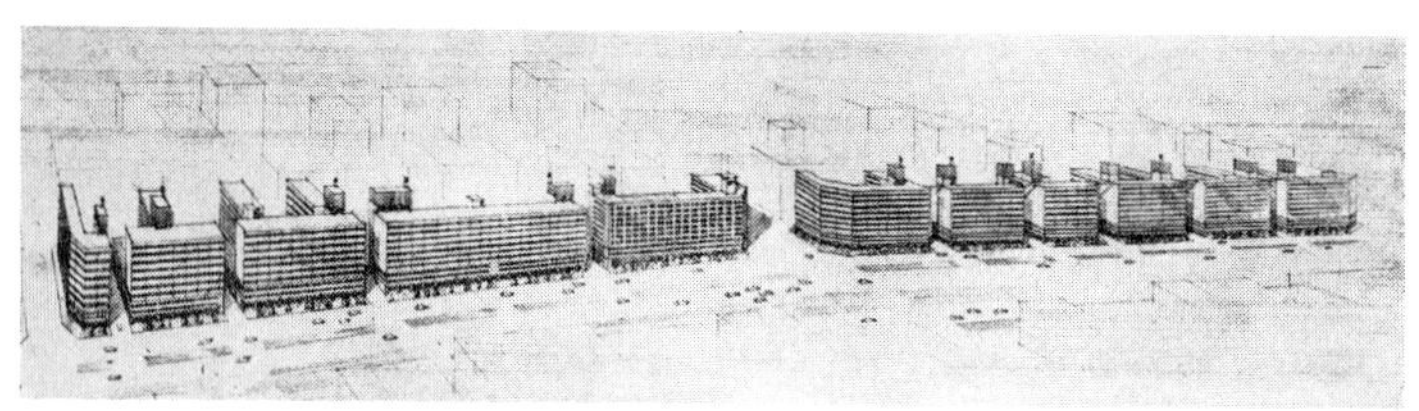

高津台地区市街地住宅計画の第2次案（同上）

具体化に向けて、日本住宅公団が主体となり、低層部を店舗や業務用の貸室とし、高層部を住居とする「市街地住宅」を建設する案が検討された。日本住宅公団は対象地域を「高津台地区」と命名した。「高津台地区（上六―下寺町）市街地住宅建設適地調査」を実施して、具体的な整備手法を検討する。いっぽうで大阪市立大学法学部教授であった谷口知平（ともへい）に「貸ビル経営と貸ビル契約の実態調査」を委託する。

並行して地区総合開発委員会を設置、1961年（昭和36）7月7日に最初の会合を行っている。近畿都市学会会長の中沢誠一郎が委員長に就任、有識者には谷口知平のほか、川名吉ヱ門大阪市立大学工学部教授、都市計画地方審議会委員であった東後琢三郎（とうごたくさぶろう）が名を連ねた。

第1次案では、西端は5層、東端は3層の店舗・事務床を設け、その上に高層の集合住宅11棟を並べるアイデアが検討された。対象となる一帯は、下寺町から上本町6丁目にかけて、西から東に高くなる上町台地の斜面にあたる。地形に応じてデザインを工夫、低層部分のスカイラインを、ほぼ水平にそろえようとする計画である。

対して第2次案では、地上10階建てのビルとし、地上3階までを店舗と事務所、4階以上を公団住宅とすることが提案された。これを受けて大阪市は、防火地域の変更や防災建築街区の設定を都市計画審議会にはかり、大阪市建築審査会に高さ制限の緩和を求めることとした。

防災建築街区造成組合と改造促進協議会連合会

前出『あたらしいまちづくり　上六―下寺町　その計画と歩み』によると、計画立案に先行して、1960年（昭和35）12月19日、大阪府および日本住宅公団から地元に対する最初の説明会が、東平（とうへい）小学校で行われた。建築を共同化するうえでの利点、貸しビルを建設した場合に借り手が見つかるのかどうか、土地の権利関係がどうなるのかといった質問があったようだ。

大阪府や公団の担当者は、土地権利者による株式会社や組合をつくる方法、区分所有や一部だけを共有する方法など、ブロックごとに最適な方法論があると説明した。共同建築とすることで敷地の利用効率があがる。立派なビルとすることで、よい借り手もつく。「共同で立派な建物をつくり、大阪の東玄関にふさわしい街にすることが皆さんの土地を本当に生かすことになる」と強調している。

また公的な支援についても説明があった。1961年には、防災建築街区造成法が成立することが想定されていた。防災建築街区にあって、土地の所有者や賃借人が防災建築街区造成組合を結成し、建設大臣の認可を得ると、国や大阪府、大阪市などからの公的な支援を受けることができる。認定を受ける条件として、災害の防止、土地の合理的な利用の増進、環境整備の促進、公共の福祉に寄与することなどが求められた。計画敷地の測量、共同建物の設計、既存建物の除去、付帯施設の整備に関する費用の一部などが、補助の対象となる。

日本住宅公団による市街地住宅、いわゆる「アパート付ビル」に関する説明もあった。市街地住宅は、土地の高度利用をはかると同時に、既成市街地における公的住居の供給を意図した制度である。まず公団が地主から借地のうえ、商業や事務所と公団住宅が複合する耐火構造の建物を建設する。地権者は店舗や事務所部分の床を区分所有し、みずからが使用するか賃貸ビルとして活用する。権利者は自己資金がなくてもビルを建設できるわけだ。しかし建設費のうち保有床相当分の負担が求められ、10年で公団に償還するものとされた。事業化に際しては、原則、400坪以上が望ましく、複数の地権者による共同化も可能であるとされた。

説明会をきっかけとして、地元の機運が盛り上がる。1962年2月17日、上六―下寺町地区改造促進協議会連合会が発足する。設立に際しては、大阪不燃都市建設促進協議会が指導および協力を行った。ついで同年3月1日、まず19ブロック、24ブロック、27ブロックを対象とした上六―下寺町地区第1防災建築街区造成組合が結成された。

空中住宅街

いよいよ第1期工事が着手される。27ブロックの西側を占める妙堯寺（みょうぎょうじ）と大和会館が先行した。まず工事中の利用に鑑みて仮換地で指定された飛び地に妙堯寺の別院を建設、そのうえで共同化による市街地住宅が施工されることとなった。妙堯寺は新しいビルの3階に本堂を設け、1階と2階を貸事務所として利用することとした。

1962年（昭和37）3月8日に行われた7社による入札の結果、株式会社浅沼組が落札した。新聞は「上六―下寺町いよいよ立体化　十階建ての店舗ビル　中旬から三むね着工」「空中住宅街デビ

上六―下寺町地区住宅の竣工模型（『あたらしいまちづくり　上六―下寺町　その計画と歩み』）

上六―下寺町地区の「空中住宅街」のイメージイラスト（同上）

ュー　ずらり11階建　ビルを陸橋でつなぐ」などと報じた。傾斜地に建つことから、実施設計では一部が11階建てになったようだ。前出『あたらしいまちづくり　上六―下寺町　その計画と歩み』では、イラストと竣工模型を掲載して完成後のイメージを提示している。

さらに19、24、さらに13の各ブロックで、引き続き事業化に向けた調整がなされており、遠からず着工に移されるだろうと述べ、「火にも水にも風にもどんな災害にも負けることのない立派な街、それが上六～下寺町にかけてつくり上げられるのもそう遠くはないことでしょう」と、事業に託した思いを記している。

第3章

産業の再生

1 国際貿易の復興と国際見本市

経済首都の復興

大阪市行政局編『大阪市政年鑑　昭和24年版』（大阪市、1949年）では、大阪における産業復興の兆しを次のように書いている。

「わが国経済の主導的地位にあって殷盛を極めたわが大阪市も、戦災により甚大な被害を蒙ったが逸早く商店の復興を魁として漸次恢復（かいふく）に向い、今や再び戦前の経済首都的性格を急速に取返しつつある。さて昭和21年同22年を崩壊のどん底から如何に立ち直るべきかを沈思しながら傷痕の治療に当っていた時代とすれば、昭和23年度はある程度の態勢を整えて、雄々しく復興の第一歩を踏み出した時といえよう」

「経済首都」を自負してきた大阪にあっては、商業、製造業ともに、中小企業がその根幹を支えている点に特徴があった。産業の復興においても、中小の事業所をいかに支援するのかが課題となった。

行政は、商店や商店街、製造所を実施診断のうえ近代化の促進を支援するべく尽力した。たとえば大阪府は、1947年（昭和22）に「中小企業指導要綱」を策定、翌1948年に大阪中小企業指導協議会を結成し、各種工場の実態を把握したうえで、品質の改良や増産を推奨した。

さらに１９４９年には「優良機械貸与制度」を新設する。優れた機械や設備を購入して、府下の中小企業に貸与する制度である。加えて、信用保証協会の創設や工場の改良に向けた融資、共同施設に対する助成、「モデル工場」に対する指導と育成なども行った。

国際貿易の活況

産業の再生にあっては、海外からの資材を受け入れて加工品を輸出、国際貿易を活発に行うことが重要であった。そのためには、戦時下にあって機雷で封鎖され、また水害によってダメージを受けた大阪港の修復が前提となった。

「戦争の結果大阪市は港並びに商工業地帯に多大の災害を蒙ったが、市民の努力と熱意によって着々復興事業は進捗し、今や昔日の面影を回復して経済的地位は日々重くなりつつある。由来大阪港は関西の表玄関として大きな門口を張り、主として加工貿易に重点を置いて発展して来たのであるが、今や民間貿易再開を契機として往年の主要市場たる東亜南方地域と相次いで通商協定が成立し、通商施設バイヤー等の来阪も激増し、大阪貿易界は愈々(いよいよ)活況を呈しつつある」

前出『大阪市政年鑑　昭和24年版』では、「活気を帯びる大阪貿易界」と題して、海外との交易を再開した状況をこのように俯瞰する。

大阪市は、外国船の大阪港への寄港を促進するべくポートセールスを実施、１９４８年（昭和23）

度には90隻が入港する成果をあげた。また大阪の事業者に海外市場の情報を提供するべく、『貿易時報』を刊行、1948年春には貿易振興博覧会、8月には貿易美術展覧会を開催している。

いっぽう大阪府は、輸出商品の開発を支援した。前章でも取りあげた『復興大阪の巨像』（大阪郷土文化会、1955年）には、輸出生産工場や事業所に対して、主食の特配を断行して激励したという記述がある。また優良な輸出見本品を試作する企業に対しては、製作費の一部を補助金として交付するほか、見本を海外に紹介し販路を開く費用を支援した。1947年には、ガラス製品や造花、防水布などが対象となっている。

『大阪市政年鑑　昭和24年版』によれば、この時期に大阪港から輸出された商品には、繊維製品、車輛、機械類、琺瑯鉄器、真珠の首飾り、化学製品、魔法瓶、セルロイド製品などがあった。

JETROの本部誘致

大阪商工会議所第16代会頭に就任した杉道助は、復興期にあって大阪財界を牽引した人物として知られる。

1953年（昭和28）に、杉を中心として「大阪経済振興審議会」が結成された。同審議会は、国際空港や地下鉄のネットワーク、高速道路といった都市基盤の建設促進とともに、重化学工業の復興など、大阪の経済成長の展望と方策を示す役割を担った。

杉は、国際貿易の振興にも尽力した。1946年2月、経済団体連合会の傘下である一般社団法人日本貿易会が、財団法人海外市場調査会（Japan Export Trade Research Organization/JETRO）を設立するにあたって、杉は大阪府の協力を得ながら本部の大阪誘致に成功する。あわせて、初代理事長に就任した。

財団法人海外市場調査会は、諸外国の市場調査を実施し、『海外市場月報』を発行するなど広く情報を公開することを使命とした。あわせて外国の商社や企業の信用調査、展示会の開催なども業務とした。

財団法人海外市場調査会は、１９５４年８月に国際見本市協議会および日本貿易斡旋所協議会と統合、名称も財団法人海外貿易振興会と改める。さらに１９５８年には日本貿易振興会法の制定を受けて発展的に改組し、特殊法人日本貿易振興会となる。改名のたびに英語表記は変更されたが、通称である「ジェトロ（JETRO）」はそのまま継承される。

国際見本市会館の建設

大阪では、戦前から本格的な国際見本市を開催したいという機運が盛り上がっていた。あわせて各種の展示会を開催する常設施設の構想もあった。建設予定地は、本町橋の東詰が想定された。明治時代から府立大阪博物場、大阪府立商品陳列所、大阪府立貿易館などの勧業施設が設けられていた地所である。

構想は戦時下に遡る。１９４０年（昭和15）、皇紀２６００年（皇紀とは、初代天皇とされる神武

国際見本市会館（日本国際見本市協会発行冊子『THE JAPAN INTERNATIONAL TRADE FAIR IN RETROSPECT』1954年、次ページの3点も同様）

天皇即位年〈紀元前６６０年〉を元年とした紀年法）の節目にあって、記念事業として国際見本市を大阪ですることが検討された。その拠点として、本町橋の当該地に新たな貿易振興の拠点施設である国際見本市会館を建設する方針が定められた。会館の建設と運営を依頼されたのが、住友鉱業（現・住友金属鉱山）の田島房太郎である。田島は大阪府に転じ、府立貿易館長として建設準備を進める。設計を終え、政府の補助金を得て工事に着手した。しかし物資の不足もあって、基礎と2階までの鉄骨を組み上げた段階で放置され、終戦を迎える。

占領下にあって、新たな構想のもとに国際見本市会館の建設が再開される。１９４８年、大阪府、大阪市、大阪商工会議所が合意、国際貿易を振興するうえで重要な施設と位置づけられた。ただ財政難であったがゆえに、規模は当初計画の３分の１以下、延面積３７００坪ほどに縮小された。

１９５１年に第1期部分が竣工する。復興途上の市街地に、ＳＲＣ造7階建て、外装をクリーム色のテラコッタで仕上げたモダンな会館建築が姿を見せた。展示場とホテルから構成される。大阪府建築部営繕が設計、大林組が施工を請け負った。総工費３億４０００万円を要したという。

国際見本市の実施

1954年(昭和29)、日本で初となる大規模な国際見本市である「日本国際見本市」が、大阪で開催された。開催の目的は、「汎(ひろ)く世界各国の貿易品を蒐集展示し、各国のバイヤーを誘致して、貿易取引の飛躍的増進を図り、もって産業の振興に資する」とうたわれた。大阪府、大阪市、大阪商工会議所、海外市場調査会、国際見本市協会から構成される日本国際見本市委員会が主催、通商産業省、外務省、大蔵省、運輸省、日本国有鉄道が後援者に名を連ねた。

会期は4月10日から23日まで、国際見本市会館を第一会場とし、港区八幡屋(やはたや)の安治川(あじがわ)埠頭にあっ

第二会場内の風景

松下電器の展示ブース

梅田駅近傍に掲出された歓迎幕

た保税倉庫を転用するかたちで第二会場に充てた。第二会場には地球儀を模したテーマ塔が設けられ、各国の旗が掲揚された。

第一会場には、主として繊維関連の展示が集められ、2階を毛織物、3階を綿製品、4階を化繊製品と区分した。第二会場では、1号館と2号館を機械類、3号館を機械金属・雑貨・原材料・観光の展示ブースとし、大型の機械は屋外に陳列された。

総入場者数は27万4956人、そのうち外国人の招待客およびバイヤーは1929名を数えた。市内には電飾のついた広告塔が仮設され、また各所に英文で歓迎の横断幕が掲げられた。

会期中の取引契約額は、輸出6億5000万円、輸入3億1000万円にのぼった。事後には、諸外国に宣伝する期間が半年しかなかった点、出展者が博覧会と見本市との違いを理解しておらず担当者を配置していない展示ブースが散見される点などの反省点もあったが、おおむね成功裏に終わったという評価がなされた。その後、国際見本市は、東京と大阪で、交互に開催されるようになる。

2　産業復興五ヶ年計画

工業の復興と生産の隘路

ＧＨＱの大阪軍政部から依頼を受けた大阪商工会議所調査課は、大阪府下における工業の復興状況に関する調査を実施した。１９４８年（昭和23）に刊行された『「大阪工業の復興状況」に関する調査報告書』によると、空襲による壊滅的な打撃を受けた終戦直後の１９４５年末にあって、５人以上を雇用している工場数は５３７４カ所、従業者は22万３２０５人を数えるのみであった。ただし翌１９４６年には工場数は８２０８カ所、従業者数は34万８８４３人にまで回復している。

１９４６年と戦中の１９４１年段階を比べると、工場数で46・６％、従業員数では59・３％にとどまるが、報告書は「数字的には敗戦後の混乱と虚脱状態から脱して、順調な立直りをみせていることがわかる。しかし大阪工業の復興のテンポは全国平均よりは高いが、東京、愛知に比するとき、之のテンポは緩慢であることに大いに注意を要する」と分析している。

またこの報告書では「生産の隘路（あいろ）とその対策」と題して、直面している課題について整理している。なによりも問題は、正規生産における操業率が40％以下であり、いわゆる「ヤミ生産」を加えても50％を少し上回る程度にすぎない点にあると指摘する。背景には鉄鋼生産における銑鉄、機械生産における鉄鋼や鋼材、繊維生産における原綿といった、主材や主要な原料の絶対的な不足があった。加えてカーバイトやメッキ材、染色材などの副資材も足りない。敗戦後は、戦中からの手持ち資材に依存して生産がなされていたが、割当が十分ではなく、そのストックが底を打ちつつある。加えて逼迫した電力事情、石炭やコークスなど燃料の不足も、当面の生産阻害の原因であり、「生産隘路」のひとつであると書いている。

また資金難、資材の値上がり、労賃や人件費の高騰、公的な支払いの遅延などもあって、「真面目な何れの企業も大いなる金詰りに直面している」と述べる。加えて大阪において、全国でもっとも物価の上昇が顕著であったことも指摘する。最低の生活が保証されないことに起因する労働不安が顕在化、労働生産性に多大な悪影響をおよぼしているとみている。

どのように改善をはかるべきか。報告書では「大阪工業」が健全な発達を図るためには、経営の合理化、技術の向上、科学性の導入が緊要であると強調する。ことに「大阪製品」が世界市場製品として海外に進出するためには、品質の向上が絶対に必要であると書いている。

特に造船、工作機械、鉄鋼などの製造業は、戦時中に膨張した設備と過剰人員を抱えて不健全な状況にあった。復興のためには、戦争による賠償の範囲をいちはやく定めて、生産水準を確定し、具体的な振興策に着手する必要があると述べている。

最後に、産業の急速な復興のためには、石炭や鉄鋼を中心として進められているいわゆる傾斜生産方式を輸出産業にまで広げ、「日本経済の重点的均衡的発展を図らなければならない」と提言する。

とりわけ大阪における工業を復興するためには、輸出産業にまで傾斜生産を拡大することが「極めて緊要である」と書いている。

産業復興五ヶ年計画

このような状況下にあって、大阪府は１９４９年（昭和24）に「産業復興五ヶ年計画」をとりまとめている。昭和初期の人口と労働者人口、工業生産額を前提に、目標年度である１９５３年に達成するべき数値目標を定めたものだ。

わが国は敗戦によって海外の資源と市場を喪失した。加えて、６００万人におよぶ外地在住者の帰還があった。「わが国経済の平和的再建は、連合国によって許容せられた昭和五〜九年生活水準の回復と且つ戦前よりヨリ多くの人口を包容する産業の再建を必要とすることは、極めて切実な要請と云わなければならない」と、同年に大阪府が発行した冊子『大阪府産業復興五ケ年計画の概要』に当時の認識を書いている。

計画策定にあっては、まず政府の五カ年計画を基礎として、将来の人口や貿易、生産や雇用、所得や生活水準、財政などを与件とした。そのうえで、工業統計分類に定められた２６８業種から主要であると考えられる１２４業種を選定、部門別の生産高、職工１人あたりの生産高、需要量の測定、燃料動力所要量、設備稼働率、雇用量などを算出した。

数値算出のよりどころとしたのは、基準年度として認められた１９３０〜34年までの平均値、および戦前期の工業生産額が最高値を示した1940年の数字である。統計では1940年における大阪府の人口は484万3000人、工業生産高は23億4400万円に達していた。対して戦後まもない1947年のデータでは、333万5000人、4億1900万円ほどでしかない。これを1953年に430万人、16億6300万円にまで復興することが目標に定められた。基準年度と比べると126%、最高年度である1940年からみると、71%までの回復を目指すものだ。

将来的な産業構造のあるべき姿も設定された。基準年度である1930～34年は「軽工業中心型」であったが、1940年には「重化学工業中心型」に転じ、戦後の1948年にあってもその傾向は変わらない。それを目標年度である1953年に双方を折衷し、「重化学、軽工業両者にウエートのかかった構成」をとることと予測した。

前出『大阪府産業復興五ケ年計画の概要』には、工業生産は大阪の経済復興の基底をなすものであるという認識のもと、「その将来への発展の主体的、客観的諸条件の検討による測定把握は、わが大阪の再建施策並に再建運動の展開のために極めて重要な意義を持」ち、「(中略) この計画は大阪産業の再建せられるべき構造、生産水準、復興テンポ等について太い線を画き、いわゆる文字通りアウトラインを画くことを以て満足し、各部門の細密な実践的な計画は、それぞれの担当箇所における今後の具体的検討に期待する」と、あくまでも計画そのものは基礎作業であると強調している。

堺泉北臨海コンビナート

大阪における工業の復興にあって、重要な役割を担ったのが臨海部における新たな工場地帯の建設である。府下にあっては、堺泉北（せんぼく）臨海コンビナートの整備が進められた。

大阪湾に面した堺の臨海部を埋め立てて、工場を建設する計画は戦前に遡る。１９３４年（昭和９）９月、室戸（むろと）台風によって、堺港および沿岸一帯は甚大な被害を受けた。その後の復興にあって、工業立地を目指し、埋め立て計画が立案される。しかし戦争の激化によって中断した。

戦後は、大阪府が港湾管理者となる。１９５７年、大阪府議会にあって堺港大臨海工業地帯造成計画が可決され、計画面積２０００haにおよぶ造成事業が着手される。明治時代から昭和初期にかけて、海浜リゾートとして栄えた大浜の景勝地を取り込み、また海水浴場や海浜別荘地として人気を集めた浜寺地区の沖を占めて、新たな工場地帯を出現させようとする計画である。

工場地区の整備と並行して、堺港の港湾機能の強化もはかられる。１９５９年には重要港湾、１９６２年に特定重要港湾に指定された。埋め立てに応じて企業専用埠頭が整備され、のちに堺港と大津港とを統合、堺泉北港となる。

２区の八幡製鉄堺製鉄所をはじめ、埋め立てが完了した地区に多数の事業所が立地した。１９６６年までに堺市の沿岸地区、１９７２年までに高石（たかいし）町（現・高石市）から泉大津までの整備が完了した。大阪湾に面した延長約11㎞、沖合い約４㎞、総面積１７１１・４haにおよぶ事業が竣成する。総事業面積の87％を工場用地として分譲、７％が道路港湾施設、４％が公共緑地公園に充てられた。

「延々と続くグリーンベルトには憩いのひろばを備えた遊歩道もつくる」（同右）

「工業地帯の北部からみた全景、手前は世界でも珍しい鉄鋼、ガス、電力コンビナートの偉観」（『緑の工場公園　堺・泉北臨海工業地帯』〈絵葉書〉）

業費は１０５０億円と算出された。

　ここでは１９６６～72年頃に発行されたものと思われる絵葉書を紹介したい。財団法人大阪府臨海センターが発行したもので、『緑の工場公園　堺・泉北臨海工場地帯』と題している。まだ操業している工場や施設はまばらだが、埋め立てが完了した工場地帯の全体像が空撮されている。また既成の市街地の境界に整備されたグリーンベルトや庭園風緑地などの風景を撮影したものもある。添付された案内には、次のような一文がある。

「〝海恋し潮の遠鳴り数えつつ少女となりし父母の家〟

　堺の情熱の歌人与謝野晶子（よさのあきこ）がよんだかつての風情はこの海から消え去ったが、代わって、ダイナミックで近代的な臨海工業地帯が生まれた。大阪の繁栄をめざして築かれた浪速（なにわ）っ子の知恵と力の結晶である。

　ここにいま鉄鋼、ガス、電力、造船、石油精製、石油化学などわが国を代表する基幹産業を軸に、合理的なコンビナートをつくり、活発な生産活動をつづけている。年間一兆円の巨大な生産の場が実現するのも間近かである。

さらに緑の工場公園づくりも意欲的に進められ、臨海センタービルを中心に、そのすぐれた環境整備はわが国のモデル工業地帯の名にふさわしい。

新しい産業観光地として内外の注目を浴びている」

緑化を推進した新たな工場地帯を、内外からの視察者を呼び込む新たな産業観光地として位置づけている点が注目される。従来、大阪市域の工場地帯は、繊維産業、金属や機械工業、造船業などが、その中核を占めていた。対して堺泉北臨海コンビナートには、石油化学産業・鉄鋼・機械工業・物流・発電などの事業所が立地した。重化学工業に特化した新たな工場集積は、大阪における産業の高度化に寄与し、高度経済成長を牽引する役割を担った。

3

国策における「重要観光都市」として

観光日本の新構想

１９４６年（昭和21）、観光事業の復興を国策とするべく、第90回帝国議会に「観光国策確立に関する建議」および「国際客誘致の準備に関する建議」が提出された。翌年9月、参議院の「文化委員会観光事業に関する小委員会」において、観光地帯、観光ルート、拠点となる観光都市の整備などに関する計画策定の必要性が示された。

戦災復興期にあって国際観光は、外貨を獲得する重要な産業と認識されていた。全日本観光連盟事務局長であった武部英治は『楽園』第1号（1947年2月1日発行、株式会社日本観光社）に「観光日本の新構想」と題する文章を寄せた。

武部は「敗戦にあえぎ疲れ切った日本に、ただ一つ明るい希望は観光事業である」と説き起こす。輸出を増やすにも原料の輸入は連合国の管轄下にあり、工業施設の回復には時間がかかるため、貿易に依存した国家経済は前途多難だとする。

頼りとするのは貿易外収入だが、戦争によって商船を喪失、在外資産も没収された。海運収入や海外投資による回収の望みがないなかで、唯一、巨額の外資を得て日本の経済再建に大きな力を与えるのは、原料の輸入が要らない観光事業であると武部は述べる。

国は敗れたが、秀麗の山河は「絶対的価値を有する観光資源」としてそのままに残されている。そこで文化施設やホテルなどの観光施設を拡充することで、わが国の「外客接遇」は格段の進歩をみると武部は考えた。

それは観光振興だけではなく、文化国家の復興であると武部は強調する。観光事業は経済行為であるが、同時に文化事業でもある。文化向上の精神を捨てず、「文化の香りの高い平和国家」として日本が繁栄するには、「観光日本の新構想」の実現を求めたいと主張した。

重要観光都市としての大阪

１９５０年（昭和25）から翌年にかけて、別府・熱海・伊東を「国際観光温泉文化都市」、京都・奈良・松江・松山・軽井沢を「国際文化観光都市」とする法律が制定される。戦前から日本を代表する国際的な温泉地や保養地、あるいは戦災が限定的であり文化遺産が継承された都市において、国際観光の振興策が進められたかたちである。

いっぽうで重要観光都市の制度が整えられる。大阪の復興においても、観光事業の振興に力を入れるべく、重要観光都市の制度が導入された。前出『大阪市政年鑑　昭和24年版』では、「重要観光都市に指定される」と題して、大阪市の状況を次のように分析している。

「観光関係にあっては、本市は近畿、瀬戸内海方面の観光基地としての役割が大きい。すなわち背後に古き歴史と観光地として名高い京都、奈良、その他の諸都市を擁し、前面に風光明媚な瀬戸内海を控え、海陸空の交通の中心地であることが絶対的な好条件となっている。かくして大阪は日本の観光事業の推進に当りより一層重要な役割をもつに至ったので、今回緊急整備を要する８大重要観光都市の１に指定された」

このように述べたあと、大阪市の施策と方向性について紹介している。大阪市は１９４８年度までに、和文および英文の「近畿地方観光案内書」を発行、観光絵葉書や観光写真を作成して配布した。また展覧会や名産展覧会を実施するとともに、観光旅館協会や西日本観光協議会などの結成を支援した。加えて将来的には、海外からの旅行エージェントの来阪に備えて、新たな国際観光ホテルの建設、大阪城天守閣の復旧と一般公開の再開が急務であると書いている。

大阪における観光施策の背景に、どのような考え方があったのか。大阪市経済局貿易課長の職にあった工藤敏郎は「都市と観光」という一文を、『建築と社会』1949年11月号に寄せている。

そこにあって工藤は、ロンドンのピカデリー、パリのモンマルトル、ニューヨークのブロードウェイなどを事例として、世界の旅行者は誰しもが大都会にひきつけられる心があると述べ、ゆえに「都市観光」が成り立つと書く。大阪の観光も、「こうした本能を利用し、これに働きかけることに向けなければならない」という考えを示す。

大阪にはいわゆる名所旧跡が少なく、観光資源に乏しいといわれる。しかし工藤は、観光的な価値は決して低いものではなく、特に外国人を対象とした国際観光にあってはそうではないとみなす。「大阪城や四天王寺など古い名所は刺身のつま位に考えて、――これは軽視の意味ではない、つまのない刺身が間がぬけているように――都市そのものを対象とし、その盛り場を一つの中心として効果的な施策を施す必要があろう」

このように述べたうえで「梅田附近は都市観光の表玄関として清廉瀟洒(せいれんしょうしゃ)なものとすることも必要だが、同時にみなみ一帯の如きは、都市観光のセンターとして理想的な繁華街としなければならない」と、キタとミナミの盛り場を観光地として整備する必要性を説いている。

工藤は、具体的な施策の提案も列挙する。国際観光客の受け入れ態勢を整えるうえで、比較的、実行が容易なこととして、乱雑な番地のあり方を改めることを挙げる。「外国式に市街の区画毎にアルファベット順のブロックナンバーを決めてこれを目につき易い場所に表示する」ことで外国人の旅行者にも便利になると述べる。

また商店の看板には、小さくても間違いのない英文を添えること、さらに外国語を片言でも話せる店は、その旨を示す一定の標識を店頭に掲げるべきだと提言する。また屋外広告に関しては、条例で取り締まるだけではなく、美観を添える優秀な広告は積極的に奨励助長すること、また広告に関する屋外の音響も取り締まるべきであると強調する。

工藤は、夜の観光施設の必要性についても私見を述べる。大阪は「都市の性格」として、「外国人バイヤー若しくは日本人商用客」といった昼間は忙しい人たちが、仕事を済ませてから「ネオン街」に出向くことが多い。「ケバケバしい色彩と騒音」で東京銀座などにも進出した大阪式キャバレーは、大部分が姿を消して外観はスマートになった。ただ内容は、まだまだである。慰安娯楽施設の健全明朗化は重要な問題であると強調する。

具体的に着手されたこととして、大阪観光協会が日本交通公社と協力して、名実ともに代表的な一流キャバレー、ダンスホールを選定し、旅行者が手軽に利用できるクーポンを発行したことを指摘する。この企てが成功すれば、「夜の受け入れ態勢の強化充実に寄与するところも多い」と期待している。

夜の観光バス

１９５１年（昭和26）、大阪市営観光バスは「昼の定期観光バス」に加えて、「夜の定期観光バス」の運行を始めている。大阪駅前の東口を毎日午後6時に出発、３時間半のコースで料金は２５０円であった。

ルートの概要は以下のようなものだ。土佐堀通りの川端柳を眺めつつ中之島に向かう。パリのセーヌ川沿いにたとえられる「アベック」が集まる公園を下車のうえ散策ののち、大阪中央放送局に移動する。スタジオを見学したのち、ミナミに向かい、キャバレー・メトロの入場とコーヒーの接待を楽しむ。その後、千日前から法善寺横丁、道頓堀界隈の区間を徒歩で観光、その合間に歌舞伎座または中座（なかざ）の観劇が組み込まれた。

大阪都市協会が発行した『大阪人』１９５１年8月号に「ネオンの明滅するメトロポリス大阪とは？」と題して、夜の観光バスに試乗した紀行文が掲載されている。著者は「若いアベック組の時間つぶし」と思っていたようだが、実際は70歳を超えたおばあさん、浴衣がけの若夫婦、子ども連れもあって満員であったようだ。

１９５２年以降に発行されたと推察される各種パンフレットには、バスが巡行するコースを図示するとともに、主要な立ち寄り地を撮影した写真に簡単なコメントを添えて紹介している。当初は大阪駅東口発の便のみであったが、のちに天王寺駅南口を出発する便も運行、料金は３００円に変更された。

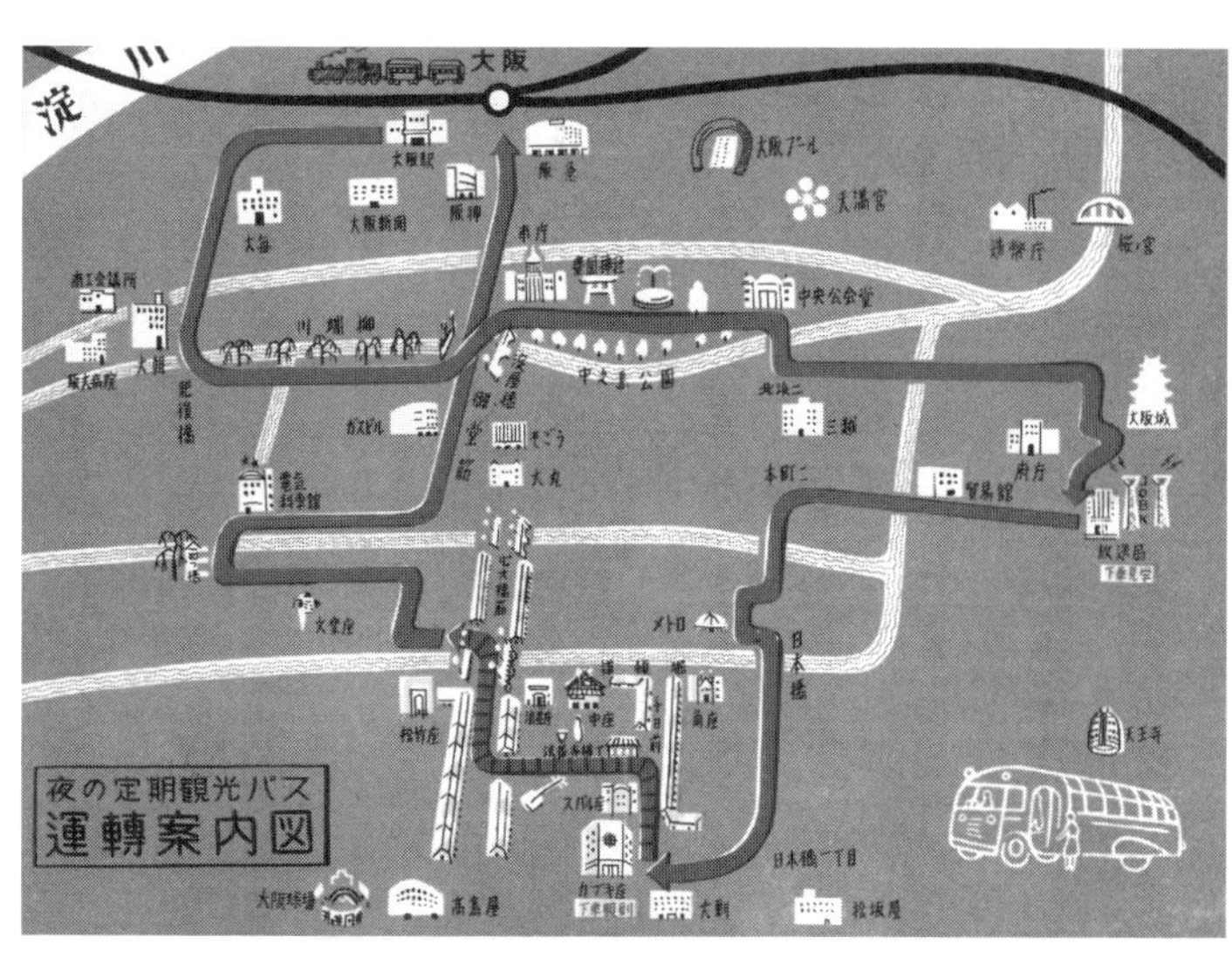

パンフレット『夜の定期観光バス』より、「運転案内図」

パンフレットのひとつ、大阪市営観光バスの『夜の定期観光バス』では、中之島公園は「水都大阪の誇るリバー・サイド・パーク中之島の散策は市民のこよなきリクリエーションとして喜ばれております」と記し、大阪中央放送局に関しては「近代式鉄骨コンクリート建築でニュー大阪の威容を誇っております」と述べている。また夜の御堂筋(みどうすじ)として芭蕉終焉の地に設けられた句碑を紹介、「俳聖芭蕉翁の辞世句碑が疾駆する自動車のヘッドライトに照されて、いみじくも新旧文化の対照を写し出している夜の御堂筋の景勝」と書いている。

歌舞伎座に関しては、「大阪の不夜城千日前に夢のような光ぼうをうけて浮びたつ大阪歌舞伎座は、外観と施設の秀を誇り、大阪文化と唇歯の結びつきをなしております」と紹介する。

またキャバレーについては、初期にあってはメトロ（メトロポリタン）、のちに美人座がコースに組み込まれた。「『キャバレーは上方から』と云われておりますように大阪のキャバレーは夜の観光になくてはならないものでエキゾチックなジャズの快よいメロデーに乗って翻るダンサーの色とりどりのスカート、交錯するライト、正に近代大阪が誇るナイトツアーの殿堂であります」と書いている。

水掛け不動で知られる法善寺横丁、道頓堀や戎橋（えびすばし）の夜景も紹介する。案内には次のように記されている。

パンフレット『夜の定期観光バス』より、「夜の御堂筋（芭蕉終焉の地）」

パンフレット『夜の定期観光バス』より、「道頓堀（戎橋界隈）の夜景」

「道頓堀から千日前、戎橋筋、心斎橋筋一帯を『みなみ』と云って大阪唯一の『アミューズメントセンター』であります。赤い灯、青い灯の輝やくネオンのともるキャバレーやダンスホールのジャズと川端の丸窓からもれる三味の音が交錯してかもしだす風景は浪速(なにわ)情緒をいかんなく発揮しております」

重要観光都市と位置づけられた大阪における観光振興策は、繁華街などナイトライフの遊覧に力点を置いていた。国際観光産業が文化産業と表裏一体だとみた場合、大阪らしい産業復興策といえるように思う。

第4章

都市基盤の拡充 1——高速道路

1 大阪中央環状線

第二次道路整備五カ年計画

戦後復興から高度経済成長に向けて、大阪においては、幹線道路のネットワーク、国土軸となる高速道路や高速鉄道、国際空港、港湾施設やトラックターミナルに代表される流通施設など、新たな都市に必要な交通基盤や都市施設の拡充が進められた。

ここではまず、新たな道路事業について論じておきたい。大阪にあっては、戦前から広域の道路事業が都市計画に位置づけられた。昭和初期に都心と郊外を結ぶ道路網が構想され、１９３９年（昭和14）までに主要路線の整備を完了した。

戦後、わが国が高度経済成長期に転じるなか、大阪は工業都市として発展をみる。全国から労働力を受け入れるなか、郊外の人口が急増する。近郊の農地を急速に宅地へと転換、新たな住民の受け皿を確保することが求められた。無計画に、かつ連担するかたちで密集した市街地が拡張するなか、旧態依然たる道路網が都市問題の原因とされた。

新たな幹線道路網の整備が喫緊の課題となった。大阪府は、１９５8年から5カ年を期間とする「第二次道路整備五カ年計画」を立案する。構想の中核となる街路が、都心と郊外とを結ぶ「十大放射線」、および既成市街地を三重に包囲するかたちで周辺地域を横に連絡する「三環状線」である。これらの幹線道路網は、のちに「大阪地方計画」に位置づけられ、事業化されることになる。

「第二次道路整備五カ年計画」における「十大放射線」とは、第二阪神国道、大阪池田線、御堂筋線、十三高槻線、大阪上野線、築港枚岡線、名阪道路、大阪千早線、松原泉大津線、第二阪和国道の10路線である。既成の主要な国道のバイパスとなる路線のほか、市内のメインストリートである御堂筋を北摂方面に延伸する御堂筋線や、南大阪の幹線となる大阪千早線や松原泉大津線など、新規の路線が含まれる。いずれも大阪や堺の都心と、各方面の郊外を連絡するものであった。

いっぽうの「三環状線」は、大阪内環状線、大阪中央環状線、大阪外環状線の3路線である。大阪市街地を取り囲むかたちで広幅員の道路を敷設、北摂、河内、泉州を連絡することが想定された。

大阪中央環状線

ここでは「第二次道路整備五カ年計画」に位置づけられた道路のなかから、もっとも主要な幹線となることが期待され、広域計画にあって新たな使命が託された大阪中央環状線の概要を紹介したい。

大阪中央環状線は、池田市の兵庫県界を起点に堺市の国道26号線に至る。北摂から北河内、中河内、堺を連絡する道路である。延長55・8㎞、もっとも多いと予測された東部で日に約16万台の交通量があるものと想定、北部で30～60m、東部で60～120m、南部で37～75mの幅員、主要道路や

工事中の茨田地区（『大阪中央環状線概要』）

鉄道とはすべて立体交差とするものとして設計がなされた。総事業費は、468億円が見込まれた。1961年（昭和36）に事業着手、高速道路となる高架部分を残して、1970年3月に全線が開通している。

大阪府が発行した日本語版のパンフレット『大阪中央環状線概要』（1966年版）は、道路の竣工模型の写真を表紙とし、茨田(まった)地区や門真市(かどまし)駅付近などの工事状況を伝える写真を掲載する。本文では「大阪中央環状線の必要性」として、以下の3項目を記載する。

①交通の流れを分散

本府における現在の交通混乱の原因は、既設の主要幹線がすべて都心部へ指向した放射路線であるためにおこる都心部への集中・通過交通にある。従ってこれら放射路線の集中交通を軽減し、都心部通過交通の迂回、更には激増を予想させる将来の交通需要に対処する。

②重要施設の有機的連けい

大阪市周辺の都市相互間の交通の円滑化をはかることはもとより、府下の重要施設である大阪国際空港、千里(せんり)丘陵ニュータウン、万国博会場、新幹線鳥飼(とりかい)基地、東大阪工業適地、八尾空港、堺・

泉北臨海工業地帯等を有機的に連けいして、その相互発展をはかる。
③沿道の積極的開発
広域都市計画の立場から、将来の土地利用を充分考慮の上、都市部再開発と並行して沿道の積極的且つ合理的な開発をはかり、秩序ある市街地の形成をはかる。

このパンフレットには特記されていないが、大阪中央環状線は、服部、鶴見、久宝寺（きゅうほうじ）、大泉の各緑地を結ぶ役割も担っていた。道路事業は、広域における緑地計画とも相互に関連するものとみなされていた。

いっぽう１９６７年に大阪府が発行した英文版のパンフレット『OSAKA CENTRAL RING HIGHWAY』では、「十大放射線」および「三環状線」の概要図や、幅員１２０ｍと幅員60ｍの区間、それぞれの基準となる断面図を示しつつ、事業の進捗状況と波及効果を説明する。海外向けに製作されたこの冊子では、「Osaka Central Ring Highway is looked forward to promoting the urban renewal in Greater Osaka!」、すなわち「大大阪の都市再生を導く道路となることが期待されている」と、中央環状線を整備する意義を強調している。

このパンフレットの表紙には門真市駅付近の空撮写真を掲載、東海道本線や国道1号線との立体交差付近を俯瞰する写真などから、工事が順調に進んでいる様子を紹介する。国鉄を跨ぐ高架道路を近景に阪急との跨道橋を見晴らす図版は、「POETRY IN CONCRETE」、すなわち「コンクリー

門真市駅付近の跨道橋

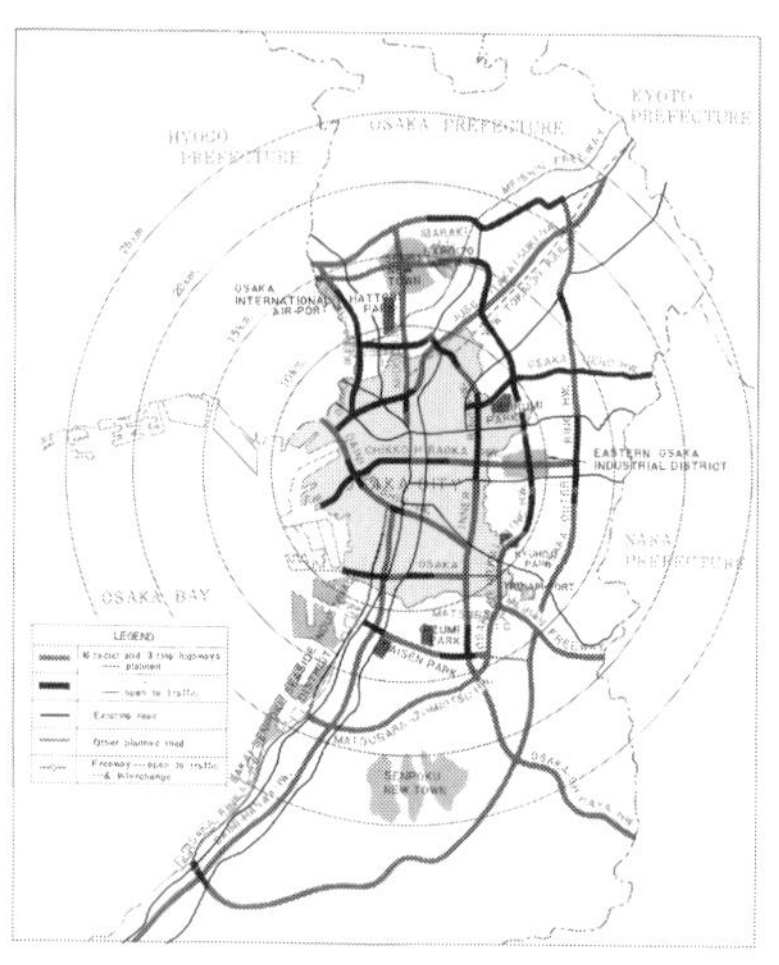

十大放射線および三環状線。計画路線を赤で、供用が開始された区間を黒で記す（『OSAKA CENTRAL RING HIGHWAY』1967年、以下同）

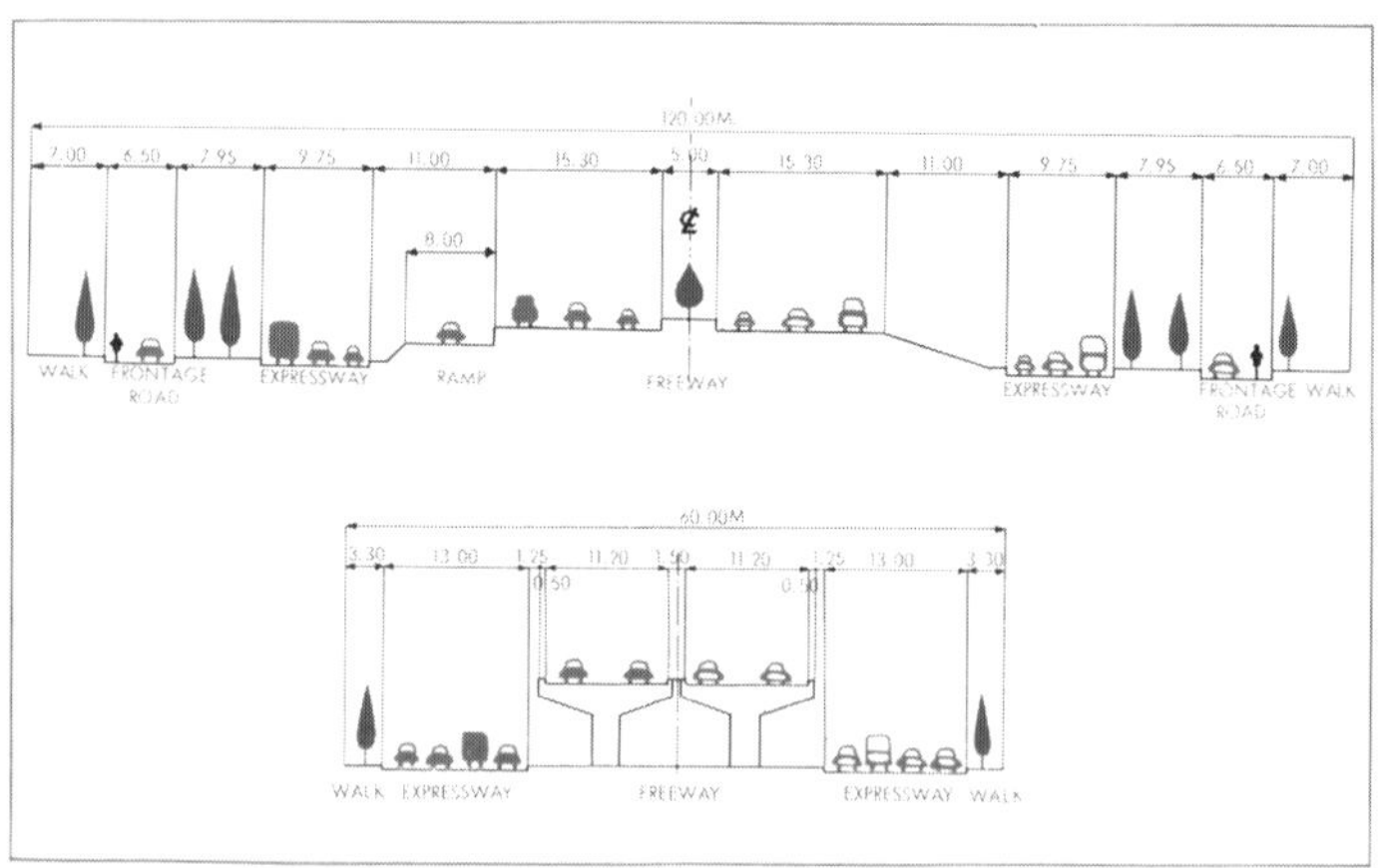

道路の標準断面図

トの詩学」と題し、その構造美を讃えている。

大阪府土木部道路課長（当時）の竹元千多留は、『新都市』１９７０年11月号に寄せた論考で次のように述べている。

「この計画は交通混乱の除去と、将来激増を予想される交通需要に対処するため、新しい路線を追加することによって放射線を一層増強するとともに、土地利用計画を根底として、例えば、強力な中央環状線沿いに副都心を作るべく、大阪国際空港、千里ニュータウン、万国博会場、北部流通センター、東部トラックターミナル、堺地域の臨海工業地帯を有機的に結び、環状線のもつ機能と、放射線に沿う業務の流れに対処することによって、根本的な交通体系の確立と沿道の合理的、高目的利用を促進しようとして策定されたものである」

「第二次道路整備五カ年計画」は、単に交通ネットワークの改善だけを目的とするものではなかった。経済成長を続ける大阪にあって、郊外の土地利用の適正化をはかりつつ、拠点開発を促すことを想定した広域計画の基幹となる事業であったことがわかる。

流通業務団地の構想

大阪府は「十大放射線」と「三環状線」からなる幹線道路網を事業化する。特に大阪中央環状線の沿道にあっては、主要な道路と交差する地区などに拠点を設けて、計画的な開発を促すことが想定された。ここでは各種の業務施設のなかで、自動車交通の増加とともに、その必要性が提唱された流通業務団地の整備事業について述べておきたい。

高度経済成長期にあって、大阪の都心部における過密の解消が課題となり、従前の都市機能のあり方を抜本的に見直す必要性が生じた。検討された都市機能のひとつが、必ずしも都心に立地する必要のない広域からの物資を集散する流通施設の類である。

大都市再開発問題懇談会が１９６３年（昭和38）11月にとりまとめた「大阪の再開発に関する基本構想」の中間報告では、貨物集配所、倉庫、問屋などの流通施設を、都心から既成市街地周辺の交通要衝地に分散配置することで、都市の機能純化をはかることが必要であるとしている。

１９６６年7月に「流通業務市街地の整備に関する法律」が制定される。同法では、トラックターミナル、中央卸売市場、貨物駅などの流通機能を複合する拠点整備が想定されている。これを受けて、同年12月に「大阪市（その周辺の地域を含む）についての流通業務施設の整備に関する基本方針」が定められた。

そこでは大阪の既成市街地の外周において、北部、東部、南部の各方面に1カ所ずつ、おおむね3カ所の流通センターを整備するものとした。面積はそれぞれ１００haを標準とするものとされた。位置に関しては、主要環状道路、主要放射道路、鉄道などの交通の利用が容易な場所としつつ、それぞれの方面にあって、物資の輸送、保管および取引の需要、さらには地理的条件を勘案して定めるものとされた。

流通センターは、工業開発地区、工業用地、大規模住宅開発地区、集団的農業開発地区などとともに、１９６７年に策定された「大阪地方計画」に位置づけられた。あわせて重点施策のひとつとして、千里地区、三島地区、守口門真地区、旧布施河内地区、松原美原地区、岸和田地区に、大阪の都心部から業務機能や流通機能を移すことで、新たな市街地を育成することが定められた。各種の拠点を新たに周辺部に整備することで、大阪や堺などの既成市街地への産業や人口、交通などの過度な集中の緩和に資することが想定された。流通センターもまた、広域の都市計画にあって不可欠な拠点施設であるとする認識があったわけだ。

「陸の港」の第1号

ここでは先行して事業化された東部の流通センターである「東大阪流通業務団地」について紹介したい。

計画地は、「十大放射線」のひとつである大阪港と生駒を連絡する築港枚岡線と、「三環状線」のひとつである大阪中央環状線とが交差する荒本地区が想定された。１９６４年（昭和39）以降、大阪府開発協会が先行して用地買収に着手、１９６５年12月に設立された大阪府都市開発株式会社が開発事業を継承した。

大阪府は一帯２２０haを対象とした区画整理を実施、１９６７年４月に流通業務団地48ha、流通業務地区１０３haを対象とする都市計画決定がなされている。なお隣接した街区には、１９６１年以降、１２００戸からなる府営春宮団地が整備されている。

東大阪流通業務団地の初期構想には、「流通業務市街地の整備に関する法律」で導入が想定された諸機能のうち、中央卸売市場、貨物駅といった施設は併設されていない。ここでは都心から卸売業者が移転することでかたちづくられる「近代的問屋街」を中心に、トラックターミナル、約６０００㎡のコンテナ・デポ、流通倉庫などの施設が整備された。ちなみに続いて１９６８年12月に都市計画決定がなされた北部の流通業務団地は、貨物鉄道線、トラックターミナル、中央卸売市場などの複合施設として具体化する。

東大阪流通業務団地の建設にあたっては、大阪府、関西電力、大阪瓦斯（ガス）、地元の3銀行によって設立された大阪府都市開発株式会社が主体となった。１９６８年2月に第一トラックターミナル、同年12月に第二トラックターミナルが完成する。双方を合わせて計画日量６１００ｔ、西日本最大の規模の物流拠点となることが想定された。開場当初から50社ほどの路線トラック業者が使用、１９６９年の夏には、おおよそ当初に設定された貨物量を扱うに至っている。

この状況を評して、「〝陸の港〟の第1号であるこのトラックターミナルは、貨物量の年々の増加とあいまって盛況の状態である」と大阪府土木部都市整備課長（当時）の前田美種は書いている（『新都市』１９６９年10月号）。

未成の流通業務市街地構想

紙業や文具など各種の卸売事業者が、店舗の狭隘化や交通事情の悪化といった課題を解決するべく、東大阪流通業務団地への移転を検討した。さらに今里（いまざと）や谷町、立売堀（いたちぼり）などに集積していた工作機械や機械工具を扱う問屋も、事業を共同化しながら新天地への集団移転を果たすことになる。

もっとも大阪府の構想は、ただ単に都心から郊外に流通業務施設を移転し、集約しようとするものではなかった。高速道路に加えて、大阪市内とを連絡する地下鉄の整備促進、さらに京都方面と結ぶ民間鉄道の乗り入れを前提に、流通業務団地を中核に新たな「流通業務市街地」を建設することが、当初より想定されていた。

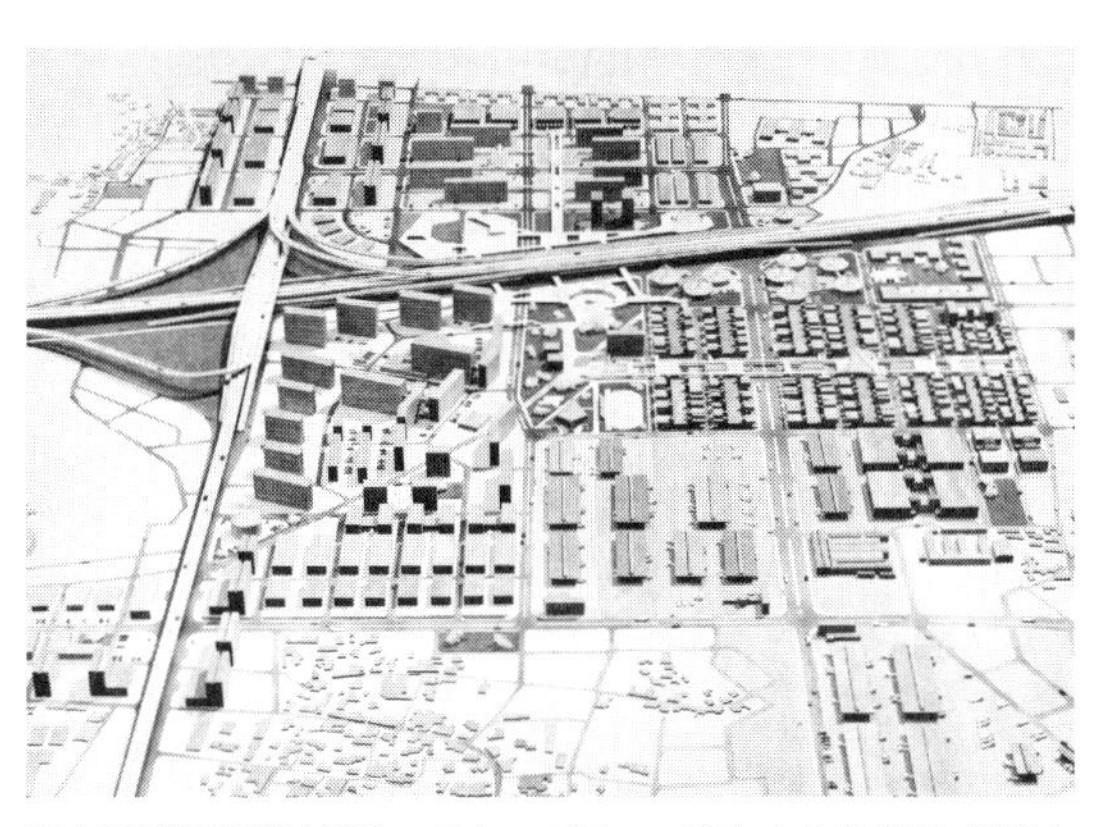

東大阪流通業務市街地マスタープラン、東からの鳥瞰図（『東大阪流通業務団地建設基本計画1968』）

大阪府土木部は、日建設計工務株式会社に将来的な基本計画の立案を依頼する。マスタープランは、流通施設のあり方や必要な都市基盤など多岐におよぶ。なかでも注目されるのが、業務地区に接する住宅地区の計画である。

そこでは、当該地区は一般の住宅地とは異なり、卸売業に就労する単身の若者が多く居住することになることから、一般世帯１８０５戸、単身者世帯８５００戸であると推定された。これを受けて計画では、単身者向けのアパート群を建設するとともに、将来的には中層の春宮団地を単身者向けの高層住宅に建て替えることで土地の有効利用をはかることが提言されている。

加えて、卸売業務地区と住宅地区を連絡する位置にある2・1haの府有地に競技場やテニスコートなどがある都市公園を整備すること、東端と西端の街区に高層と低層のオフィスビル群からなる業務地区を設けることも示されている。将来的には大企業の事務所などの誘致も検討したいと考えたようだ。

さらに基本計画では、中央環状線の高架道路下部を利用して、東西の街区を2層のペデストリアンデッキで連絡、そこに商業施設とバスターミナルなどの都市施設を集約するという案を示している。またエネルギー計画として、大型のプラントを設けて流通業務団地全体に地域暖房のシステムを導入する案も描いている。

実際にはマスタープランの通りに事業化がなされたわけではないが、流通業務を核とした新たな拠点の理想像を描いた計画として注目される。とりわけ高架道路下を立体的に都市施設として利用する発想などはユニークである。

2　名神高速道路

「道路整備五箇年計画」と日本道路公団

高速道路の建設が、大阪の経済成長に好影響をおよぼした。ここではまず日本道路公団による名神高速道路の建設経過について述べておきたい。

わが国における高速道路建設の発想は、戦時下に遡る。１９４０年（昭和15）から１９４２年にかけて、内務省土木局は「重要道路整備調査」を実施し、計画をとりまとめた。１９４３年以降、東京から神戸の区間を優先してルートの選定、踏査、測量、設計などが行われた。とりわけ名古屋と神戸間に関しては、緊急に整備が必要とされ、延長約２００㎞、建設費2億円の見積もりがあった。しかし戦火が激しくなるなかで、全国に高速道路網を整備しようとする構想は具体性を欠いた。

太平洋戦争によって、わが国の道路も甚大な被害を受けた。経済安定本部総裁官房企画部調査課がまとめた『太平洋戦争による我国の被害総合報告書』（１９４９年）の記述では、戦災による国土全体における道路の被害は、面積で約４５８万㎡、2億４４００万円にのぼったという。

１９４５年度末における道路の総延長は89万９０００㎞、このうち舗装されていたのはわずかに１・２％である。国土幹線である1級国道９４４６㎞に限っても、舗装率は17・１％にとどまっていた。国土の復興をはかるべく、1948年11月、連合国軍総司令部は「日本の道路及び街路網の維持修繕5か年計画についての関する覚書」を交付、政府に道路の計画的な維持修繕を実施するように求めた。

いっぽう1950年6月に勃発した朝鮮戦争による特需もあって、経済活動が活発化するなか、モータリゼーションが進展する。全国における自動車保有台数は、1945年度末には約14万台であったが、3年後には約24万台に増加、その後、1952年度末は55万台、1956年度に100万台を突破する。自動車による貨物輸送も急増した。

既存の道路を補修する段階から、国土全体におよぶ新たな道路整備が喫緊の課題となる。1954年5月20日に「第一次道路整備五箇年計画」が閣議決定された。

計画の前提として、新たな法整備が必要となった。1952年12月5日、新たな「道路法」が施行された。この法律によって、道路事業に関する国と地方公共団体の分担が明確にされるとともに、道路予定地に関する権利制限が規定された。また、道路審議会も設置された。

先行して1952年6月6日、「道路整備特別措置法」が制定された。これによって国による有料道路の制度が確立される。加えて1953年の「道路整備費の財源等に関する臨時措置法」によって、揮発油税を道路事業の目的税とすることが可能となる。

法整備と並行して、高速道路を建設・管理する事業主体に関する検討が行われた。政府による有料道路への投資には単年度での上限があり、国費の支援を受けて都道府県が整備する場合も国への償還が求められる。将来における外資の導入が想定されるなかで、有料道路を総合的かつ効率的に建設し、運営する制度と専門組織を確立することが求められた。

１９５５年12月5日、道路審議会は「道路整備を急速に推進する方策として、現在の有料道路制度を拡充するためには、日本道路公団（仮称）のような機関を設立して、広く民間資金の導入を図るとともに、総合的、効率的運営を図るよう措置する必要がある」と答申する。これを受けて、翌年3月14日、「日本道路公団法」と新「道路整備特別措置法」が公布され、4月16日、政府が資本金を全額出資する特殊法人「日本道路公団」（２００５年、分割民営化にともない解散）が設立された。

名古屋—神戸間高速自動車道路の調査と法定化

国土の幹線として計画されたルートのなかでも、東京と神戸を連絡する路線の重要性は共有されていた。しかし東京—名古屋間に関しては、東海道案と中央道案のどちらを優先するのか議論があったようだ。政府は両案の共通区間である名古屋—神戸間を優先的に着手する方針を固める。

１９５６年（昭和31）4月、建設省は「名古屋・神戸間高速自動車道路概算建設費見積書」と「名古屋・神戸間高速自動車道路償還計画書」を公表する。高速道路を有料道路として建設、管理運営は「日本道路公団」があたるものとされた。政府は米国からR・J・ワトキンス調査団を招聘する。名神高速道路の建設資金として、外貨の借款の調達が不可欠であると考えられた。そのためにも、採算性を判断する根拠となる総合的かつ権威のあるレポートの作成が急がれた。

調査団は、1956年5月から8月上旬までの80日間にわたって踏査を実施、「名古屋・神戸高速道路調査報告書」としてまとめた。そこでは「日本の道路は信じがたいほど悪い。工業国にしてこれほど完全にその道路網を無視してきた国は、日本の他にない」と断じ、道路整備の必要性が強調されている。

報告書では、この段階にあっても、日本にあっては1級国道の77%が未舗装であり、その過半が何の改良も加えられたことがないと書く。さらに2級国道および都道府県道に至っては、90%ないし96%が舗装されていないと述べる。もっとも統計で見る以上に、数値に現れない課題が深刻であるとする指摘もある。改良されたとされる道路であっても支持力が不十分であり、悪天候の条件の下では事実上通行不能な場合が多い。さらに、昔ながらの道路敷地を利用しているため路線は不当に狭く危険である。自動車の運行は自転車、歩行者および荷牛馬車に阻害され、また通行を制限する町村に邪魔されていると書いている。

1957年3月29日、「国土開発縦貫自動車道建設法」が成立をみた。この法律にあって国土開発縦貫自動車道の予定路線は、全国各ブロックの重要地点を最短距離、かつ最短時間で結ぶこととした。1957年10月16日、「第4回国土開発縦貫自動車道建設審議会」において名神高速道路、正式には「高速自動車国道中央自動車道西宮線」の整備を行うことを決定、翌17日、建設大臣から日本道路公団に施行命令が発せられた。

さらに1957年12月に策定された「新長期経済計画」を受けて、先行する計画を改正、「第二次道路整備五箇年計画」が立案される。ここで名古屋と神戸とを連絡する高速道路を、1962年度までに完成させることが盛り込まれた。

名神高速道路の開業

施行命令を受けた日本道路公団は、建設に向けて準備を開始する。愛岐、滋賀、京阪の各調査事務所を建設所に改め、さらに兵庫建設所を設置、工事のための測量、調査、設計、用地の取得、および施工に関する事務を所掌させた。また滋賀県甲賀郡石部町（現・湖南市）に分室を設置、植樹用の苗木や芝の育成管理を行った。

専門家による議論を行う体制も整えられた。トンネルや橋梁の基本設計と細部設計、加えて美観の審議を行う「特殊設計審議委員会」のほか、「有料道路政策検討委員会」「高速道路技術検討委員会」などが設置された。

公団は用地取得に取り組む。路線発表を行った段階から反対運動が派生する地域もあったが、8年を費やして全線での用地を確保した。総延長約190km、取得面積は約1200万㎡、約146億円の費用を要した。

尼崎—栗東間（71km）が第1期工事区間、栗東—一宮間（103km）が第2期工事区間と位置づけられた。1958年（昭和33）9月、京都バイパスとして用地取得が先行していた山科工区から工事は着手される。事業費の一部には、世界銀行からの借款が充当された。融資の条件として、土工、舗装工事はすべて国際入札となった。大規模な土木工事を受注する体制が求められたため、共同企業体方式や、機械化施工の推進が求められた。

第1期工事区間にあっては、関西大学との協議が長引いた千里山(せんりやま)工区の完成が遅延、崩れやすい地質を開削する必要があった天王山トンネルでの工事が難航した。ようやく1963年7月15日、京都南インターチェンジで栗東—尼崎間71kmの開通式が挙行され、翌日から供用が始まった。最高速度は時速100km、最低速度は時速50kmと定められた。名神高速道路は、大阪府下にあっては、吹田(すいた)インターチェンジで中央環状線と、また豊中インターチェンジで阪神高速道路と連絡することになる。

高速バスと新たな観光ルート開発

日本で初となる高速道路の建設に際して、おおむね50km間隔でサービスエリアを、15〜25km間隔でパーキングエリアを設置することになり、欧米の事例を参照しながら休憩施設などの設計がなされた。また標識の制作に際しては、時速120kmでの視認性を配慮して、新たに「道路公団標準文字(公団ゴシック)」のフォントが工夫された。文字の大きさはドイツのアウトバーンで使用されていた標識を基準とし、すべての文字を直線的に、かつすべての画を等幅で描くなどの工夫がなされた。制作にあたっては文字だけではなく、標識の形状、掲載される情報などについて、複数案が作成され議論がなされた。候補となった4案で実際に仮の標識を制作、路上での公開テストを実施し

高速道路標識製作のための公開テスト風景（村山機械試験場、自動車走行テスト場にて。泉眞也「時速100㎞の世界　名神高速道路案内標識の基本デザインの提案から公開テストまで」『デザイン』第44号、1963年）

て、各種の専門家による評価が行われた。

１９６４年（昭和39）９月、名神高速道路の西宮―一宮間が全通する。これを受けて、国鉄、日本急行バス、日本自動車の３社を対象に高速道路を走る路線バスが認可された。新大阪から名古屋まで１日40往復、３時間10分、料金は５９０円と新幹線の半額程度で連絡した。

運行から1年後、バスの最高速度が乗用車と同じ時速１００㎞に引き上げられた際に発行された日急バスのパンフレットでは、「名神の開通で全く新しい観光コースが誕生しました……」と、鉄道利用とは異なる新しい観光ルート「日急ハイウェイライン」を宣伝している。同社は、バスとそのほかの乗り物、ホテルなどをクーポンにして販売、「交通の便が悪かったため訪れる人の少なかった沿線の珠玉のような観光資源も一躍華やかな脚光を浴び始めております」と書く。

また「ハイウェイドライブと新観光コースを二重にお楽しみください」と題して、「美しい沿線の風光を楽しみながら、幾何学的な構造美とダイナミックな力感溢れた名神高速道路を、時速１００粁のスピードで快走する。目的地での観光のほかに、ゆき、かえりの超デラックス高速専用バスによるハイウェイドライブを十二分にお楽しみ下さい」と強調する。

自動車交通の増加に対応して建設された高速道路は、新たな観光開発を促した。同時に高速道路という構築物の造形、さらには高速移動そのものが、当初は観光対象であったことがわかる。

3 北大阪の10時間交通マヒ

狭すぎる、悪すぎる道路

1956年(昭和31)、道路整備特別措置法の全面改正を受けて、公団方式による有料道路の整備が可能になる。「日本道路公団」は、国土の幹線となる高速道路として、まず名神高速道路の建設に着手する。続いて1959年6月に、東京および周辺における有料の都市高速道路の建設主体である「首都高速道路公団」が設立された。

首都圏の後塵を拝するかたちになったが、同様に交通渋滞が慢性化していた大阪にあっても、交通の円滑化を促す抜本的な解決策である自動車専用道路の早期建設に向けた動きが始まる。1959年9月18日、建設省近畿地方建設局を中心に、阪神地区における高速道路について議論する「阪神高速道路協議会」が発足した。大阪府、大阪市、兵庫県、神戸市の関係部局、日本道路公団大阪支社、運輸省第三港湾建設局などの関係者が参画し、高速道路も含めて、都市圏域におけるあるべき道路網のあり方を検討した。

この時期、大阪市内の道路事情はどのような状況にあったのか。「絵で見る道路　面積・舗装・自動車」(『大阪人』1959年9月号、大阪都市協会）と題する記事に詳しく記述されている。

まずはじめに〝日本の道路は信じ難いほど悪い〟という、アメリカから招聘されたR・J・ワトキンス調査団の報告書冒頭の言葉を引用、交通問題は、日常的に私たちが体験していることであると述べる。同年上半期において、市民から寄せられた3984件の苦情のうち、道路関係が441件にのぼった。「計画道路を早く完成してほしい」「道路の不法占拠を取締ってほしい」「道路を舗装・補修してほしい」「ホコリ道に砂利をまいてほしい」といった内容が多いという。

そのうえで、さまざまなデータから大阪の道路状況を分析する。まず「狭すぎる悪すぎる道路、せめて倍はほしい道路面積」と見出しで訴える。たとえば市域に対する道路面積の割合を見ると、欧米の主要な都市では、ワシントン43％、ニューヨーク35％、ベルリン26％、パリ25％、ロンドン23％となる。

対して日本の都市はどうか。大阪は9・4％、東京は9・5％、改善されたといわれる名古屋でも9・59％にとどまる。自動車交通の激増を受けて、「道路面積は少なくとも（市域の）25％から30％は必要」とされるが、ほど遠いとする。そのうえに大阪の場合は、未完の都市計画道路が将来にあ

舗装比率　道路面積
50
40
30
20
10 %
大阪　神戸　京都　名古屋　横浜

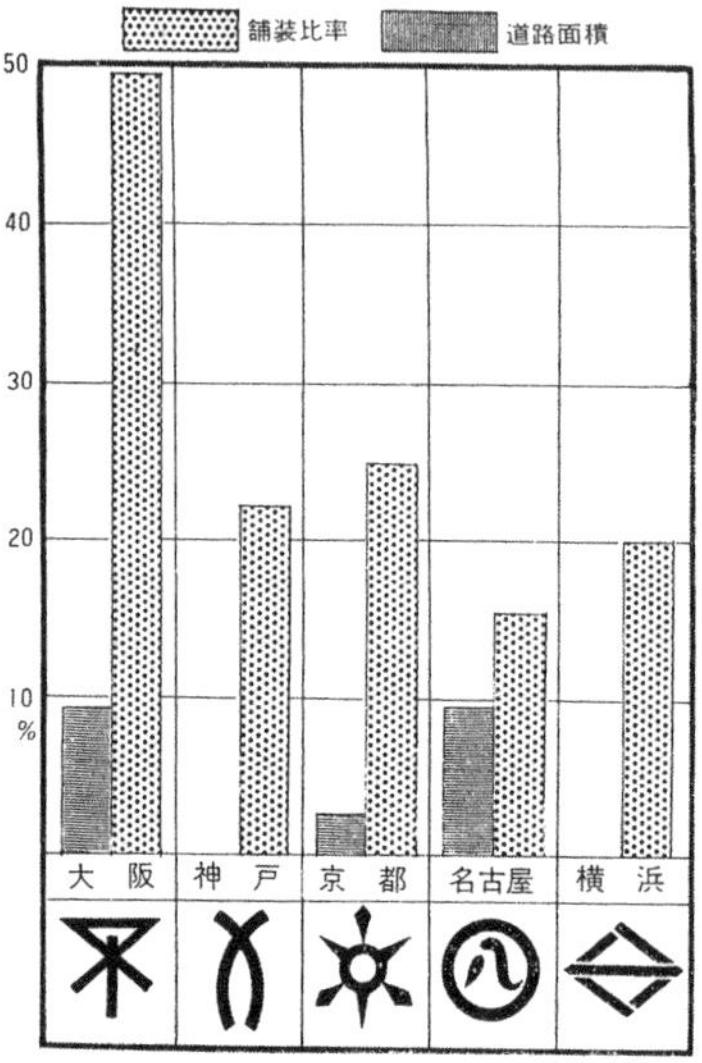

五大都市の道路面積と舗装率（「絵で見る道路　面積・舗装・自動車」、『大阪人』1959年9月号）

ってすべて完成しても、市域面積全体の15%を占める水準に達するにすぎない。欧米の先進的な都市に対して、大阪は10年ほど遅れているという認識を示す。

大阪市内における道路の実情はどうか。路線数はおおよそ1万、総延長は3000kmほどになり、稚内（わっかない）から鹿児島までの距離と等しい。202km²の市域に対して、道路が占める面積は18・9km²ほど、住吉区ほどの広さがある。そのうち7%が国道、8%が府道、85%が市道である。一見、膨大な道路が確保されているように思えるが、先に述べたようにこれでもまったく不足している。

大阪市内の道路舗装率を見ると、国道が93・8%、府道が85%だが、市道は42・7%にとどまる。全体では49・6%と過半数に満たない。記事では、神戸、京都、名古屋、横浜と比較する図を掲載、大阪の舗装率はまずまずだが、それでも「外国から見れば落第」と述べている。

求められる財源

どうすれば道路は面目を一新することができるのか。前出「絵で見る道路　面積・舗装・自動車」では、政府は1952年（昭和27）から「道路整備五箇年計画」に着手しているが、「この努力が実を結ぶには、あまりにも現実は過酷であり、自動車の増加と、その重量の増加で破損も馬鹿にならず、効果があがるにはまだまだである」という認識を示している。

対して大阪市は、政府以上に道路整備に重点を置いてきたと述べ、中井光次市長は公約のトップに道路をうたっているため、「道路市長」の異名をいただいたと紹介する。1959年にあっては、道路の補修や修繕を担う土木局が10億2800万円、さらに都市計画道路を整備する計画局が13億4300万円、合計で23億7100万円の道路関連予算を確保した。計画局は、街路築造や街路舗装のほかに、野田における踏切除却、混雑のある交差点での立体交差事業の実施を想定していた。

しかし大阪市の財源は十分ではない。1946年に定められた大阪市における都市計画道路の全路線を整備するためには、1300億円の巨費が必要となる。対して、計画局の予算はその100分の1しかない。すなわち現状のまま進捗しても100年が必要となる。「中井市長の必死の努力にも拘らず、数字だけ見れば全く悲観的な答しか出ないわけである」と解説する。

道路財源を確保する手段はないのか。記事では制度上の問題として、ガソリン税の不備を指摘、次のように書いている。

「車の錯綜する都会の道路を散々痛めつけて取上げ、その金で他の山国の山村道路が良くなっているというのではどうしても筋が合わない。コエタゴ道路が舗装されて、肝心の道路がメチャメチャでは何おかいわんや、これでは経済の正常な発展はないし、都市の機能は麻痺してしまう」

ガソリン税は国税として主に都市部で徴収され、道路特定財源に充てられる。しかしその使途は、国道や府県道など広域の道路整備にのみ充当される。記事では税収を、都市部の道路整備全般にも振り分けるようにと、公正な配分を求めている。

悲鳴をあげる道路

大阪における自動車の増加率はどうであったか。前出「絵で見る道路　面積・舗装・自動車」は、大阪府下における状況を図にして示している。それによれば、1952年（昭和27）に6万台ほどであった台数が、1955年に倍増、1958年には3倍に増えている。

大阪府に登録された車両だけではなく、兵庫、京都、滋賀、奈良、和歌山などの自動車も大阪市内に流入する。「こうした厖大な車をさばいているのだから大阪市の道路もたまったものではない」と書いている。スクーターや軽自動車も含めて月々3000台の流入が増加、このままでは大阪市の交通は5年ももたないという大阪府警ら交通部長の発言が、『大阪人』1959年9月号に掲載された「記者座談会」の記事で紹介されている。

「絵で見る道路　面積・舗装・自動車」の記事では、自動車の台数だけに課題があるのではないと指摘する。トラックが大型化、積載量も以前は1t、2tだったが、車両の重さもあわせて10t、20

昭和	指数	
27年	100	60, 187台
28	134	80, 603台
29	180	107, 112台
30	188	123, 110台
31	238	143, 459台
32	276	165, 841台
33	315	189, 762台

大阪府下の自動車増加状況（「絵で見る道路面積・舗装・自動車」、『大阪人』1959年9月号）

tなどと増加している。道路にとって脅威であり、荷重に耐えることができる質の高い舗装が求められているという認識を示す。

　交差点ごとに見るとどうか。大阪市内でもっとも交通量が多いのが、日に7万3000台が往来する梅田新道である。ついで本町4丁目6万8000台、阪神前6万5000台、新橋6万5000台、以下、阪急前、淀屋橋と御堂筋の主要交差点が続く。さらに末吉橋、今里、桜橋、南森町が5万台以上、野里町が4万9000台、大国町が4万6000台の通行量を数える。1951年には梅田新道で2万3000台、大国町で1万台であったので、わずか数年で3〜4倍に増加している計算になる。「もし、道路に声ありとせば、〝助けて呉れ〟という悲鳴」が聞こえてくるだろうと書いている。

水路の道路転用

大阪の道路に希望はないのか。前出の記事では、悲観的な材料ばかりだが、「明るいニュース」もないではないと説く。たとえば海老江梅田線の完成や、40m幅員となる加島天下茶屋線（なにわ筋）の一部開通など、新線の進捗状況を事例に挙げる。また築港深江線など部分的に着工されている都市計画道路についても、「コマギレ道路」という悪評はあるものの、将来に希望を残していると指摘する。

加えて、名神高速道路の完成に応じて立案された道路をはじめ、「新しい時代に即応した新しい道路のプラン」に期待する。

文末で、「大阪市独自の方法と計画」があり、道路の効率を高めるための方策が練られていることを紹介する。それは市内を縦横に貫流している堀や河川の活用である。ひとつの使途は、不足している駐車場として利用する案である。川面を「美観を失わない程度にふたをして自動車の駐車場にしようという案」が検討されていると述べている。川の上であれば邪魔はなく、相当の効果を挙げることができるとともに、「大阪市独特の持味」を出すことができると強調する。

さらに河川の上に高架道路を建設する案もあると指摘、次のように書いている。

「川は川としての効要を一〇〇%発揮しつつ、その上に高速道路でブッ飛ばせば何も障害物はないし、誰にきがねがいらない。立退きもなければ移転保証もない、建設費だけである。いや実際、近き将来こうしたものが生れて来ることは容易に想像される」

阪神高速道路の路線計画に繋がるアイデアが、専門家のあいだではすでに議論の俎上にあったことをうかがわせる指摘である。大阪の道路事情を概括する「絵で見る道路　面積・舗装・自動車」

の記事は、問題が山積している道路事業は今後も「悪戦苦闘」が続くだろうが、現有の計画を完成させることに加えて、将来かくあるべしという正しい見通しをもって、「大阪百年の計千年の計を樹てる積もりで」道路網の整備に努力してゆきたいと展望を述べ、結びとしている。

阪神地区高速道路協議会による計画立案

１９６０年（昭和35）10月６日、大阪全体で前例のない渋滞が派生する。都心では御堂筋などの幹線道路から生活道路まで、渋滞して動けない自動車で埋まってしまう事態が発生した。とりわけ大阪北部にあって混乱は極まり、「北大阪の10時間交通マヒ」として騒動になった。このような状況を打破するべく、大阪にあっても都市高速道路建設に向けた動きが加速する。

当初、大阪府と大阪市は、大阪市域と府下に限った「大阪高速道路」を検討していたという。対して大阪と神戸を一体とみる、「阪神経済圏」の枠組みで検討をはかるべきとする兵庫県からの働きかけがあり、「阪神高速道路」という概念での議論が始まる。

どのような道路網と主体が必要となるのか。先に触れたように、１９５９年９月、建設省近畿地方建設局を中心に、「阪神地区高速道路協議会」が設置された。協議会では、路線案、整備手法、事業主体等についての議論を重ねる。

１９６１年６月５日、大阪府と兵庫県に高速道路建設調査室が設置される。専門家によって９路線、１４２・27㎞からなる「阪神地区高速道路網計画案」が作成された。新規に構築する高速道路を軸として、府道や市道などの幹線道路、名神高速との連絡などを想定した道路計画である。

大阪市街地での路線を策定するにあって、注目されたのが都心を縦横に流れる東横堀川、西横堀川、土佐堀川、難波新川、天満堀川、高津入堀などの河川や掘割である。水路のネットワークの上空を利用して、高架道路を建設することが検討された。

基本的な考え方として複数のループ線を設けたうえで、郊外への道路を放射状に建設する方針が示された。まず船場と島之内、南地を囲むように、一方通行の環状道路「大阪環状線」を建設、ひどい渋滞に見舞われている南北交通のバイパスとする。さらにその外側に「大阪小環状線」を設けて二重となる環状道路網を構築、そこから各方面に延びる路線が想定された。初期案にあったこの「大阪小環状線」が、大阪1号線（大阪池田線）、いわゆる環状線として整備されることになる。

この時期の苦労に関しては、建設省の首都高速道路公団監理官付専門官として阪神高速道路公団の設立にかかわった長谷川五郎の回顧談が『新しい道　阪神高速道路公団10年史』（阪神高速道路公団、1972年）に掲載されている。長谷川は、準備室の段階から阪神高速道路公団の設立に関与、のちに計画部調査役の任にあたった人物である。

計画立案にあっては、京都大学工学部の米谷榮二、武居高四郎の両教授などの専門家が関与した。環状線は一方通行とするという案が具体化するが、全長11㎞のループとなることから、途中のいずれかで東西に連絡する路線の必要性が検討された。

まず候補となったのが復興都市計画にあって、河川の埋め立てと同時に日本道路公団による地下

『HANSHIN EXPRESSWAY』（1966年）の表紙

駐車場の計画が具体化しつつあった長堀通りである。しかし駐車場と高速道路とを同時に工事することが難しいことから断念された。代案として、御堂筋と同じ幅員に拡幅することが想定された築港深江線、および道頓堀川の上空を高速道路とする案が示されたという。しかし「大阪のシンボルである道頓堀の水を干す」ことは市民感情として認めにくいとの判断があり、拡幅予定であった千日前通りに高架道路を設ける方針に変更されたという。

どのような幅員が適切なのかも検討された。基本となる環状路線は3車線の一方通行とし、放射線は2車線2方向の4車線とする方針が確認された。議論がなされたのは、放射線がループ区間に合流する部分である。双方向から合流することで5車線となる部分が生じる。その先は理論的には3車線でよいが、側線としての利用も想定して、合流が連続する西横堀川や東横堀川では4車線を基本とする方針が原案となった。

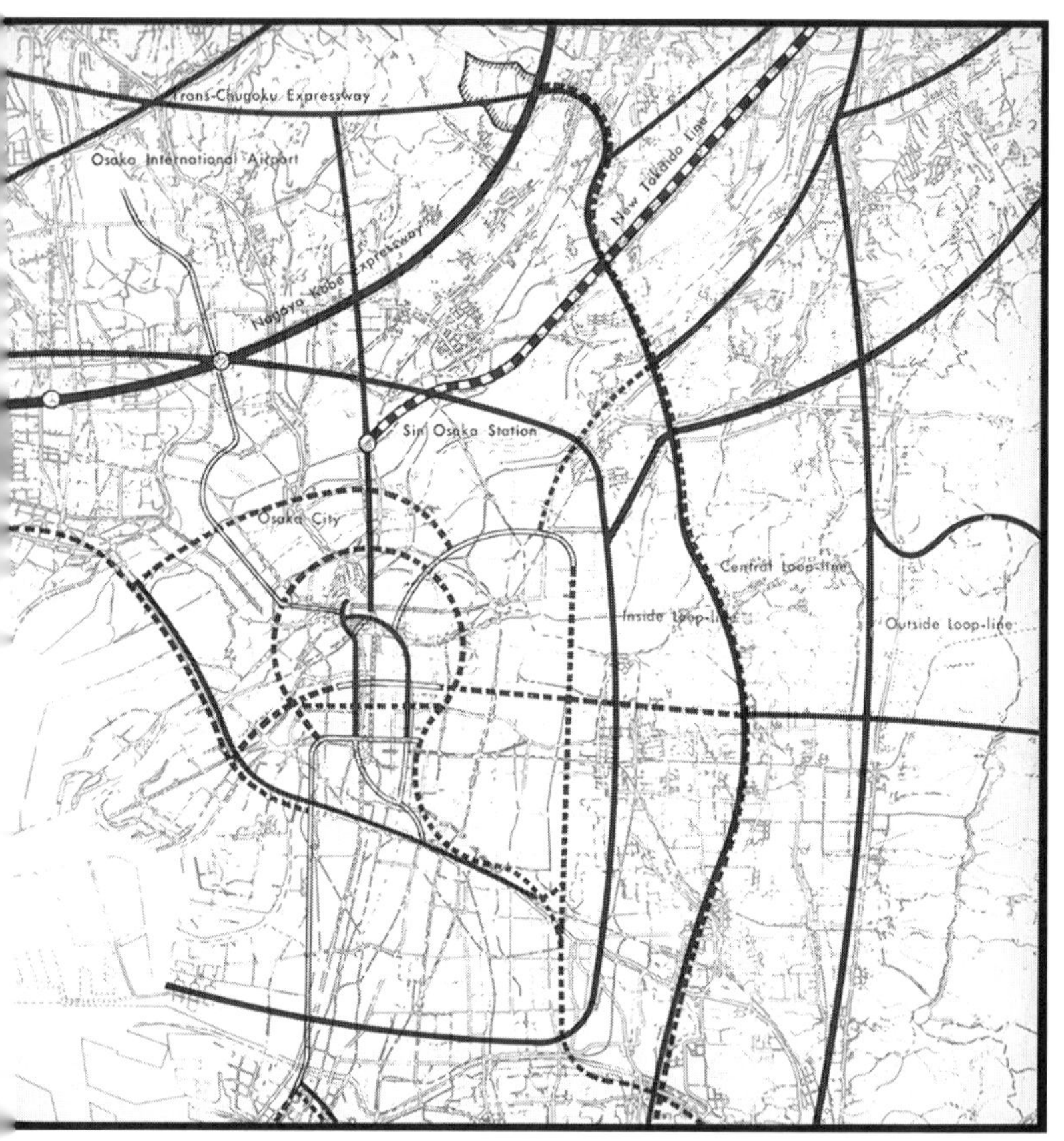
Trans-Chugoku Expressway
Osaka International Airport
Nagoya Kobe Expressway
New Tokaido Line
Sin Osaka Station
Osaka City
Central Loop-line
Inside Loop-line
Outside Loop-line

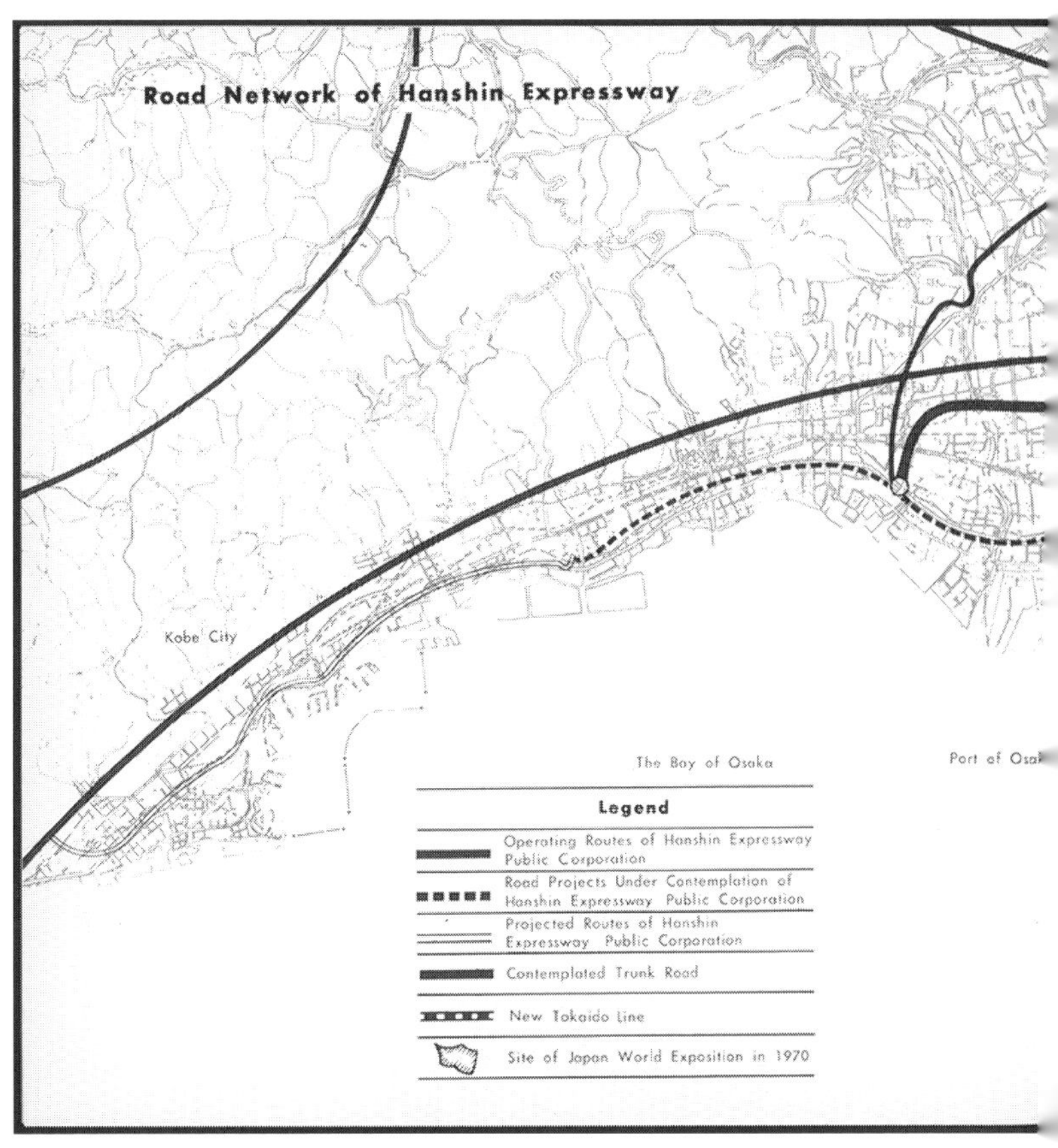

阪神高速道路の将来構想図（『HANSHIN EXPRESSWAY』1966年）

阪神地区の高速道路に関する初期の計画案として、ここでは冊子『HANSHIN EXPRESSWAY』（阪神高速道路公団、1966年）に掲載された図を紹介しておきたい（前ページ参照）。この冊子は、外国人を対象に阪神高速の事業全般を紹介するために編まれた英文のパンフレットである。表紙には、堂島川を覆って竣工した大阪1号線の風景写真を掲載する。遠くに鉄骨を組み上げている天満橋のOMMビルの工事現場の様子がある。

この冊子に、阪神高速道路の将来構想図が掲載されている。発行された段階で供用されていた大阪1号線の一部区間、すなわち堂島から道頓堀出口に至る南行一方通行の区間、および湊町（みなとまち）から堂島までを結ぶ北行の区間だけが赤い実線で記されている。二重線が計画路線、赤い破線が構想段階のルートになる。そのほか、のちに新御堂筋と呼称される新大阪と都心を連絡する国道や、中央環状線など大阪府が整備を行う幹線道路が青い実線で記されている。二重となる環状線や長堀通りを横断する高速道路、さらには森小路（もりしょうじ）線から南行して延伸する構想なども描かれている。その後、実際に建設される路線とはかなり異なるルートも抽象的に描かれており、阪神地区高速道路協議会が描いた初期の計画を見てとることができる。

阪神高速道路公団の設立

「阪神地区高速道路協議会」では、建設した都市高速道路を維持管理する主体のあり方についても協議がなされた。検討の結果、首都高速道路公団と同様に公団方式を採用、「阪神高速道路公団（仮称)」を設置することとした。

これを受けて、建設省や政府への陳情がなされる。１９６０年（昭和35）８月、左藤義詮（さとうぎせん）大阪府知事を会長として結成された「阪神地区高速道路建設促進連盟」も、翌年７月に公団の設置を関係当局に要望した。

１９６１年12月２日、大阪にて「１日建設省」と呼ばれる大臣と関係者による会合が開催された。午前中は建設大臣と関西の公共団体との懇談、午後に財界との意見交換がなされた。会合の最後にあって、左藤大阪府知事が、大阪府、大阪市、大阪財界の総意として、都市高速道路を整備する公団の新設を建設大臣に申し入れた。

これを受けるかたちで１９６２年１月30日、「阪神高速道路公団法案」が閣議決定、国会での審議を経て成案となり、同法は３月29日に公布された。第１条には、設立の目的として、「大阪市の区域及び神戸市の区域並びにそれら区域の間及び周辺の地域において、その通行について料金を徴収することができる自動車専用道路の新設、改築、維持、修繕その他の管理を総合的かつ効率的に行なうこと等により自動車専用道路の整備を促進して交通の円滑化を図り、もってこれらの地域における都市の機能の維持及び増進に資すること」と定めている。

法律に基づく特殊法人として、１９６２年５月１日、「阪神高速道路公団」が設置された。阪神高速道路公団は、首都高速道路公団と同様に大都市内とその周辺市街地行きを結ぶ自動車専用道路を建設、管理することを基本業務とした。また政府は２億円を出資、大阪府および大阪市が８０００

万円、兵庫県、神戸市が2000万円を分担、合計4億円の出資金から集められた。

阪神高速道路は、過密な既成市街地に建設されることが想定された。そのため都市環境の改善、効率的な土地利用をはかることとともに、地元の都市計画と連動することが求められた。

国土の幹線道路を建設する日本道路公団は、公団が調査のうえ計画を立案し、建設大臣に申請のうえ許可を受ける「申請主義」が前提であった。

対して阪神高速道路公団の事業は、先述の「道路整備五箇年計画」に基づいて建設大臣が阪神地区の高速道路網に関する計画を作成、公団は指示を受けるかたちで、ようやくその業務を実施することができると定められた。

大阪における阪神高速道路の各路線は、大阪府道、もしくは大阪市道と位置づけられた。道路法による路線認定と自動車専用道路の指定、加えて都市計画法による都市計画決定、道路整備特別措置法に定められた建設大臣の認可を受けなければ、工事に着手することができなかった。

栗本順三と栗本イズム

阪神高速道路公団の初代理事長に栗本順三、副理事長に樺山俊夫が指名された。栗本順三は栗本鐵工所の会長職にあって、財界を代表して大阪の都市問題に取り組んでいた。また大阪市の助役も経験していた。

公団の理事長に着任してからも、自由な発想を推奨し、建築業者からの贈答品を返品するなど筋を通した。その姿勢は「栗本イズム」とも呼ばれ、新しい組織に浸透した。

栗本は、『新都市』１９６２年（昭和37）５月号に「阪神高速道路公団の使命」と題する文章を寄せ、大阪における交通問題の課題を整理している。そこにおいて栗本は、１９６１年３月に大阪で派生した交通渋滞が１２０回に達したことを紹介、公安委員会も２次にわたる交通規制を実施したが根本的な解決策とはならず、渋滞する地域も時間も増加の一途であったと述べている。そもそも大阪の都心には、オフィス街と問屋街が混在している。人力車が走っていた時代のままの狭い街路のままに、「大小各種の乗用車と貨物自動車が錯綜し無秩序な交通状態」を呈していると分析している。

１９６１年の自動車の増加数は、原動機付自転車も含めて、毎月１万台を数えていた。当時、１９６０年の自動車台数を１００とすると１９７０年には４０６、１９８０年には７９３となると予測されていた。交通量も１９６０年を１００とすると、１９７０年に５４８、１９８０年に９９５となる。栗本は、「恐るべき数字であるが、過去の実績を考えれば十分に参考としなければならないであろう」と評している。

国際収支改善の鍵として注目される民間企業の設備投資は進展し、経済も成長した。しかし道路の整備は遅れ、輸送は非近代的な段階に停滞している。このままでは経済の近代化も個々の企業の範囲にとどまり、経済成長の致命的な隘路（あいろ）となるという問題認識を栗本は示している。

4 阪神高速道路公団

異例のスピード

１９６２年（昭和37）５月１日、初年度予算15億円、１４５人の専従者によって阪神高速道路公団が設立された。

理事長に就任した栗本順三は、設立翌月の６月には起工式を実施し、７月にも急ぎ工事に着手する考えを示した。しかし栗本が示したスケジュールは、そもそも不可能であった。先に述べたように、法律では大阪府および大阪市が各路線を都市計画決定することを前提に、阪神高速道路公団が道路整備に着手できると定められていたからだ。

大阪府、大阪市、兵庫県、神戸市は、公団設立に先立って、それぞれ専門家による検討組織を設け、交通事情の分析とともに必要な路線の検討を進めていた。たとえば大阪府では、１９６１年10月20日、大阪都市計画地方審議会に「大阪都市計画高速道路技術委員会」を設置している。

路線を定めるにあたって、調整するべき重要な案件がいくつもあった。ひとつには南海電鉄が西横堀川（よこぼりがわ）の地下を抜いて、梅田方面に延伸するべく先行して計画を立案していたことがある。また梅田入堀（いりぼり）の地下に道路を整備、さらに中之島までを橋梁で結ぶ「堂島開発」と称する構想もあった。いずれも阪神高速道路の路線として、利活用をはかりたい水路であった。

しかし重複していたこれらの事業は構想のみにとどまり、阪神高速道路の計画が推進されることになった。１９６２年８月25日、大阪都市計画地方審議会の技術委員会は答申を行う。これを受けて９月18日に都市計画決定がなされた。

１９６２年10月８日、阪神高速道路の「基本計画」が建設大臣から指示された。大阪市内４路線（大阪市道高速道路１号線、２号線、３号線、４号線）と神戸市道高速道路１号線、総延長52㎞に達する５路線を、事業費９８２億円をもって、１９７０年末までに完成させるという内容である。

１９６２年10月29日、河野一郎建設大臣を迎えて、土佐堀川の可動堰（せき）上で起工式が挙行された。栗本が指示した２カ月後というわけにはいかなかったが、公団発足５カ月後には工事が着手されたかたちとなる。「異例のスピード」と関係者はのちに述懐している。

繁栄のマジックリング

環状道路となる大阪１号線の建設が始まる。工事は、西横堀工区、堂島工区、東横堀工区、高津（こうづ）・難波工区の４工区に分けて進められた。

工事の進捗に応じて、各年度の予算を増額、人員も順次、増強された。１９６３年（昭和38）度には、66億円の予算が計上された。公団は用地部や大阪建設部を設置、２４８名体制となる。困難とされた土佐堀川を横断する高架橋は、日本初となるS字橋を建設、ビル内部を通過することとなった。

ついで１９６４年度には、予算は１３６億円を確保、道路管理を担う業務部を設けたこともあり、公団職員の定員は４２６人にまで増員された。１９６４年6月28日、西横堀工区のうち、土佐堀から湊町までの区間が完成する。東横堀川の一部区間が完成したのちに北行きに変更されることになるが、開業当初は南行き一方通行での供用がなされた。

背景には、大阪駅の近傍で一般道路に自動車を降りる北行きでは、混雑の激しい大阪駅前がさらに渋滞するのではないかと警察が懸念したためと伝えられている。華々しく開通式典が実施され、同年11月には、出入橋までの延伸区間が開通、総延長は３・１㎞となる。

市内を南北に貫く高架道路の利便性を、公団は「キタとミナミを3分」と宣伝した。通行料金は普通車50円、大型車１００円と設定された。しかし開通当時は、利用者が多かったわけではなかった。１９６４年6月28日から11月11日までの期間における1日あたり平均通行台数は、わずかに３０００台ほど、1日平均料金収入は約17万５０００円にとどまった。

この状況を見て、4車線の一方通行ではなく、なぜ2車線の対面通行としないのだという批判があった。中馬馨大阪市長からも「公団の道は極楽みたいな道路だ。うちの方は地獄道なんだから、どうして2車線往復で使ってくれないんだ」という趣旨の発言があったという。ある新聞は「カンコ鳥のなく高速道路」とする記事を掲載、1台も車が走行していない閑散とした高速道路の写真を添えた。

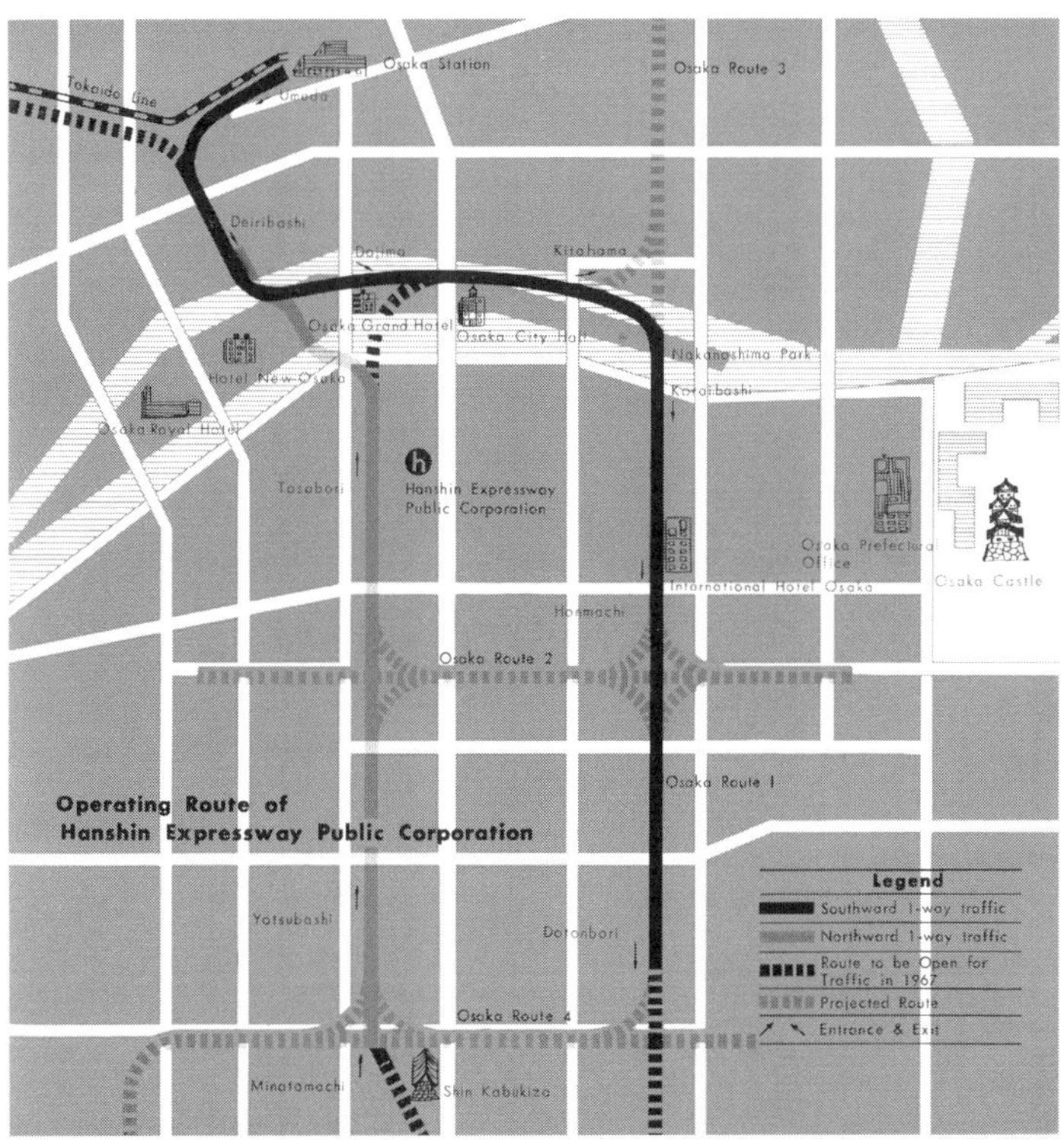

1965年12月における供用区間。ループはまだ完成していない。西横堀川上は北行き、東横堀川上は南行きの一方通行（『HANSHIN EXPRESSWAY』1966年）

東横堀川工区の工事も予定通り進められた。１９６５年12月12日、梅田から道頓堀までの区間が供用されたことで、梅田から道頓堀を南行き、湊町から土佐堀を北行きとし、双方を一方通行での運用が始まる。

１９６５年12月24日に、基本計画が改定される。合計7路線、総延長63・５km、事業費１５８９億円をもって、１９７０年末までに完成させることが示された。加島から空港近傍に至る大阪池田線の延伸、大和川以南の堺第1号線も追加された。大阪市内から府下への展開が始まったかたちである。この年には追加予算も含めて、総額２７６億円にのぼる予算が組まれた。

さらに１９６６年度には、予算３１０億円、建設費２４４億円が投入された。神戸１号線の京橋から柳原までを供用、大阪地区では堂島連絡線が完成する。さらに年度末の１９６７年３月10日に道頓堀から湊町までの区間が整備される。これによって大阪1号線11・０kmがすべて開通したかたちである。

前出『新しい道　阪神高速道路公団10年史』では、阪神高速道路が整備される前後の船場・島之内地区を航空写真で比較、水路を覆うように短期間に整備された環状の高速道路の素晴らしさを、「古い水路をレリーフして息吹く浪速の新しき道　繁栄を背負うかマジックリングに変革の起動が脈を打つ」と誇らしげに述べている。

1970年大阪万博に向けて

1966年（昭和41）5月、1970年日本万国博覧会（大阪万博）の開催が決定した。東洋初となる国際博覧会の開催に向けて、道路計画を進捗させることが急務となる。会場へのアクセス道路、接続する幹線道路、広域の都市高速道路などを万博の開幕までに完成させることが求められた。

1967年8月22日、日本万国博覧会関係閣僚協議会にあって、阪神高速道路の計画路線のうち、すでに供用されていた区間を含めて、6路線、総延長79・4㎞が万国博関連事業に位置づけられた。万博関連の道路整備費用のうち、約3分の1にあたる1164億円が投じられることになった。

阪神高速道路の基本計画も改定される。この際、府下に起点のある大阪市道を大阪府道に改めた。あわせて路線名の変更がなされる。それまでは大阪市道高速道路（1号線、2号線、3号線、4号線）と称していた路線のうち、都心から府下に至る区間は4路線の大阪府道（大阪池田線、大阪東大阪線、大阪守口（もりぐち）線、大阪堺線）に再編された。

1968年4月1日、「第4回改定基本計画」が指示される。4月30日に大阪守口線、森小路（もりしょうじ）線の供用を開始、1969年1月31日に豊中北（とよなかきた）と大阪国際空港とを結ぶ空港線も完成した。これによって1970年大阪万博の開催に向けて、空港から都心までを、わずかに12分で結ぶことが可能となった。

1969年3月には1日あたりの利用者は平均15万台にまで増加した。1969年度の予算総額は628億円、建設費は410億円が計上された。懸案であった船場地区の工事も、道路を占有する建物の屋上に高架道路を通すかたちで完工させることができた。

１９７０年3月15日、東洋で最初となる万国博覧会が幕を開けると、9月13日までの会期中、大阪地区における平均通行台数は1日あたり、約19万台を数えた。結果として万博は、大阪都市圏における都市高速道路の整備を促し、交通流態を改善する好機となった。１９６７年３月からわずか3年の間に、大阪における道路の総延長は1・22倍となる。とりわけ阪神高速道路の事業進捗は著しく、総延長は4・36倍と急伸長した。交通容量にあっても、阪神高速道路は5・4倍の伸びを示した。

道路網の拡充

高速道路の整備は、大阪万博のあとも継続して拡充される。「第5回改定基本計画」の指示があったのは大阪万博が始まる前年の暮れ、１９６９年（昭和44）12月27日のことだ。大阪西宮線、大阪松原線、大阪守口線と寝屋川（ねやがわ）バイパスなど接続道路の整備事業が加えられた。１９７３年度までに総延長１１５キロを目指す計画である。

さらに１９７１年3月30日、政府は「第6次道路整備五箇年計画」を閣議決定する。初期の道路整備五箇年計画では「わが国の道路整備水準の遅れをとり戻す」ことを趣旨としたが、第6次の計画では、第5次の計画に示された「国土の有効利用、流通の合理化および国民生活環境の改善に寄与」する方針を踏襲、将来の経済社会水準にふさわしい近代的道路網の体系を確立するものとされた。戦後復興から高度経済成長に移行するなかで一定の進捗を見たことから、道路整備事業も長期的な展望を示す段階に入ったと判断されたようだ。

政府の新たな中長期計画と呼応するかたちで、阪神高速道路にも新たな路線が追加されることになった。大阪地区では、初期段階から「大阪環状線」の名称で検討されていた第二環状線や長堀線などに加えて、大阪高槻（たかつき）線、大阪湾岸線、泉北（せんぼく）線、第二京阪線が、１９８５年を目途に建設するべき路線に加えられた。

大阪高槻線は第二環状線の一部を構成するもので、のちに淀川左岸線の一部を構成することに変更された路線である。当面は大阪守口線と大阪池田線、神戸線を東西に連絡するとともに、長柄橋（ながらばし）付近で分岐して北上、淡路に至る区間が計画区間とされた。大阪湾岸線では南港大阪東大阪線を結ぶ南港連絡橋（のちに港大橋と命名）を、泉北線では阿倍野橋から山之内までが優先的に着工されることになった。

ここでは『新しい道　阪神高速道路公団10年史』に掲載された道路網図を掲載しておこう。開通区間、建設区間など基本計画に盛り込まれた路線に加えて、基本計画に盛り込まれることが想定された計画区間、さらには将来計画路線の記載がある。

第二京阪線や、のちに大和川左岸線として整備される道路などは、将来計画路線として破線で記す。第二環状線も明記されている。先行して開業した環状線を補完、放射路線を相互に連絡することで、都心に向かう交通を分散させることを意図した路線である。この時点では、中津川、大川、京橋、平野川、阿倍野墓地、旧境川運河、六軒屋川（ろっけんやがわ）など、墓園や河川空間を利用して建設することが

「阪神高速道路網図」（『新しい道　阪神高速道路公団10年史』1972年）

想定されていた。

また第二環状線と各方面を連絡する新たな路線も将来計画に盛り込まれた。ループを連絡する長堀線に加えて、都心と北摂を連絡する高槻線、杭全（くまた）町付近から東に延びる八尾（やお）線、泉北ニュータウンに至る泉北線などが描かれている。それぞれ京都、奈良、和歌山の各方面への延伸が構想されていた。

複数の環状道路を設けつつ各方面に放射線状の枝線を延ばすことで、都心に流入する自動車交通を分散させ、急増する交通需要に対処しようとする合理的な計画であったことがわかる。

技術陣の技術者魂

阪神高速道路の各路線は、既成市街地での建設となる。河川の上空をうまく活用しつつ、一般の都市計画道路の建設に応じて計画された路線も多い。そこにあっては用地上の制約や立地などの諸条件により、設計および施工に工夫が求められた。解決策として、建物の内部や屋上に道路を設け、都市空間を立体的に活用する前例のない試みが具体化する。

まず課題となったのが、大阪池田線の中之島付近のルート選定である。西横堀川を埋め立てて建設された高架道路が、土佐堀出口付近で左右に分岐し、左は池田および空港へ、右は堂島川方面に抜ける。界隈には既存のビルディングが多くあることから、線形に関して慎重に検討がなされた。

環状線から池田方面に向かう区間では、大同生命ビルと住友ビルディングの間を左へ、すぐに右に曲がって新朝日ビルディング西側の建屋内を通り、堂島川へ抜ける案が選ばれた。左右のカーブが連続することで、S字を描く独特の区間となる。施工にあたっては、有効幅13・1m、半径84・0mという大きな曲率の橋梁を連続、延長192・8mの「3径間連続鋼床版曲線桁」を架けるアイデアが採択された。

　先行して建設された首都高速の工事にあっても、カーブ橋を採用した区間がある。しかしカーブ橋を連続させるS字橋は、ドイツのデュッセルドルフに先例があっただけで、国内では初の試みとなる。安全性が懸念されたため、公団は技術審議会のもとに実験チームを編成、20分の1の縮尺になる大型模型を製作して、静荷重実験や動荷重試験を繰り返し行ったという。

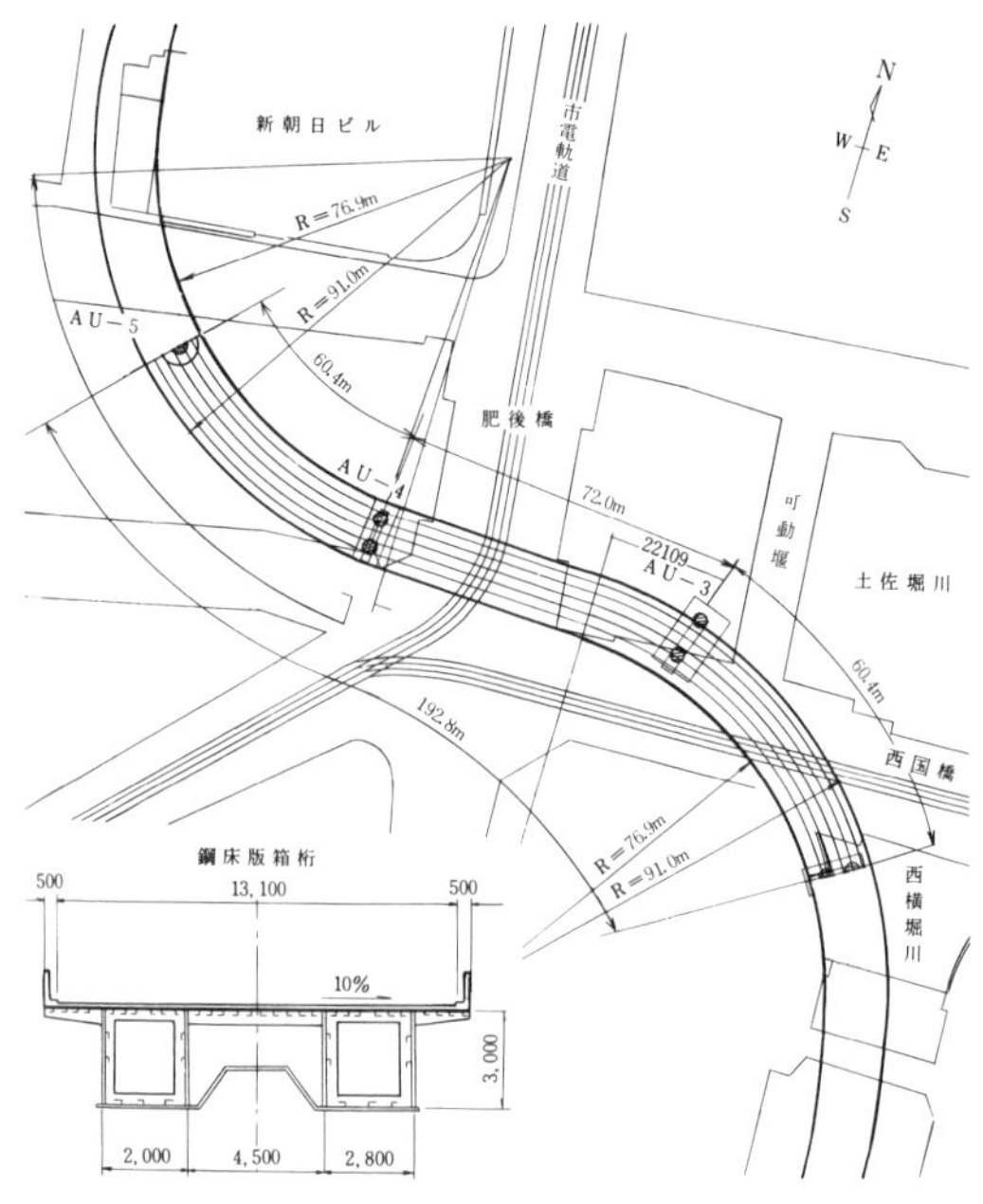

大阪池田線肥後橋付近のＳ字橋（『新しい道　阪神高速道路公団10年史』1972年）

また朝日新聞社の敷地内では、ビルの床面に枕梁（まくらばり）を通し、工場で製作したPC（プレキャストコンクリート）桁を並べて路面とする構造になる。ビルの一部を占有し、トンネルのかたちで高架道路を通す試みも日本で初めての試みであった。兼用構造物という法的解釈のもと、朝日新聞社とのあいだで管理協定が結ばれた。1964年（昭和39）11月11日、出入橋から土佐堀までの区間が開通する。

当時の河野一郎建設大臣が「あんな曲線のものを造るから、金と時間がかかるんだ。直線にしろ」と語ったというエピソードが残されている。対して公団は、曲線桁を用いて地理的制約を克服、見

工事中のS字橋（『新しい道　阪神高速道路公団10年史』1972年）

「大都市の動脈・阪神高速道路」（絵葉書。1964〜65年頃）

事にS字橋を完成させたことに対して、技術陣の「技術者魂」を発揮したものと自己評価を行った。道路とビルディング街が織りなす近代的な都市美観は、観光客向けに販売された大阪の名所絵葉書の画題にもなった。

立体道路の先駆け

大阪東大阪線は、環状線を東西に短絡するとともに東大阪と大阪の都心とを連絡する。計画された路線のうち、西横堀から法円坂までの1・6㎞が万国博関連道路に認定された。そのなかで船場地区1・2㎞の区間をいかに貫通させるのか、事業手法が検討課題となった。

先行して立案された復興都市計画にあっては、都心を東西に貫通する広幅員の幹線道路「築港深江線」が位置づけられていた。当初は幅員100mでの建設が検討されていたが、1950年（昭和25）の計画変更によって幅員80mで整備するものとされた。すでに船場地区以外は区画整理事業などにより道路整備が進捗していた。

しかし老舗の商店や卸問屋が多く集積していた船場地区では、終戦の直後から多くの事業者が焼け跡に仮建築を建設し、営業を行っていた。道路予定地ではあったが建物が密集、広幅員の道路で地域が分断されることへの懸念もあり、道路事業を進捗させる見通しは立っていなかった。

1963年、中馬大阪市長は築港深江線を市政における最重点事業とし、都市計画道路にあわせて市営地下鉄中央線の整備を進める方針を示した。さらには阪神高速道路の基本計画が指示されたことを受けて、新たな高速道路を都市計画道路に平行して通すことが求められた。

同年11月、地元商業者は「大阪都市計画築港深江線請願書に対する要望書」をとりまとめ、現地に再開発ビルを建設して当地にとどまって業務を継続したい旨を要請する。大阪市は近傍の小学校跡地に代替ビルを用意して、立ち退き予定者を受け入れる案を提示した。しかしわずか１・２㎞の区間で３６０億円にもなる莫大な事業費が問題とされた。秋田県や宮崎県など地方１県で計画立案された道路事業を一気に完成させることが可能となる額である。政府からは、工夫をはかるようにとする指導があったという。

翌１９６４年、道路を高架とし、その下にビルを建設して地権者を受け入れる案が検討されることになった。行政は６案を提示する計画書をまとめたが、建設大臣であった河野一郎は各界からの意見を求めることが必要だと考えた。個人的な諮問機関としての有識者会議を設置、関西財界の関係者や建築家が私案を持ち寄って検討することとなった。

有識者会議では、街区をそのままに道路を地下化する案、ビルを建設して高速道路を貫通させる案などが示された。たとえば新日本技術コンサルタントは、長大な斜張橋を連続して建設する独自の案を提示した。橋梁を支えるべく高さ20ｍのタワーを４棟建設、それを地下４階、地上20階建てのビルとすることで、移転に求められる床を確保する提案であった。また、建築家の東畑謙三（とうはたけんぞう）は、３階建てのビルの屋上に高架道路を通すのが経済的であると主張したという。

１９６４年５月、高層ビル案、中層ビル案、トンネル案、平面街路案からなる答申がまとめられ

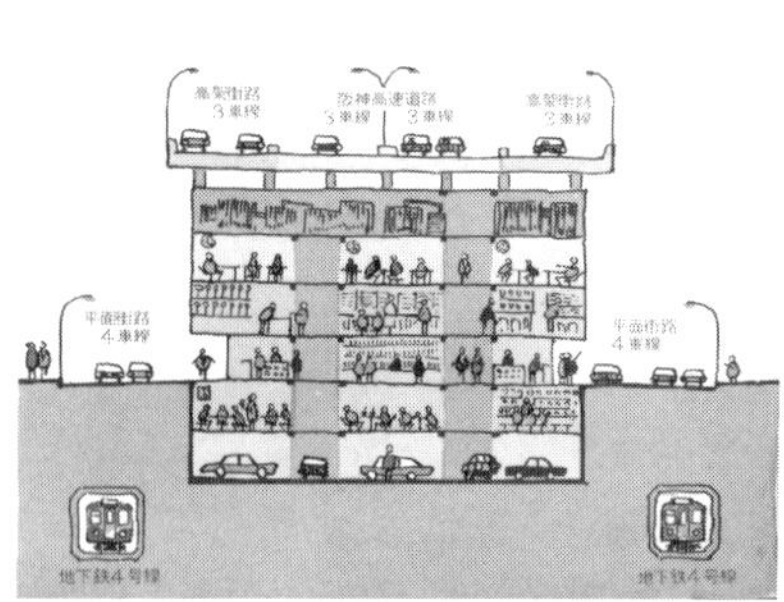

築港深江線・船場ビルの断面イラスト（『築港深江線　船場ビル』大阪市・阪神高速道路公団・株式会社大阪市開発公社、1967年）

大阪東大阪線の船場付近の大工事（『阪神高速道路公団年報　昭和43年度版』阪神高速道路公団渉外広報室、1970年）

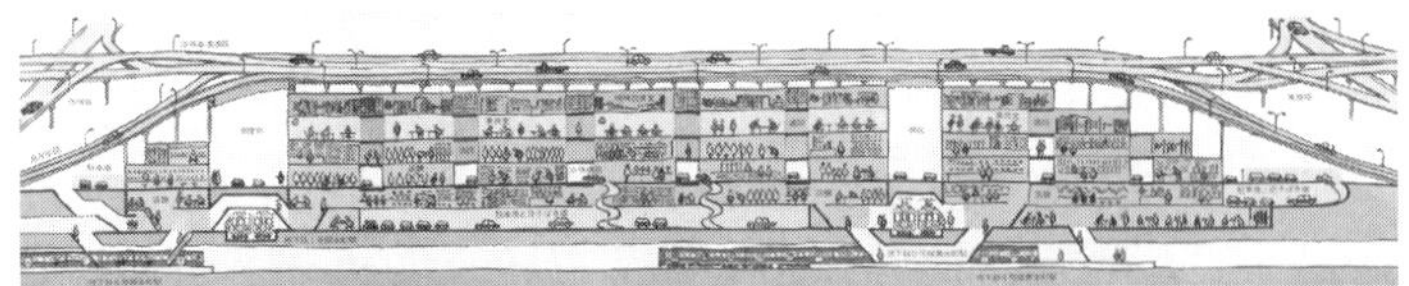

築港深江線・船場ビルの断面イラスト（同左上）

る。検討のうえ、中層ビル案が採択される。平面道路の上に東西に複数の4層程度のビルを建設、卸売業者や小売業者などの権利者を収容するとともに、その屋上に高速道路を整備する方法をとることが決定する。ビルの床の権利を売却することで、道路事業費の節減をはかることも企図された。

船場ビル（のちに船場センタービルに改称）の建屋は、当初7棟を想定して計画されたが、1965年段階で10棟に変更された。地元との協議を経て、1967年8月に工事が始まる。幅員80mの都市計画道路の中央部分、幅42mを、地下2階、地上2〜4階のビルが占める。ビルの南北両側に各4車線の平面街路、屋上に約42m幅員となる12車線の高架道路を整備、そのうち片側3車線、合計6車線を阪神高速道路が占有するかたちである。

ビルの地下には駐車場と荷捌き場を配置、さらには平面街路の地下部分に、大阪市営地下鉄中央線が走る。高速道路の建設事業、市街地改造事業と地下鉄建設工事の3つの工事が同時進行する。例を見ない大規模な市街地改造事業であるが、1970年3月、大阪万博の開幕に間に合わせるかたちで事業は竣成をみる。

船場地区を横断する高速道路も3月8日に供用されている。最終的な総事業費は、用地買収費302億円、工事費238億円、全体で540億円にのぼった。ただし事業主体別の内訳では、高速道路事業は121億円に限定されていた。

船場地区の再開発は、土地の高度立体利用をはかる画期的な事業と評価された。その手法は阪神高速道路公団にあっても、梅田出路や湊町出路、泉大津PAなど、各地で実践される立体道路制度による事業に引き継がれることになる。

地域環境への配慮

大気汚染や騒音公害が社会問題となるなかで、環境問題への配慮が高速道路を整備する際にも求められた。

たとえば環状線となる大阪1号線の建設では、天王寺動物園の西側を高架道路が建設されることから、道路照明が動物たちに与える影響が問題になった。1956年(昭和31)に通天閣が完成した際、ネオンや照明によって、光に敏感なゴリラなどの類人猿が下痢を起こしたり、アシカが3キロ痩せるなど、多くの動物が神経系統の病気にかかったという先例があった。高速道路照明でも同様な事態が発生する危惧がある旨、天王寺動物園側から阪神高速道路公団に申し入れがあった。

これを受けて公団では、動物園の飼育担当者と動物の生態と照度の関係について調査、影響が強いと思われる天王寺出口の水銀灯の位置を移動し、なおかつ遮光用ルーバー(照明調整器具)を設置することとし、あわせて本線上の道路灯にも遮光板を取り付けることとなった。

いっぽう大阪守口線では、沿道の住宅地における騒音問題への対応が求められた。計画路線のうち、環状線と接続する中之島から旭区中宮までの5・2kmについては、1968年5月に開通をみた。しかし終点とされた守口市大日町(だいにちちょう)まで、残り5・6km区間については、周辺住民との交渉が長引き、万博の開幕に間に合わせることができなかった。

地元への説明にあって、公団は、騒音軽減のために大阪工業大学前などの区間で橋脚を高くして路面を高い位置に設置するとともに、遮音性能を有する高さ１ｍのプラスチック板の防音塀を側壁上に設置することを提案した。また住宅の防音工事に対する助成や日照補償などの条件も示される。大阪市は道路下の水路を埋め立てて緑陰道路にする計画案を提示、ようやく合意に達することができた。

プラスチック板による遮音は、日本の高速道路では前例のない試みであった。公団は、鉄道との交差箇所などに設けていた落下物防止用の壁を参考にして、新たに設計を行った。万国博の閉幕後、地元との合意を経てすぐさま工事に着手、１９７１年10月４日に大阪守口線は全面供用されている。

第5章

都市基盤の拡充 2——鉄道、航空

1 「大阪環状電車線」構想

戦前にもあった大阪環状鉄道の建設構想

戦後復興期から高度経済成長期にかけて、大阪における鉄道網は順次、拡充された。そのなかには戦前から検討されていたが実現していなかった路線も含まれる。一例が、国鉄による大阪環状線の建設である。

1933年（昭和8）の大阪都市計画委員会にあって、市街地の外縁にある主要なターミナルを環状に連絡する新たな鉄道の早期建設を切望する旨の建議がなされた。大阪駅と天王寺駅とを市街地の東側で結ぶ城東線、大阪駅から安治川右岸を西に桜島方面に延びる西成線、さらに市街地の南を走る関西線、今宮駅から大阪港に至る大阪臨港線などを繋ぎ、ループ線とする構想である。

鶴橋で大軌線、京橋で片町線や京阪線と連絡する城東線の混雑が際立っていたことから、大阪駅と天王寺駅を結ぶバイパスとなる西回りの新線の建設が求められた。いっぽう貨物線として建設された西成線では、港湾や工場労働者の増加に応じて旅客の輸送力を強化する必要性が生じていた。鉄道省による大阪―桜島間の電化計画を報じる記事では、「大阪環状電車の一部と見なされるもので工藝都市大阪の工場通勤者の福音となる」と書いている（『大大阪』1933年1月号）。

１９３６年12月にまとめられた『大阪地方交通統制に関する報告書』（都市交通審議会委員で、大阪電鉄連合会顧問の大蔵公望による）でも、市域と郊外の直通輸送を円滑にするため、大阪臨港線の整備、関西線の天王寺から湊町の区間の電化、西成線の改良など、環状線関連事業の推進が提唱されている。

西成線と関西線とを結ぶ新線の建設が、環状鉄道の具体化には不可欠であったが、大小の船舶の往来が頻繁であった安治川筋をいかに横断するのかが最大の課題になった。船の運航を妨げることになることから、鉄道橋の建設を想定することはできなかった。そのため川底を隧道で抜くことが検討された。しかしトンネルに入る部分での道路整備に影響をおよぼすこと、軟弱地盤であり技術的な問題が生じると想定されたこと、また人家が密集している地区の用地買収も困難であったことなどから、事業は進展をみなかった。

安治川の内港化と安治川橋梁の具体化

戦後、大阪環状線が、再度、議論の俎上に載る。大阪港の復興計画に、港湾地区の区画整理と安治川筋の改良が位置づけられたことによって、安治川を横断する新線を建設する目処がたったのだ。大阪港にあっては地盤沈下の対策が優先課題であった。そこで大阪市は八幡屋一帯の表土を掘削、あわせて安治川の大規模な浚渫を実施することとした。掘り出された土砂や川砂を利用して臨港地区一帯を盛土するとともに、川幅を広げた部分を内港化、広大な泊地とともに、弁天埠頭や安治川

工事中の安治川内港全景（『大阪港安治川内港'65　安治川内港完成記念』大阪市港湾局、1965年）

突堤などに複数の岸壁が整備された。

安治川内港の整備によって、大型船が上流まで遡上する必要性がなくなった。結果、海運事業者による鉄道橋建設に対する反対はないと思われた。ここにあって、環状線建設の機運が盛り上がる。大阪環状線の開業記念に日本国有鉄道関西支社が発行したパンフレット『大阪環状線』に、着工までの経緯が記されている。それによれば1952年（昭和27）2月、大阪港振興協会が建設促進をうたい、翌月には交通対策委員会が設置された。まず港湾の関係者から、具体化に向けた要望があったというわけだ。

翌1953年8月には大阪環状線建設促進委員会が結成される。1955年6月、大阪市長から国鉄に申し入れがあり、弁天町近傍で大阪市が進める区画整理事業に応じて、新線を敷設する用地を大阪市が提供することとなった。

これを受けて同年12月、国鉄は環状線の新設を決定する。先のパンフレットには、大阪市と国鉄との間で合意された4項目が記載されている。すなわち西九条と天王寺間の工事費総額25億円余を大阪市が利用債として引き受けること、環状線新設に必要な用地として大阪市の区画整理地内2万3000㎡を無償で国鉄に提供すること、安治川橋梁は桁下7・8m、平均高水位から6mとすること、新駅の設置は国鉄が決定するという4条件である。

安治川橋梁の設計に際しては、船舶の航行を阻害しないように川面には橋脚を造らないことが前提となった。川幅80mの安治川を無柱とするため支柱間120mという当時としては長大な鉄橋の設計が求められた。構造と工法を検討の結果、軟弱な地盤であること、また市街地に架設される橋梁であることなどを配慮、重心が低く、外観も優美であるランガーガーダー型式が採用された。

完成までの苦心

1956年（昭和31）3月20日、港区市岡中学校で起工式が行われ、市岡元町と安治川間の工区の地質調査が着手された。西成線、城東線、関西線および大阪臨港線を、延長約2・5㎞の新線で連絡することで1周21・7㎞となる環状鉄道とする。当初は、1960年3月に完成させる計画であった。

新たな鉄道の建設と並行して、大阪駅0番線の増築、大阪・福島間の複線化、大阪臨港線の複線

市電市岡架道橋の工事現場（『大阪環状線』）

化、弁天町・大正・芦原橋・新今宮の４駅を新設、森ノ宮に電車庫を建設、弁天町に変電所を新たに設置するなど、関連する諸工事が実施された。

　しかし具体案が提示されたのちに、海運業者、倉庫業者、上流に位置する中央卸売市場などから設計変更を求める声があがる。これを受けて橋梁桁下12・25ｍを確保することになった。結果、西九条駅の全面的な高架化とともに、追加で用地買収を行う必要性が生じ、工費がかさむことになった。

　また時期を同じくして、鉄道高架に関する国の政策が進展したことが、事業の推進を後押ししたことも指摘しておきたい。１９５６年、建設省と国鉄との間で「道路と鉄道との交差に関する建設省・日本国有鉄道協定」が締結された。これを受けて大阪でも、個々に踏切を立体化する事業を推進、環状線を構成する西成線のうち、大阪―西九条間２・８㎞の高架化に着手した。

この流れにあって、当初、環状線整備後に着手する予定であった西成線の高架事業も環状線の工事の一部として実施することに変更がなされた。増加した工事費のうち、３分の１を大阪市が負担、残りも利用債として市が引き受けるかたちで決着した。

１９６１年には「踏切道改良促進法」が制定される。昭和30年代から昭和40年代前半にかけて、大阪では、大阪環状線11カ所、国鉄関西線11カ所、国鉄片町線１カ所のほか、京阪本線７カ所、阪神本線６カ所、阪急神戸線・宝塚線１カ所の合計37の踏切が除去されている。

前出『大阪環状線』には、用地買収や工事の苦労談も掲載されている。最大の課題は軟弱な地盤の対策であった。大阪の地盤沈下は西北部において特にひどく、港区では１９３５〜44年にかけて80㎝から１ｍも沈降を記録していた。

新線の敷設にあたって基礎工事の工夫が求められた。弁天町付近では地盤沈下に備えて、コンクリート製の井筒を地下25〜35ｍの固い地盤まで沈め、そのうえに橋脚を据える工法が採用された。単線の大阪臨港線を複線化する市岡―今宮間の区間では、既存の高架橋が最大１６０㎝も沈下していたが、増設部分を一体の構造とした。

大阪環状線の開業

１９６１年（昭和36）４月３日、「大阪環状線」が開業を果たす。もっとも西九条駅の高架工事が未完成であったため、当初は桜島駅―大阪駅―京橋駅―天王寺駅―西九条駅の区間で往復運転を行

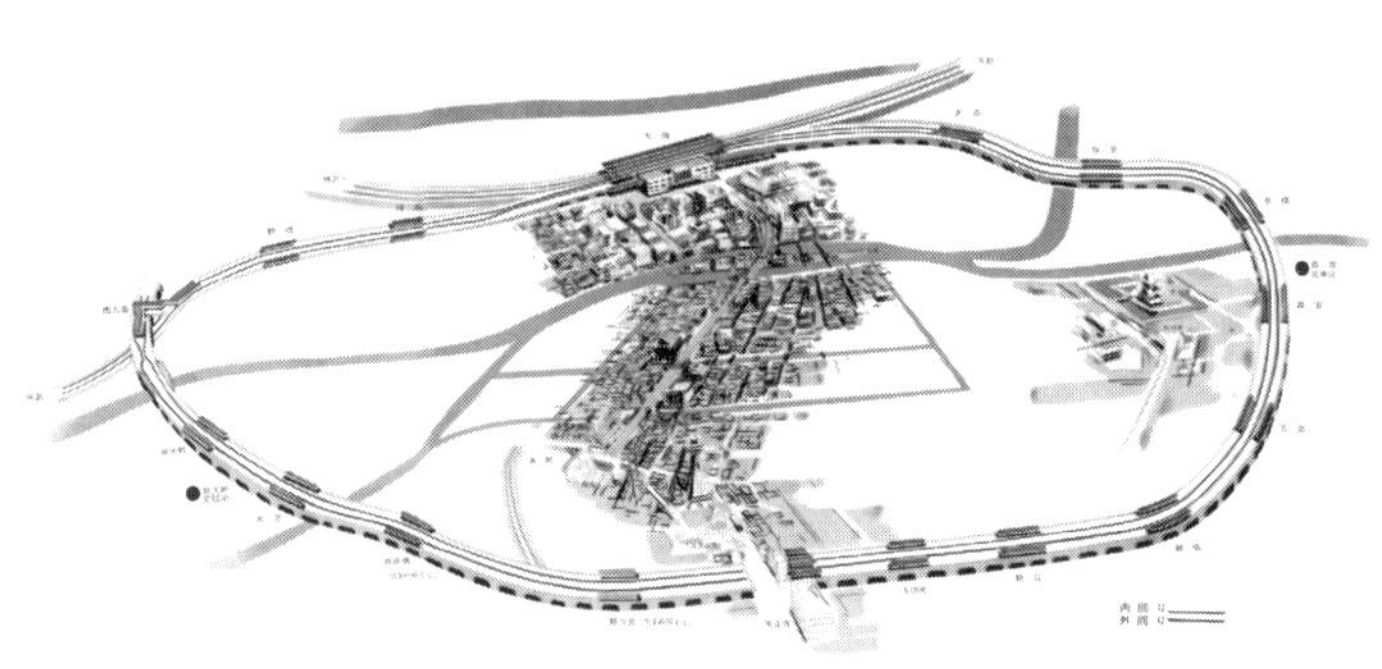

大阪環状線のパース（『大阪環状線』）

っていた。大阪駅から内回りで大正から天王寺に向かう場合には、西九条駅で乗り換えるかたちとなった。１９６４年3月22日、西九条駅の高架化が完成、旧西成線と新線のレールが繋がったことで環状運転が開始された。

前出『大阪環状線』には、「30年来の〝夢〟実現」と題して大阪環状線全線のイメージ図を載せる。そこには開業の「効果」として、「市内の北部と南東部に偏在していた交通の便益を市全域に及ぼすことができ　〝港地帯〟の発展が期待できます　これまで城東線にかたよっていた旅客が西成線にうつり　城東線の混雑が緩和されます　市電やバスで港区方面へ行くのに大阪駅から25分　天王寺駅からは50分もかかったが　ほぼ10分で行けるようになり　通勤時間が短縮されます」と書いている。

また冊子の表紙には、事業のなかで象徴的な存在であった安治川橋梁の空撮写真が選定されている。北から南方向を見晴らしたもので、右上に遠く、区画整理が行われた弁天町駅近傍の様子、また拡幅工事が進む築港深江線にあって、環状線を跨ぐ大阪市営高速鉄道4号線（中央線）の高架線の橋脚なども見て

開業記念に配布された『大阪環状線』の表紙

とることができる。左上に冊子のタイトルに添えて、赤と青の矢印を二重に同心円状に描く。内回りと外回りで大阪市街地を環状に走る路線をデザインしたものだ。

大阪環状線の開通を記念して、弁天町駅の高架下に「交通科学博物館」が整備された。当初は東京神田須田町にある交通博物館の分館と位置づけられたが、最終的に現代・未来の交通に関する展示を中心とした新たなミュージアムとして開設することとなった。当初、「交通科学館」の名称で１９６１年10月14日の鉄道記念日（現・鉄道の日）の開館が想定されたが、第二室戸台風の影響もあり、１９６２年１月21日にオープンしている。

2 新大阪駅と副都心構想

「弾丸列車」構想

前節で紹介した大阪環状線と同様に、戦前に計画された事業が戦後に具体化したケースがある。東海道新幹線などもその好例であろう。

昭和初期、朝鮮半島への貨客需要が急増した。当時、鉄道を利用して朝鮮や中国に移動する場合には、東京や大阪から下関駅を経由、関釜（かんぷ）連絡船で釜山（プサン）に渡り、朝鮮総督府鉄道（鮮鉄）と南満州鉄道（満鉄）を利用するルートが一般的であった。１９３７年（昭和12）、日中戦争が勃発する。軍事面からも、大陸への輸送力強化が喫緊の課題となった。そこで東京と下関とを結び、さらに海底トンネルで大陸とを繋ぐ「弾丸列車」の計画が立案された。

１９３８年、鉄道省は「鉄道幹線調査分科会」を設けて、具体的な方策に関する調査研究を実施する。さらに翌年、勅令をもって「鉄道幹線調査会」を設立、同年11月には、早期に別線の高規格鉄道を東京・下関に敷設することが必要であるとする結論が導き出された。

検討の段階では既存の幹線と同様に、狭軌の鉄道を敷設する案が有力であった。しかし下関から釜山に車両を航送、大陸の路線も運行することから、鮮鉄や満鉄と同じ標準軌（広軌）が採用されることになった。

１９４０年9月、鉄道省が「東京・下関間新幹線建設基準」を制定、帝国議会で「広軌幹線鉄道計画」が承認された。１９５４年までの15年間を工期、総予算5億５６００万円を投資して、新たな幹線を建設することになった。また将来的には東松浦半島から海底トンネルを掘削、壱岐（いき）・対馬（つしま）を経て大陸に直結、東京から満州国の首都であった新京（現・長春）や中華民国の北京までを直通列車で結ぼうとする構想であった。

最高速度は蒸気機関車牽引区間で時速１５０km、電化区間で時速２００km、旅客列車は東京―大阪間を4時間30分、東京―下関間を9時間で結ぶものと設定された。そのため可能な限り直線的な線形とし、かつ主要な道路とは立体交差とすることが想定された。東京から下関のあいだに18駅を設け、東京―静岡間と名古屋―姫路間は電化するものとした。将来的には、東京、名古屋、大阪、広島、下関の5駅だけに停車する速達列車のアイデアもあったようだ。

鉄道省は「広軌幹線」と新しい幹線鉄道事業を総称したが、弾丸のように速いという意味合いから新聞などは「弾丸列車」と報じた。戦時下にあって用地買収が進められ、１９４１年には東山トンネル、さらに新丹那（しんたんな）トンネル、日本坂トンネルなど一部の工区で工事が始まる。しかし太平洋戦争の激化によって、１９４４年に計画そのものが中断され、終戦を迎える。

東海道新幹線

戦後、高度経済成長下にあって東海道本線の輸送力増強が求められるなか、「広軌幹線」の計画が復活する。日本国有鉄道（国鉄）は、高速走行が可能な標準軌による新線の建設を検討するべく、1957年（昭和32）8月、本社に「日本国有鉄道幹線調査会」を設置、翌年7月に運輸大臣に最終答申案を提出する。

大阪でも新たな幹線鉄道の建設に向けて機運を盛り上げ、また国鉄および政府の事業に対応する必要が生じた。大阪府知事を名誉会長、大阪商工会議所会頭を会長とする大阪経済連絡協議会は、1958年4月に「東海道新幹線特別委員会」を置いた。委員長には、協議会の交通委員長であった栗本順三が就任した。

国鉄からの答申案を基に計画が承認され、政府の予算も成立する。これを受けて1959年4月20日、新丹那トンネル熱海(あたみ)口で起工式が挙行された。ちょうど1964年の東京五輪開催に向けて招致運動を展開していた時期であり、オリンピックの開会式までに開業させることが目標に設定された。

起工式の際に関係者に配布された『東海道広軌新幹線着工』（1959年4月発行）と題する国鉄のパンフレットには、カラーのイラストで開業後の様子を描く。「旅客は近代的設備の完備した快適な列車で、東京、大阪間を3時間、貨物は戸口から戸口までの大型コンテナーサービスにより、5時間半で運ばれます」と紹介、また中央指令所と各列車が無線電話で連絡することができ、列車が

広軌新幹線のイメージ（『東海道広軌新幹線着工』1959年）

近づきすぎると車内信号装置から警報がでて、自動的にブレーキがかかる仕組みであることも、わかりやすく説明している。もっともこの冊子のイラスト画に登場する車両や高架橋のデザインは、実施案とは異なるものだ。

新大阪駅設置をめぐる議論

東海道新幹線の工事が始まるが、建設基準など詳細が定まっていない重要な案件が多くあった。大阪に設置する駅の位置や、周辺整備の手法も流動的であった。

大阪経済連絡協議会の「東海道新幹線特別委員会」は、三宅静太郎（大阪府土木部長）、高津俊久（大阪市計画局長）、田中直方（大阪商工会議所交通部会長）、村岡四郎（関西鉄道協会会長）からなる小委員会を設けて、急ぎ新幹線の駅位置に関する調査を始める。１９５８年（昭和33）９月、十河信二国鉄総裁が来阪、特別委員会に積極的な協力を要請したこともあり、委員会は複数の原案を示して慎重に検討を行った。

その際、弾丸列車計画が参考にされた。戦前に描かれたルートは、京都駅から大阪までの区間は淀川右岸を直線的に進み、鳥飼・井高野・江口・上新庄近傍から、東淀川駅北側に大阪駅とは異なる新駅を設置するというものであった。さらに西へ、三国・庄内・塚口を経由、六甲山をトンネルで貫通して下関方面に向かう。また豊新付近に貨物駅、鳥飼付近には貨車操車場、立花付近には客車操車場を新設することも計画に含まれていた。

小委員会では、大阪駅に併設する案、大阪駅の北側を占める梅田貨物駅構内に南北方向に新駅を設ける案、戦前の計画と同様に東淀川駅付近に新しい駅を設ける案、計3案が比較検討された。さらに梅田貨物駅構内については、高架・地上・地下の各方式が比較された。梅田では地元に新駅を誘致する運動が起こり、東淀川駅周辺では賛成派と反対派の住民が対立したという。

大阪駅や梅田貨物駅に併設する案は、すでに交通渋滞が著しい駅周辺の都市交通をさらに混乱させる結果となることが問題視された。とりわけ後者の場合には、Ｔ字に大阪駅と直交する頭端式ホームとなることから、将来的に山陽方面への延伸が難しいという問題があった。対して東淀川駅付近に新駅を設ける案は、千里ニュータウンの計画、大阪国際空港の整備、名神高速道路の建設などがあるなかで、国土幹線を大阪の北郊に集積させることの意義が評価された。

もっとも東淀川駅付近に新駅を開設する場合にも、東淀川駅北側２００ｍに新設する案、宮原操車場の移転案、宮原操車場東側の西中島に新設する案の３パターンが想定された。東淀川駅に接続させる案は、弾丸列車計画のルートを踏襲するものである。ただ約５５０戸の住居が密集しているため、用地買収が容易ではないと考えられた。宮原操車場を移転のうえ跡地を利用する案に対しては、操車場の代替用地の確保が難しいことが課題となった。

１９５９年９月になって、大阪経済連絡協議会は宮原操車場東側に新たな駅を建設することが適当であると公式に発表する。これを受けて国鉄が新大阪駅の位置を正式に決定したのは、ようやく１９６０年１月のことである。

新駅の場所が定まったことで、大阪市は新大阪駅を中心とした周辺整備の立案に入ることになる。駅周辺を大都市機能のなかでどのように位置づけるのか、どのような公共施設を中心に据えるのかなど、まちづくりの範囲や整備手法が検討された。結果、新大阪駅周辺を「新しいタイプの副都心」と位置づけ、自動車交通の増加を見越して新御堂筋（しんみどうすじ）・歌島豊里線（うたじまとよさと）の幹線道路整備を重視すること、事業区域は密集市街地を避けつつ広域とすること、用地買収ではなく土地区画整理によって推進することとされた。農地と小規模の工場が集積していた新駅想定地の周辺を、駅を核とするビジネスセンターとする方針が確定された。

超特急お目見え

１９６０年（昭和35）４月、国鉄は新幹線総局を開設、１９６１年５月には世界銀行からの借款を成立させたことから、建設工事は全線にあって順調に進められた。

1963年3月に国鉄広報部が発行したパンフレット『東海道新幹線』では、新幹線建設の意義を説く。京浜─中京─京阪神などを結ぶ東海道本線沿線には、わが国の人口の4割、工業生産額の7割が集中している。国鉄の営業路線の3%を占めるだけだが、その輸送量は旅客、貨物ともに国鉄全体の4分の1を占め、1975年までに1958年時の2倍以上になると予測される。新たな東京と神戸を結ぶ高速道路の計画もあるが、鉄道から自動車輸送に移る旅客は限定的である。新たな幹線鉄道の整備が不可欠であるということを、データに基づいて主張している。

新大阪駅でも工事が進む。国鉄が1962年7月に発行した1962年度版のパンフレット『新幹線』は、試運転の様子を表紙に掲載、全国各所で進展している建設現場の様子を順に紹介する。新幹線駅周辺では、軟弱地盤を改良するべくコンクリート製の井筒を地中に打ち込んでいる状況を撮影した写真を載せる。また駅および駅前広場などの完成模型も紹介、「新大阪駅は鉄筋3階建、広軌電車は長さ430メートルという2本のマンモスホームから発着するが、駅舎には御堂筋から延びる高速道路や地下鉄が乗りいれる形となる。いまはまだ広い空地でしかないこの一帯は、やがて大阪の新しい玄関となろう」と書いている。

1964年に大阪府知事室総務課より発行された冊子『グラフ大阪　新大阪風土記　摂津編』に「超特急お目見え……」と題する記事がある。「大阪から東京まで五一五キロメートルを三時間で結ぶ、東海道新幹線はすでに99%が完成、いよいよ十月には『出発進行』合図が出る」と記載する。

『新幹線　1962年度版』の表紙

新大阪駅の完成模型（『新幹線　1962年度版』）

新大阪駅の工事現場（同上）

八分どおり完成した新大阪駅（『グラフ大阪　新大阪風土記　摂津編』1964年）

着工から5年の歳月と3800億円の巨費が投じられた。試運転で時速256㎞の世界記録を打ち立てた。この5月から大阪地区でも鳥飼―米原間での試運転が始まる。料金は現行の特急の1・5倍ぐらいと高額になることが予想された。ただ都市間を直結している利便性を考えると「スピードの女王」は十分利用価値があると国鉄が強気の主張をしていると紹介しつつ、「大阪で昼食をとり東京で夜の演劇を楽しめるのもあとわずかです」と期待を示す。「夢の超特急、弾丸列車とさわいだのは一昔。昭和三十九年十月には、時速二〇〇キロメートルのスリルが庶民のものとなる」と記事はまとめている。

同記事には「八分どおり完成した新大阪駅」と題して、新大阪近傍を撮影した航空写真も掲載されている。鉄道と駅の高架は姿を見せているが、新御堂筋は橋脚が並び始めた段階である。「土木建築の最新技術を集めたスマートな駅舎」の外観もほぼできあがり、あとは駅前広場の区画整理を待つばかりであると書いている。

１９６４年10月１日、東京オリンピックの開会式に先立って新幹線の運行が始まる。あわせて東海道本線、東海道新幹線の新大阪駅も営業を開始する。ただ当時、配布された駅の案内には、全部が完成するのは１９６５年末の予定としており、工事を進めながらの開業であったことがうかがえる。いっぽう大阪市営地下鉄御堂筋も新大阪駅までの延伸を間に合わせるが、用地買収の遅れもあって、木造の仮設部分を継ぎ足した暫定的なホームでの運用を余儀なくされた。いっぽう新御堂筋や周辺街区の整備は、１９７０年の大阪万博を目途に進められることになる。

3 地下鉄網の緊急整備計画

市電とトロリーバスの廃止

戦後復興の過程にあって、大阪市営の都市交通のあり方が見直された。１９４５年（昭和20）９月、大阪市は電気局を交通局に改称、市電を軸とした市内交通網の再整備を進める。１９５１年には路線の総延長１１１㎞、１日あたり98万人を数える。旅客数は戦前と同程度まで回復をみた。

１９５３年からは、路面電車よりも低コストで整備が可能なトロリーバスが導入された。大阪駅

堂島中町付近の交通マヒ（1960年４月22日撮影／『高速鉄道　第３号線　西梅田↔大国町開通記念』1965年）

前を起点に神崎橋を結ぶ1号線、同様に大阪駅前から森小路1丁目を経由して守口車庫までを結ぶ2号線、森小路1丁目から今里を経由して杭全町に至る3号線、新深江から阿倍野橋をつなぐ4号線、勝山通り3丁目と玉造を結ぶ8号線など、従前、市電が走っていなかった区間を中心に路線が整備される。

しかし１９６０年頃には自動車交通の増加に伴って、大阪市中心部の混雑が悪化する。いっぽうで中央線など地下鉄の新規開通もあり、並行する市電路線が廃止された。また１９６１年には、市電の代替として今里から玉船橋まで、長堀通を東西に走るトロリーバスの9号線が開通している。

この時期から交通渋滞によって利便性を失った市電ではなく、市バスを利用する人が増加する。『近代大阪の五十年』（大阪都市協会編集・発行、１９７６年）によると、１９６０年段階では市電の利用者が1日平均95万人であるのに対して、市バスは88万人を運んでいた。この時点にあっては双方の実績は均衡していたが、１９６５年になると市電利用者は53万人と半減、対して市バスの乗客は１１９万人と増加している。

市電事業は、巨額の赤字が問題となっていた。ワンマンカーの採用など合理化策を進めるが改善のめどは立たなかった。１９６６年３月、大阪市は交通事業基本計画において、市電を段階的に廃止して市バスで代替する方針を定める。同様に大阪市営トロリーバスも全廃されることになった。

その後、自動車の交通量がさらに増加したことから、路面交通の限界が顕著になった。ここに至って、市民の足となる役割を、市電や市バスから地下鉄に変更することが求められるようになった。

地下鉄網の緊急整備計画

大阪市営高速鉄道、いわゆる市営地下鉄は、１号線、いわゆる御堂筋(みどうすじ)線の建設が先行した。１９３３年（昭和８）５月に梅田と心斎橋の仮設駅までの営業運転が始まる。以後、１９３５年には難波、１９３８年に天王寺までの延伸が完成する。さらに１９４２年には大国町(だいこくちょう)で分岐して南下する３号線のうち、花園町までを結ぶ路線が開通した。１号線、３号線ともに、さらに南への延伸工事が進められたが、戦局の悪化を受けて、１９４３年に工事は中断する。終戦時の営業路線は、総延長８・８㎞にすぎなかった。

戦後復興期にあって、整備計画が改定された。１９５０年、御堂筋線の南への延伸工事が再開される。資材不足と建設費の高騰もあって具体化しない。西田辺までの区間が完工したのは、１９５２年10月のことであった。

このような状況のもと、１９５９年２月、５路線76kmにネットワークを拡張する「大阪市都市計画高速鉄道網」が定められた。ついで１９６３年３月に、さらに拡充をはかる「大阪市高速鉄道基本計画」がとりまとめられた。あわせて優先して着手する整備路線を記した「緊急整備五カ年計画」が示され、中央線、四つ橋線、谷町線、千日前線の順に着工することとなった。

地下鉄の建設工事が進捗した契機となったのが、１９７０年大阪万博である。１９６５年12月、大阪市は「より豊かな市民生活のために」というスローガンを掲げたマスタープラン「昭和65年の大阪」を策定する。この段階での路線図を見ると、神崎川（かんざきがわ）や浜寺、川辺までの延伸、放出（はなてん）への枝線などの計画線の記載もある。

ここに示された新規路線の多くが万国博関連事業と位置づけられた。さらに１９６６年には「緊急整備五カ年計画」の期間延長が決定され、万博までにすべてを開通させることが目標となる。堺筋線の工事も始まる。迅速に建設が進められた結果、１９６６年からわずかに４年のあいだに、44km分が完成をみた。新線の開通に応じて、利用者は急増する。１９５５年に日に平均40万人であった乗降客数は、１９６５年に１０２万人、１９７０年に１７８万人、１９７５年には約２００万人を数えている。

新しい工法の工夫

１９６０年（昭和35）７月には、御堂筋線の我孫子（あびこ）までの延伸が完成する。その後、１９６４年

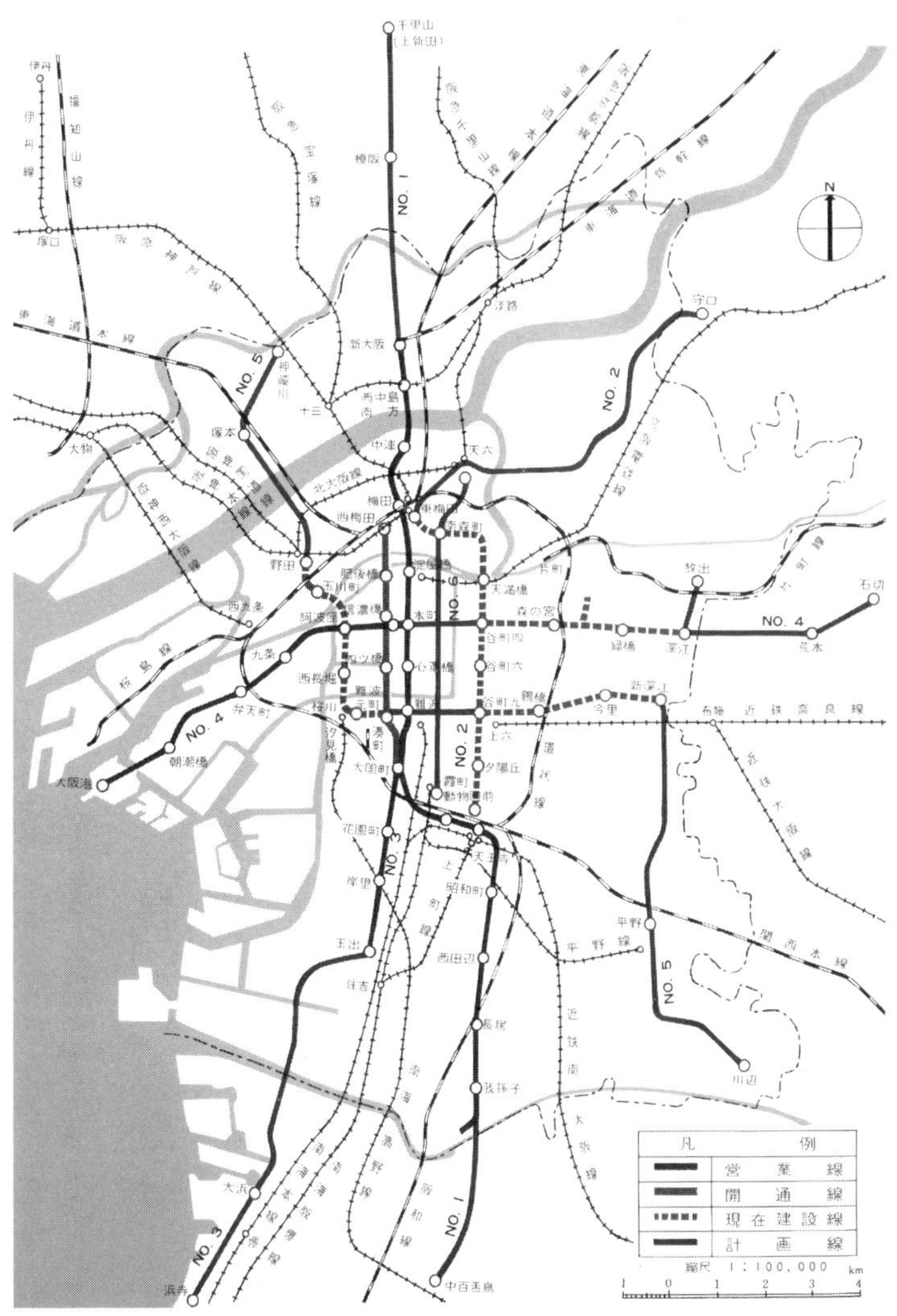

大阪市高速鉄道路線図（『高速鉄道　第３号線　西梅田↔大国町開通記念』1965年）

9月に梅田から新大阪までの北伸工事も完了する。1961年12月には、東西の幹線として計画された中央線の路線のうち、大阪港から弁天町までの区間が開通する。

さらに1965年10月には、3号線と位置づけられた四つ橋線の西梅田から大国町まで、4・9㎞の区間が開通する。課題となっていた御堂筋線の混雑を緩和する目的もあって、並行する四つ橋線の整備が優先的に進められたようだ。1963年5月の着工以来、2年半の工期、230億円の資金が投入された。

1967年から翌年にかけて東梅田と天王寺を結ぶ谷町線が全通、さらに1969年には深江橋から大阪港までを結ぶ中央線、堺筋線、および千日前線の一部区間が開通している。

堺筋線の開通記念に配布された大阪市交通局のパンフレットでは、完成予想図を示しつつ、堺筋本町駅付近を「都心部の新名所」と説明している。堺筋線と中央線がL字型に立体交差する駅であり、特に中央線は船場センタービルの地階部分を挟むように上下線のホームが建設、コンコースは地下商店街と直結する。「船場センタービルの完成時には、駅付近は地下鉄、ビル、道路を巧みに調和させた都心部の新しい名所として誕生する」と記載する。

千日前線桜川—谷町九開通記念のパンフレット（大阪市交通局発行）では、「地下鉄最大の難波駅誕生」とうたう難波駅の完成予想図を掲載する。地下街の階下にあって、四つ橋線の難波元町駅を難波駅に改称、南北に走る御堂筋線と四つ橋線、東西の千日前線と近鉄線が交差する。「ミナミの地下に大ターミナルが誕生する」と紹介している。

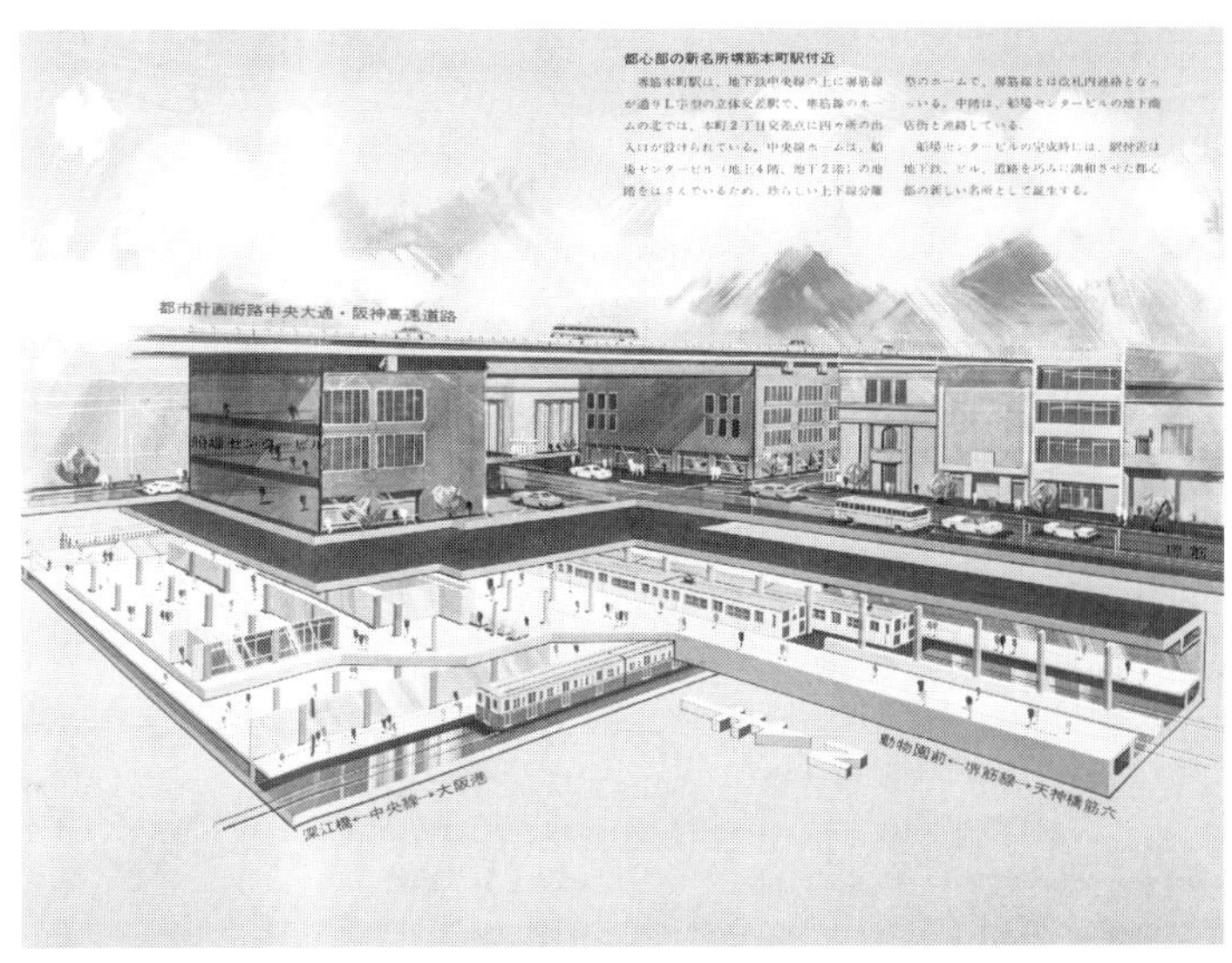

都心部の新名所、堺筋本町駅付近の完成予想図（『地下鉄堺筋線天神橋筋六↔動物園前　中央線本町↔谷町四開通記念』1969年）

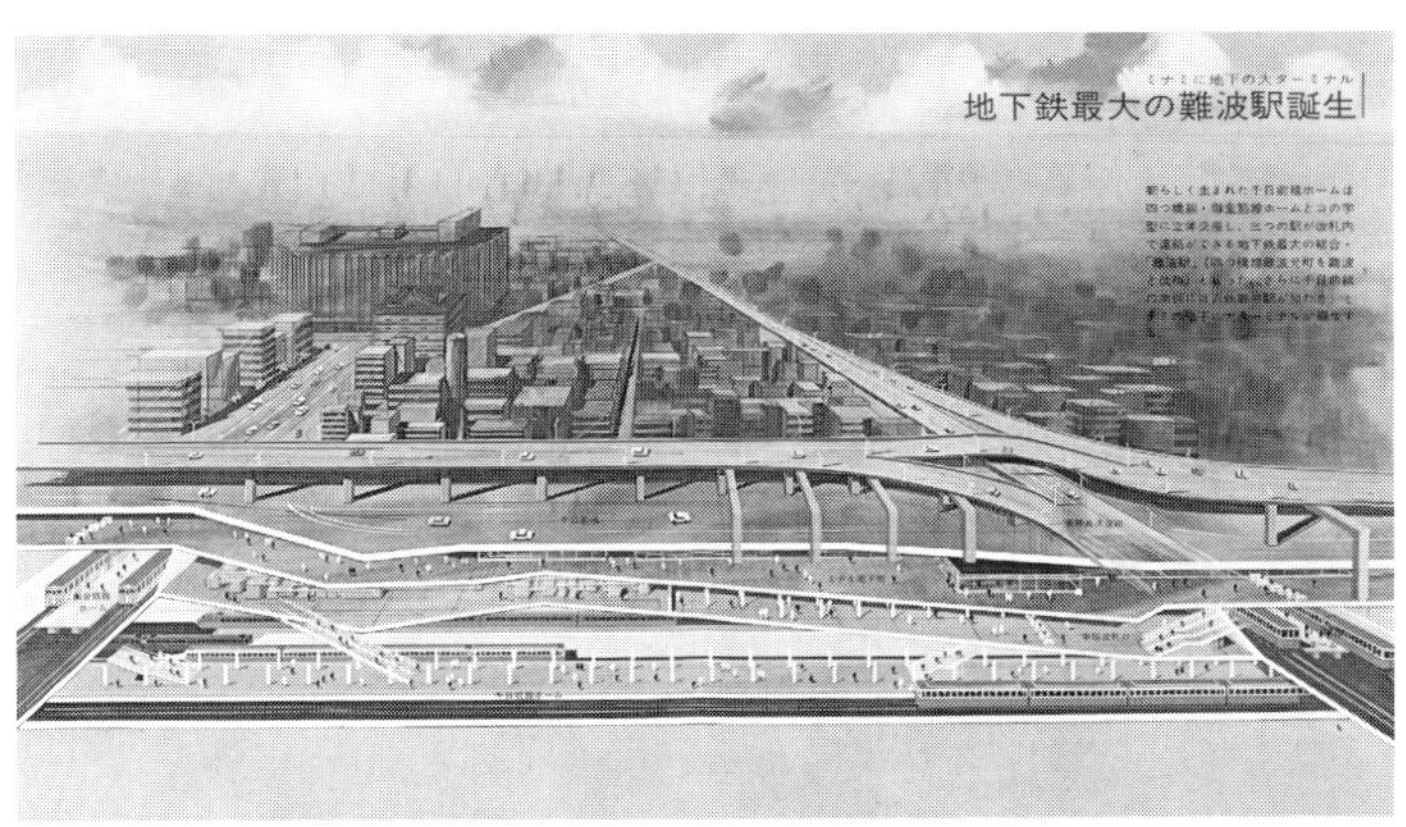

地下鉄最大の難波駅、完成予想図（『地下鉄千日前線　桜川↔谷町九開通　地下鉄網完成記念』1970年）

1970年2月には、御堂筋線の吹田(すいた)市江坂までの延伸工事が終了した。市営地下鉄としては、初めて市域外に鉄路を延ばしたかたちである。北大阪急行と連絡して、都心から万国博覧会の会場までを直結する路線である。さらに3月11日には、千日前線も予定通り全通している。ここにあって大阪市は、緊急に整備するべきとされた総延長64・2㎞の全路線を、大阪万博の開幕までに完工させた。

しかし巨額の建設費が、大阪市にとって負担となっていた。1㎞を整備するのに50億円以上が必要とされたが、その多くを企業債で賄っていた。手厚い国庫補助のある道路事業とは異なり、地下鉄は独立採算が建前となっていた。1962年に定められた国の助成制度では、建設費の10・5％に限定した利子補給があるにすぎなかった。そこで大阪市は道路整備と同等となる3分の2の支援を求めた。

ようやく1969年になって、大蔵・運輸・自治3省の大臣が覚書を交わし、1970年度の予算から、国と地方公共団体が2分の1を負担する新たな助成制度が導入された。

4 航空事業の復興と大阪空港の国際化

航空事業の復興

高度経済成長期の大阪にあって、国際空港の整備も重要な課題となっていた。

民間航空会社による定期航空路の運航にあたって、大阪では木津川尻（きづがわ）にあった「大阪飛行場」が利用された。しかし産業都市として発展するなかで、工場が集中する臨海部では煤煙による視界の制限が課題とされ、昭和初期から代替となる新空港の立地が模索された。

逓信省航空局が大阪府と兵庫県の府県境に用地を得て、新たに「大阪第二飛行場」を完成させたのは１９３９年（昭和14）１月のことだ。面積53万㎡、当初は６８０ｍと８３０ｍの２本の滑走路が整備された。その後、拡張を進め、終戦時には面積１８３万㎡、滑走路４本の規模となっていた。

１９４５年９月、日本を占領下に置いた連合国軍総司令部は各地の空港を接収する。あわせて、わが国の民間航空事業を全面的に禁止した。大阪第二飛行場も「伊丹エアベース」の名で、米国を中心とする連合国軍の管轄となる。基地周辺の歓楽街は「テキサス通り」の名で賑わった。

日本資本による民間航空の事業化が認可されたのは、１９５１年１月のことだ。これを受けるかたちで、政府主導による半官半民の航空事業者である「日本航空（旧）」が設立される。フィリピン航空からチャーターした「金星号」によるテストフライトを経て、1951年10月25日には羽田―伊丹―福岡（板付）を連絡するかたちで、「もく星号」による定期運航を開始する。

1952年の12月には極東航空と日本ヘリコプター輸送（全日空）が発足、さらに1953年には日本航空株式会社法で定められた特殊会社の方式によって、新たに「日本航空」が設立される。日航は、主に札幌―羽田―伊丹―福岡を結ぶ国内幹線を担い、全日空は主要都市間を連絡する20余のローカル路線を運航した。

戦後復興から高度経済成長期に移行するなかで、航空輸送の需要が高まる。ローカル線も年次を追うごとに路線数が増え、あわせて利用者も急増した。1957年度のデータでは、幹線では37万7780人の旅客を輸送、1952年度の実績の3倍を数えた。対してローカル線では、1957年度には18万8945人の輸送実績があり、1954年と比べて6倍余の伸びを示した。政府は空港整備法を制定し、地方空港の整備や拡張に力を入れる。

国際航空と「ジェット時代」

国際線はどうか。1953年（昭和28）11月、日本航空は東京―ホノルル―サンフランシスコ間の太平洋線の運航を開始する。日本の航空会社として、戦後初となる国際線である。翌年には米軍統治下の那覇空港と羽田を結ぶ路線を開く。その後、香港、バンコク、シンガポールなどにも就航、さらに南米やオーストラリアには臨時便を飛ばすまでになった。

当時、日本にあっては唯一の国際空港であった東京国際空港（羽田空港）には、日航のほか13カ国13社が乗り入れていた。米国方面ではサンフランシスコ便のほか、シアトル、バンクーバー、アンカレッジへの路線があった。アジアではソウル、香港、台北、マニラと連絡する航空機が離発着した。

1956年の統計では、東京国際空港における入国者が9万3748人、出国者は9万5933人を数えた。その内訳を見ると、全体の15％程度が日本航空の利用者であった。運輸省の冊子『目でみる運輸白書　運輸と国民生活　昭和32年度版』（1958年）の「国際航空」の項では「東京は東洋における国際航空の中心」と述べ、太平洋を横断する貨客の約80％が羽田空港を経由していると書いている。

国際航空の発展は、日本の復興と高度経済成長に欠かすことができない。『やさしい運輸白書　運輸と国民生活　昭和33年度版』（1959年）では、国際航空の使命について、「国際収支の改善のほか、国際間の政治、経済、文化の交流にきわめて重要な役割を果たすことは論をまたない」と述べる。

もっともこの時期、将来における国際航空に関して、状況が一変することが予測された。ジェット旅客機による民間航空輸送の発展が予見されるなか、来るべき「ジェット時代」への対応が求められたのだ。

米英2社が、ロンドンとニューヨークを結ぶ路線でジェット旅客機による定期運航を始めたのは

1958年10月のことだ。従来のプロペラ機と比べるとスピードは倍ほどに速く、かつ1機の乗客定員が100～150人の大型機が投入されたことから大量の送客が可能になった。

大西洋路線の成功を受けて、今後、世界各国を連絡する国際線に、大型のジェット機が投入されることが予測された。国際民間航空機関の統計によると、1957年における世界の航空輸送旅客数は8700万人を記録したが、ジェット機の導入によって3～4倍に急増することが見込まれた。日本航空も4機のDC8型を発注、1960年秋には最初の機材が到着することになっていた。前出『やさしい運輸白書　運輸と国民生活』では、「ジェット時代迫る」と強調している。

膨大な旅客をいかに円滑に、能率的に、かつ安全にさばくのかが課題となる。わが国にあってもジェット機の乗り入れに対応するべく、空港施設の拡充、ターミナルビルの増設、整備施設や給油施設の充実、乗員の養成、出入国手続きの簡素化などを促進することが求められた。

大型のジェット機の就航に備えて、東京国際空港の設備更新が進められる。3200m級、130tほどの重量に耐える頑丈な舗装の滑走路が新設されることになった。加えて駐機場の拡張、無線による誘導装置の導入など設備の近代化も進められた。

大阪空港の国際化

米軍に接収されていた伊丹エアベースの一部を民間エリアとして活用するかたちで、1951年(昭和26)から民間航空の定期運航が始まる。1958年3月18日、米軍から日本政府に空港施設が

返還直前の米軍伊丹空港基地（大阪国際空港50周年記念事業実行委員会編『翔　大阪国際空港50周年史』1990年）

全面返還された。

これを受けて「大阪空港」と名称を変更する。この段階における空港の面積は２２１万㎡、１３００ｍ、１８００ｍの２本の滑走路が運用されていた。さらに１９５９年７月には、航空交通管制業務も米軍から日本側に移管される。運輸省は「真の意味での空の自主権が日本に移される」と、その意義を広報した。

国際線の増便が見える状況下にあって、東京国際空港以外にも国際線が就航可能な空港を確保することが求められた。検討の対象となったのが、大阪である。

政府は４カ年の整備計画を立案、１９５９年には大阪空港を空港整備法上の「第一種空港」（国際航空路線に必要と定められた国際民間空港）に指定する。国際線の離発

大阪国際空港の案内パンフレット『大阪国際空港』

新名所とされ、観光客に販売された大阪国際空港の絵葉書

着が可能となったことから、呼称も「大阪国際空港」と改められた。国際線の１番機は、１９６０年４月に香港から飛来したキャセイパシフィック航空であった。

１９７０年、万国博覧会の大阪開催が決定したことを受けて、大阪国際空港の拡張が課題となった。大阪府、兵庫県、大阪市、神戸市、大阪商工会議所、神戸商工会議ターミナルビルを中核とする施設整備の主体として、官民が共同出資するかたちで関西国際ビルディング株式会社が設立される。空港用地を２２３万㎡から３１７㎡に拡張、ジェット機の就航に対応する３０００ｍ級のＢ滑走路を増設するとともに、外国貨物ビル、旅客ターミナルビルなどを建設する構想が立てられた。

一連の事業は、万博の関連事業に採択された。安井建築設計事務所の設計になる新しいターミナルビルが、藤田組の施工によって竣工、１９６９年２月から供用が始まる。地上45ｍの高さにそびえたつガラス張り、八角形平面の管制塔がランドマークとなった。空港機能に加えて、ショッピングストリートを設けて飲食店や物販施設を複合、世界の空港でも例のないギャラリーも設置された。当時のパンフレット『大阪国際空港』（関西国際空港ビルディング株式会社発行）は、「その機能と美観は東洋一と称され、世界でも有数のビルとして生まれかわりました」と説明している。大阪国際空港は大阪の成長と国際化を象徴する名所となり、観光土産として販売される絵葉書の画題にもなった。

第6章

万博の大阪

1 構想と初期計画

１９７０年大阪万博と都市づくり

１９７０年（昭和45）３月15日から９月13日までを会期として、日本万国博覧会（１９７０年大阪万博）が開催された。国際博覧会条約に基づく第一種一般博覧会（特定分野に偏らず一般的なテーマで開催される一般博覧会は、参加国が自国の陳列館を建設する義務をもつか否かで第一種と第二種に分けられた）である。千里（せんり）丘陵を切り拓いて整備された会場は総面積約３３０万㎡、６４２１万８７７０人の入場者を数える空前の規模となった。

本書で設定した課題に関係づけると、１９７０年大阪万博は、大阪における戦後のまちづくりにあって極めて重要な位置を占める。万博は、わが国が戦後復興を果たし国際社会に復帰した象徴となる国家事業であった。大阪においても同様に、経済成長を果たし、国際都市としていっそうの発展をみる途上にあることを示す好機であった。

とりわけ大阪府の推薦によって、会場として整備された千里丘陵の位置が重要である。大阪独自の住宅開発を進めていた千里ニュータウンに隣接し、また府が計画していた中央環状線や名神高速道路など国家の幹線道路の結節点になる。大阪国際空港から千里中央や長田などの副都心を経て、堺臨海コンビナートに至る圏域の骨格となる軸線のうえにあった。

また万博に向けて、国費や公費による基盤整備が促進されたという意味合いも大きい。すでに述べてきたように、博覧会に間に合わせるべく、遅れていた幹線道路や鉄道網の整備が著しく進捗することになった。空港の国際化も実現した。１９７０年大阪万博は、戦後復興から高度経済成長期に示された構想を結実させるうえで、必要かつ十分な理由となったわけだ。

また１９７０年大阪万博は、会場にあって未来都市のモデルを示すことが想定されたことも注目されてよい。会場中央に南北に長さ約１㎞、東西に幅１５０ｍという巨大なシンボルゾーンを設定、お祭り広場、太陽の塔、テーマ館、エキスポタワーなど多くの人が交歓する施設群を軸線に沿って配置、「人類の進歩と調和」というテーマを表現した。ここから四方のゲートに向けて幹線となる軸線を想定、各曜日を名称とする広場とを「動く歩道」で連絡した。外国館や企業館などのパビリオン群の展示とあいまって、目に見えるかたちでサブテーマの展開が試みられた。

会場の空間構成によってテーマを表現する方法論は、19世紀に始まる万国博覧会の歴史上、新しい試みとして評価されるものだ。以下では、このような会場がデザインされた経緯について整理しておきたい。

アジア初の国際博覧会

アジアで初となる国際博覧会の日本誘致に向けた動きは、東京オリンピックが開催された１９６

4年（昭和39）に遡る。大阪府、大阪市のほか、東京、千葉、滋賀などが候補地として名乗りをあげる。最終的に千里丘陵を会場に選定、8月に「1970年の万博開催を積極的に推進する」ことが閣議決定された。

都市計画家の浅田孝は1964年に大阪府から『近畿万国博覧会構想に関する研究報告』の策定業務を受託、川添登らとともにマスタープランをまとめている。東京大学で丹下健三研究室を支えた時期もある浅田は、1960年、菊竹清訓、黒川紀章、栄久庵憲司、粟津潔、槇文彦、大高正人など、先鋭的な建築家やデザイナーとともに「メタボリズム」を結成するうえで中心的な役割を果たした人物でもある。

1965年、政府は国際博覧会条約を批准、博覧会国際事務局に対して「日本万国博覧会」の計画を申請する。これを受けて、大阪での開催が決定したことから、本格的な検討が始まる。

原案となったのが、先行して1965年11月に京都大学工学部西山夘三研究室に委嘱された「会場計画に関連する問題についての調査、研究」の報告である。建築、土木、造園、経済の各研究室が合同で「京都大学万国博調査グループ」を発足、わずか2カ月で『'70日本万国博覧会会場計画に関する基礎調査研究』と題する報告書をまとめた。

報告書にあって、「人類の進歩と調和」という万博のテーマをもとに、会場計画へと繋げる基本的な考え方について提案がなされている。そこではこの国際的なイベントの「中心思想」にかかわる解釈が示される。科学や技術の誤った適応は、人類そのものを破滅に導く可能性を含む。それを救う道は、文明の多様性を信じること、そして互いがその存在を確認し合うことにあると考えられた。西欧的な文明一元論の思想を排除し、互いの存在が矛盾し合い、文明が相異なるものであっても、相互に承認しつつ調和をはかろうとする文明多元論の考え方をとることにこそ、この国際的なイベントの「中心思想」があるものとした。

次にこの思想を会場計画に展開する基本的な考え方として、人類が対決するべき「矛盾」の呈示と、その理解のためになすべきことを示すという指針が記される。提言では「人間と人間との間の矛盾」「技術と人間との間の矛盾」「自然と人間との矛盾」の3つの矛盾を確認、博覧会場はそれらを解決するモデルを示すべきだという。

おのおのの矛盾に対応して3つの考え方が導かれる。第一には「科学、技術に限定されることなく、人類のあるところ、すべてに存在する人類の多様な智恵が広く交流しあえる場」であること、第二には「技術革新やマスコミュニケーションの発達した今日において人間疎外の状況が進行しつつある中で、新しい人間接触、新しい人間交歓としてのレクリエーションの形と場が創造されるもの」であること、第三に「国土の都市化と共に進行しつつある自然破壊、環境悪化に対し、未来の人々の生活に適合し、科学技術に裏打ちされた新しい国土像」を打ちたてるべく、「合理的で、かつ豊かな人々の将来のすまいと都市のモデル」を示すものとされた。

日本万国博覧会構想計画

この時期に作成された試案の事例として、京都大学工学部建築学教室の川崎清研究室が1966年（昭和41）に発表した構想案「JEXPO'70　日本万国博覧会構想計画　自然と文明へのアプローチ」（『新建築』1966年3月号）を紹介しておきたい。

本構想ではまず巻頭で、「今日、都市において、人間を蝕みつつある多くの現実は、文明のもつ繁栄と破壊の矛盾が、不調和に進歩していることを物語っている」という問題意識を示し、そのうえで基本計画には、文明論的アプローチ、近畿圏的構想的アプローチ、産業連関的アプローチなど多元的な条件の総合として示されるものとしつつも、この案では「自然と文明の和解」を主題として、「文明論」を主軸とした案を提示するものとしている。

構想は、すり鉢状に起伏のある会場の地形を生かしつつ、「地表計画」「空間網計画」「空間施設計画」の3層からなる。

「地表計画」では「自然の環元サイクルを加速する」と題して、広大な人工池を囲むように群生花園を配置、さらに立体的な生産農場を設けることとしている。

「空間網計画」では、「空間のコントロールシステム」と題して、交通系、設備系、情報系のネットワークについて構想を示す。

「空間施設計画」については「文明の展示方法」と題して説明する。この案では、立体フレームによる重層する人工土地を提案している。30度の角度に傾斜する巨大なX型のスペースフレームを連

京大川崎研究室による「地表計画」（『新建築』1966年３月号）

京大川崎研究室による「空間施設計画」のスペースフレーム模型（『新建築』1966年3月号）

続させ構造体とし、そのなかに斜行する「動く階段」を設ける。

文明センターの提案

川崎研究室による構想の特色として、「解体計画」という跡地利用の提案が用意されている点を指摘することができる。

会場は「未来都市のひとつのモデル」であるが、いっぽうで「構成や解体の自由」を獲得することも将来の都市構造体に固有の条件」となると考える。構想では、展示エリアを占める巨大なスペースフレームと立体駐車場は解体、万博会場の跡地は、主に人造湖、緑地、アミューズメント施設などからなる自然公園となると想定する。

いっぽうでインデックスゾーン、コントロールタワーなどの一部を残して「アジア的スケール」の「文明センター」に転用、恒久施設とすることも提言する。その背景にある考え方として、「自然と文明の和解」を考えることは、結局、「人間が文明と自然に適応する方法の提案」に思い至ることを強調する。そして、「文明センター」が担う具体的な機能を下記のように記す。

「ここでは産、学の別なく日本の全研究機関の情報中枢として研究資料センターとなると同時に、人口問題、食糧問題、地域経済問題、アジア問題など、政府とは違った研究機関による社会予告、文明予測のビジョンを打ちだす機関としたい」

その後、会場計画は大きく変更されることになるが、人工池を敷地内に設けるアイデアは継承される。また「インデックスフロア」はシンボルゾーンへと発展する。さらに跡地利用で提言された「文明センター」は、直接の関係性は推測するしかないが、のちに万博会場跡地に建設される国立民族学博物館を想起させるアイデアである。

会場基本計画第1次案

1970年大阪万博の会場計画を検討するべく、飯沼一省（いいぬまかずみ）を委員長、石原藤次郎と高山英華（えいか）を副委員長とし、15名の専門家からなる会場計画委員会が組織された。1965年（昭和40）12月27日に最初の会合を開催、京都大学の西山夘三と東京大学の丹下健三をチーフ・プランナーとして、原案をとりまとめる部会の設置が承認された。

部会では、前出『日本万国博覧会会場計画に関する基礎調査研究』をもとに、①人をひきつける魅力がある、②人々の動きが混乱しない、③跡地がうまく利用できる、④運営条件の変化に対応できる、⑤未来都市のコアのモデルとなる、という5項目を柱とする「三月案の考え方」と称する基本方針が確認された。なかでも「未来都市のコアのモデル」という発想が会場計画における重要な理念とされ、具体的には「15万人のお祭り広場―人間と文化の表現」「人工頭脳―科学の偉大な前進への表現」「環境─自然の正しいサイクル」という、3つの「シンボル空間」を置く方針が示された。
1966年4月6日、「三月案の考え方」をもとにイメージをかたちにする「日本万国博覧会会場基本計画第1次案」がまとめられる。全体が「未来への実験場」となるように構成すること、「未来都市のコア」を具体化すること、自由な創意による個々の空間造形を前提としつつテーマの精神が十分に生かされるように総合的に計画すること、展示スペースのほかに人々の憩いやリクリエーションのための空間や人々の人間的交歓の大デモンストレーションの場を計画することなどが基本事項として確認された。

会場基本計画第2次案

1966年（昭和41）5月23日、西山夘三、丹下健三と、11名のコア・スタッフ（磯崎新、佐々木綱、指宿真智雄、末石冨太郎、上田篤、曽根幸一、加藤邦雄、中村一、川上秀光、山田学、川崎清）の連名になる会場基本計画第2次案が発表される。第1次案を骨子としつつ、発展させた素案である。『新建築』1966年7月号に掲載された紹介記事から、その概要を説明しよう。

第2次案では、土地利用計画、土地粗造成計画に加えて、場内交通計画に重きが置かれた。会場に集中する膨大な人と車の流れをスムーズに、かつ的確に処理するべく、東側に大きく駐車場を確保、西側に展示館を集めつつ、中間領域に「シンボルゾーン」を置き、その中央に鉄道駅と駐車場からの動線が集中するメインゲートを設ける方針が示された。もっとも建築計画や造園計画はあく

「日本万国博覧会会場基本計画第２次案」のうち「全体計画図」（土地利用図＋建築想定計画図＋造園想定計画図。『新建築』1966年7月号）

までも想定であり、具体的にはさらなる検討が必要であるとされた。

第2次案では、建築計画ではなく、都市スケールの計画に問題意識が拡張された点が注目される。共有されるべき前提として、めざましい進歩を遂げている建築技術に対して、都市を計画し、コントロールする技術が遅れているという認識が示される。科学技術は素晴らしい発展をみせたが、「反面われわれの都市生活はいっこうに改善されないばかりかかえって悪化の方向をさえたどっている」と強調、将来の世界において問題になるのは「個々の建築」ではなく、むしろ、「それら総合としての都市の姿」ではないかと述べている。

このような問題を提起しつつ、万国博の会場は「各種の施設の容れ物」としてだけではなく、「それ自身が明日の建築の集団のあり方、未来都市の姿につながるひとつのきわめて重要な出品物として考えられなければならない」と結論づける。「未来都市のモデル」となる会場そのものを、万博の展示とみなそうとする考え方が提案された。

未来都市の実験場

では、どのような未来都市を目指すべきなのか。その姿は、さまざまな角度から検討することが可能だが、第2次案では、下記の3点が主要なポイントとして示された。

①都市に対して今後なおいっそう激化するであろう人、物、情報の集中と、そのアクティビティーの増大をいかにわれわれの生活にプラスするようにコントロールするかということ、ひと口にいえば、人、物、情報のマス処理の問題である。

②一方、マス社会の中にありながら、人間がそれぞれの主体性をいかに確保するかということ、マスとして処理しきれぬ個人の主体性確保の問題である。

③3番目に少し角度をかえて、都市の成長変化に対応するシステムを発見することの問題。

これらの課題に焦点をあてることになった背景には、万博会場に固有の課題があった。第一に、1日40万人の入場者をさばき、数万台の自動車が集中するという想定のもと、「マスの処理」の必要性は与件とされた。いっぽうで、すべての展示を見るには16日もの時間が必要であると計算されるなか、短い滞在時間の間に、各個人が主体的かつ選択的に行動し、本当に見たいものを見ることを可能とするシステムを追求することも求められる。加えて、国や企業など多様な参加者に由来する不確定要素があり、日によって来場者のばらつきが予想されることから、十分にフレキシビリティーのある会場計画とすることが必要とされた。

「都市化は、人類社会のひとつの進歩とみなしうることができるし、都市化にともなう諸問題の処理は、調和の思想につながる。われわれは都市化を否定することはできないし、またそれにともなうさまざまな弊害を手をこまねいて見ているわけにもゆかない。明日の都市を、偉大な科学技術の発展を背景としつつ、より人間的なものにすることは20世紀後半から21世紀にかけての人類社会の最大の課題のひとつといえる」

第2次案では、未来都市を「より人間的なものにすること」の必然性を、このように強調している。増大する人・物・情報の集中をいかに処理するのか、マス社会にありながら処理しきれない個人の主体性の確保、都市の成長変化に対応するシステムの発見という3項目は、会場計画にとどまらず未来都市において一般的な課題とみなされた。

未来都市のコア

もっとも未来都市のすべてを、限られた会場内で描き出すことはできない。第2次案においては、万博会場で示すことができる未来都市は、大量の人、物、情報が交錯する「コア」の部分に限られるという認識を示す。

会場計画にあって特に重視されたのが、交通計画である。第2次案では、自動車の種別ごと、行動ごとにルートを設定して会場に誘導すること、平面交差は避けること、事故防止のために対面交通ではなく一方通行を基本とすること、管理のうえから場外道路と場内道路を区分すること、といった方針が定められた。場内の移動については、電気バス、ソファベアー、スカイレールを主とし、そのほかホーバークラフト、バッテリーカーなど未来の実験車を併用することとした。実施案では、この原案のうち、ソファベアー、スカイレールなどの代替として、モノレールと動く歩道が主要な移動手段に採用されることになる。

第2次案にあって、のちに「シンボルゾーン」へと継承される「未来都市のコア」という理念が具体的に説明される。前提として、従来わが国では、「都市のコア」というイメージが貧弱であったという認識を示す。官庁街、ビジネス街、盛り場など、多くの人や物、情報が集中する政治・経済・社会の中枢となる場所はあるが、わが国では無計画に群立し、「都市あるいは人間社会の結合の統一したイメージを湧き起こさせるにはほど遠い」と述べる。そのうえで万博会場に描き出そうとする「都市のコア」は、「都市の複雑な諸機能をコントロールし、真に人間的な結合を可能ならしめ、かつ生成発展する都市の核」となるものと強調する。

具体的には、国土、地方、府県、市町村という段階を想定、国土幹線に添って連鎖する団子のような線形の都市群ではなく、果実のように房状に関係性を持つクラスター型の都市群が想定される。そのうえで国土幹線、都市間幹線といった交通動線から都市へのアプローチを想定するとき、市街地の周辺部に都市内交通との接続、変換、中継をはかりつつ、流通を前提とした各種産業が集積する流通コンビナートが必要だとみる。

「未来都市のコア」は、流通コンビナートと一般市街地とを分離しつつ、同時に両者を繫ぐ役割を

「日本万国博覧会会場基本計画第２次案」のうち、「スカイレール」（『新建築』1966年7月号）

「日本万国博覧会会場基本計画第２次案」のうち、「ソファベアー」（同上）

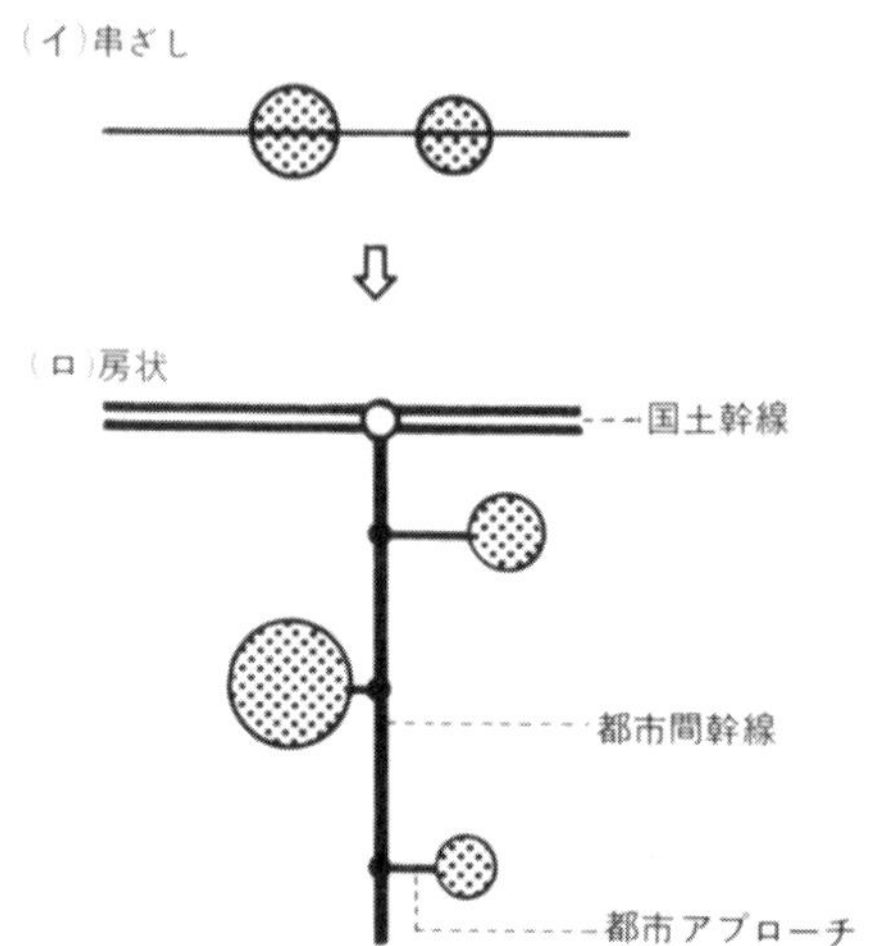

「日本万国博覧会会場基本計画第２次案」のうち、「都市と交通動線の関係」(『新建築』1966年7月号)

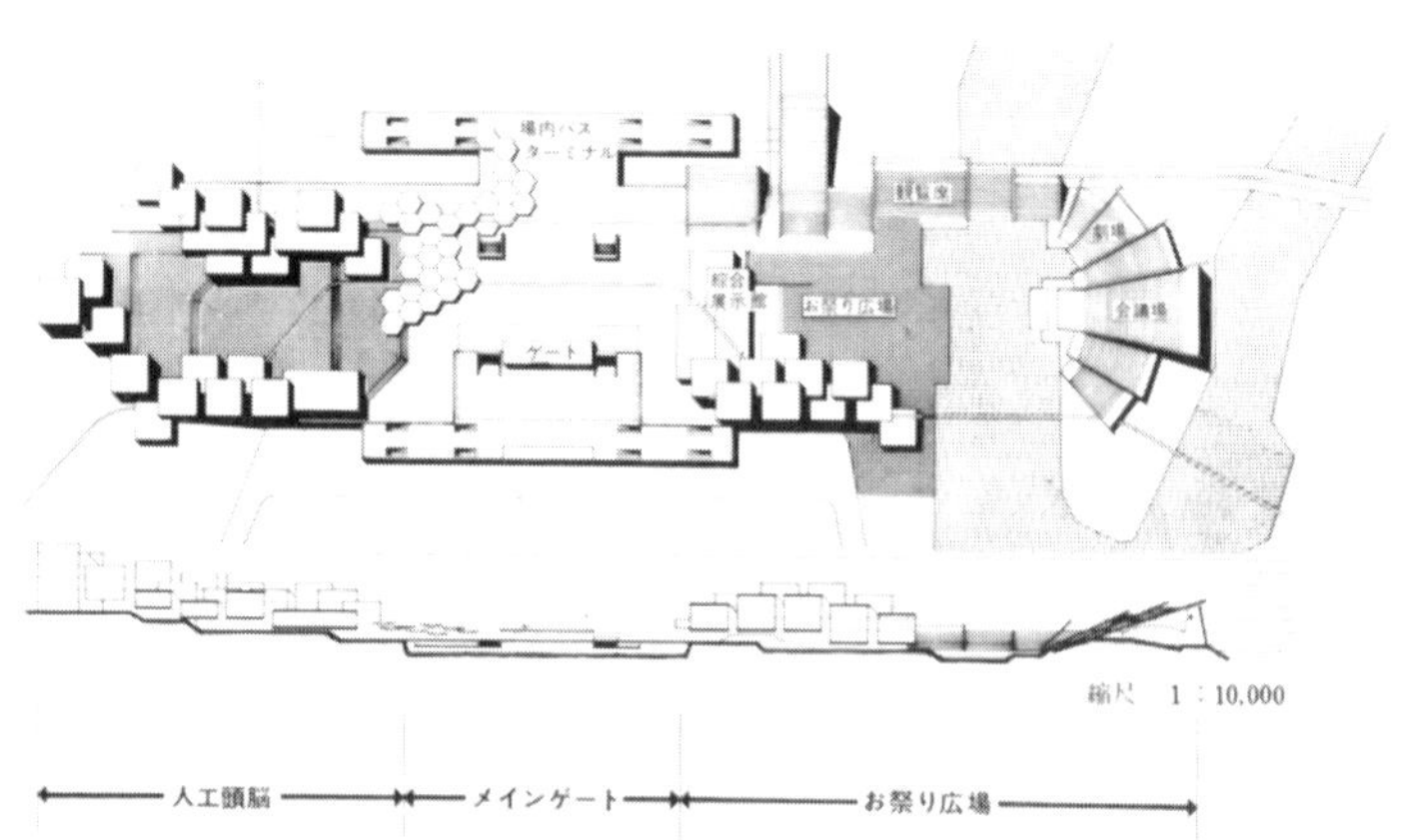

「日本万国博覧会会場基本計画第２次案」のうち、「シンボル空間想定計画図」(同上)

担うものと位置づけられた。この構成を万博会場に応用すると、流通コンビナートは駐車場に、市街地は展示ゾーンということになる。その中間領域にある「都市のコア」には、15万人のお祭り広場、メインゲート、人工頭脳、動水面という「４つのシンボル空間」が象徴的に配置されるものとされた。

交通をさばく役割をメインゲートが引き受ける。水の循環によってエネルギーを節約する機能を動水面が担う。加えて、お祭り広場と人工頭脳が、人々の主体性を確保しながらも精緻なコントロールを行う。計画案では、「４つのシンボル空間」が、外部と会場内の中間領域にあって、「都市のコア」となるイメージが図示されていた。

広場と交通

先述したように、１９７０年大阪万国博覧会の会場計画委員会にあって、西山夘三と丹下健三がチーフ・プランナーに選定された。当初は通産省の内意を受けた都市計画家の浅田孝がマスタープランを作成することと思われたが、関西の行政などステークホルダーとの調整の結果、「二人マスタープランナー制」という変則的なシステムが採用されたという。

草案の作成は上田篤と磯崎新を中心とする部会に委ねられた。とりわけ中心的な役割を果たしたのが、西山研究室の上田篤である。先に述べたように、１９６６年（昭和41）４月６日に示された第１次案では、「15万人のお祭り広場─人間と文化の表現」「人工頭脳─科学の偉大な前進への表現」

「環境—自然の正しいサイクル」という、３つの「シンボル空間」を置く方針が示された。最後の「環境—自然の正しいサイクル」は、人工湖を設けて、会場内で水の循環をはかろうとするものであった。

「お祭り広場」という概念は、西山夘三が示した「15万人の広場」という案に対して、上田が「日本には広場がない」と強調、小豆島の神社を事例に境内に確保されていた祭礼の空間を日本的な広場とみなすことから創案したものである。

１９６６年5月段階の第2次案では、丹下健三が重視した交通計画の検討が加えられた。シンボルゾーンにメインゲートを組み入れつつ、東側に巨大パーキングエリア、西側をパビリオンの建設地とすることで、都市のモデルとするという提案であった。あわせてシンボルゾーンからサブとなる広場に、幹から枝を伸ばす会場内交通のシステムが提示された。

上田によれば、「マルクス主義的ユートピア」を持論とした西山にとっては、労働と住まいの結節点となる「広場」こそが中心となる概念であった。対して、いわば「テクノロジー主義的ユートピア」を思い描く丹下にとっては、「交通」と「情報」がその中心にあるべきものであったのだろうと回想している。

文化主義、産業主義、技術主義

第1次案はイメージプランであり、第2次案はパイロットプランであるとされた。公式記録には、会場計画委員会にあって、一本化は難しいと思われるほど、理念に関する議論がかわされたと記載されている。そこにあっては、①文化主義、②産業主義、③技術主義と整理される立場の違いがあった。

ここにある「文化主義」とは「人類の進歩と調和」というテーマを会場の表現にも強調するべきだとする考え方である。従来の万博では「デモンストレーション・ゾーン」などと呼んでいた催事スペースを「シンボル・ゾーン」という名称でとらえ、そこでテーマ展開を見せようという意見である。

「産業主義」は、博覧会終了後、跡地が大阪都市圏における新たな中核となることを位置づけようとする立場である。そのためには、会場計画に先立って跡地を含む都市構想を確定することが求められた。「未来都市のコア」のモデルという考え方も、産業主義に沿ったものであった。彼らが提案した第２次案のままに会場ができていれば、シンボルゾーンをそのまま核として、駐車場の跡を流通コンビナート、展示エリアを市街地として再開発すれば、コンパクトな理想都市がそのままに実現したはずである。

いっぽうで、「技術主義」に立つ意見もあった。歴史的にみれば、万博は新しい科学と技術をデモンストレーションする場であったという認識のもと、先進の技術を会場計画にも応用するべきとする意見である。従来の国際博覧会では、開催ごとに最新の技術を反映した巨大モニュメントが建設されるのが常であった。新たに開発された素材も応用された。先例に習うのであれば、少なくとも

20世紀の後半に現実化し、日常に浸透し始めた技術的素材と取り組む必要があるとされた。その後の作業にあっては、文化主義、産業主義、技術主義、それぞれの立場が折衷されたようだ。1966年（昭和41）9月6日に第3次案が、ついで10月15日に第4次案が会場計画委員会に提出され承認を得る。そこには、お祭り広場の想像図も添えられていた。

ゾーニングなどの計画は、文化主義を反映させたものと思われる。また会場内の情報提供・管理に関する一元化のシステムやエネルギープラントによる地域冷房の実践、人工池における水循環の提案、高分子素材をはじめとする新たな材料の開発を促した点などは、技術主義の理念に沿ったものと言えるだろう。

第3次案、第4次案と進むなかで産業主義に由来する発想が十分に展開されることはなかった。シンボルゾーンを設けることに変更はないが、第2次案で提示された東に駐車場を設け、西を主会場とする構想は退けられた。建設省の主導によって、シンボルゾーンを中央に置きつつ、周囲を「外周道路」で囲み、その外部の西と東に駐車場を広く確保する案に変更された。第2次案で果実の房を連想させる国土構想を示した上田篤は、第4次案に見る閉鎖型の地域計画をリンゴの芯と皮に例えている。

シンボルゾーンを、「未来都市のコア」としてイベント後にそのまま利用しようとするアイデアも見送られることになる。西山夘三は「会場計画は、跡地利用を含めて計画すべきである」など3項目の意見書を提出したが、その意見が採択されたとは思えない。西山は自身の「お祭り広場」のイメージを描いたスケッチを１９６７年元旦の『朝日新聞』に掲載させている。

会場基本計画第４次案

１９６６年（昭和41）年12月、『日本万国博覧会概要』と題する冊子が財団法人日本万国博覧会協会から発行された。会場工事に着手する前段階で配布されたものである。冒頭に博覧会開催の意義と効果を述べたうえで、その特色および基本計画を紹介、最後にこれまでの主要な国際博覧会の歴史と概要についてまとめた文章を載せる構成になっている。また口絵として会場となる千里丘陵の航空写真を掲載、予定地を銀色の線で図示している。

会場予定地となった千里丘陵（『日本万国博覧会概要』1966年）

そこに先行するブリュッセル万博（１９５８年）やモントリオール万博（１９６７年）と比べた日本万国博覧会の特色も記載、政府が主催する博覧会ではなく財団法人日本万国博覧会協会が運営する「公認博覧会」であること、国際連合などの国際機関が公式に参加できる道を開いたこと、出品物に対する「褒賞制度」を採用しなかったこと、の３項目をあげている。

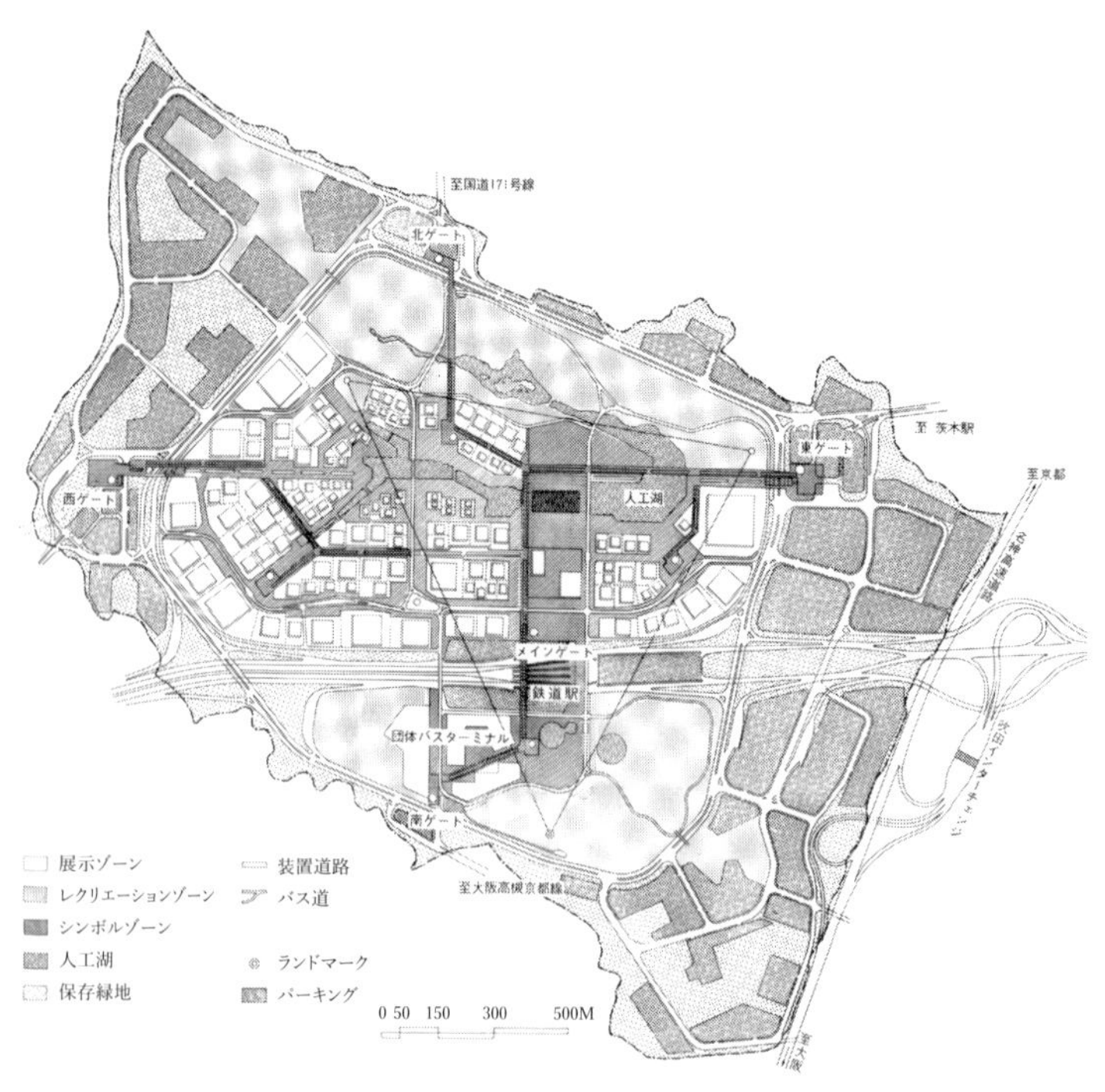

「会場基本計画第4次案」（『日本万国博覧会概要』1966年）

『日本万国博覧会概要』の基本計画には、先に述べた第４次案の図を掲載、会場計画立案の経緯と概要を記載する。そこでは、まず前提となる会場の地形に関する認識を示す。日本万国博覧会の会場となる千里丘陵は、標高30～70ｍの起伏に富んだ丘陵地である。針葉樹、灌木や日本独自の竹林が混在していることから、会場計画にあっては地形を活かすのか、さらには日本的特色をどう盛り込むのかが、慎重に検討されたと書いている。

　また会場基本計画の作成にあたっては、日本万国博覧会の会場を人類の知恵をあまねく結集し、テーマ「人類の進歩と調和」を具現化する舞台として、「テーマの精神を会場全体に生かし、会場の空間構成が直接的にテーマを展開する場となるよう、中心部にシンボル・ゾーンを設け、世界の人々の交歓の場とする」こと、「会場全域の秩序と調和のため、基幹施設網（お祭広場、サブ広場、装置道路、ＥＸＰＯサービス施設）を設ける」ことを考慮したとしている。

そのうえで、「基本計画にはお祭広場をはじめ、世界最大の地域冷房、エアカーテン、動く歩道など、未来都市の夢が盛り込まれている」とし、その具体的な内容として、左記の各項目を記載する。

・会場内は、展示ゾーン、シンボル・ゾーン、レクリエーション・ゾーン、緑地、パーキング、その他の地区に分ける。
・パビリオンの配置は、会場のスリ鉢形の地形を巧みに生かし、人工湖のまわりに小規模館を、周辺の高台に大規模館を置く。
・日本特有の雨季と夏の暑さの中にも快適に見物できるよう、世界最大の地域冷房をほどこす。
・３０００万人の観客の流れをスムースにし、会場内が混雑せず楽しく観覧できるように動く道路や空から見物できるスカイウェーなどを設ける。
・シンボル・ゾーンは、お祭り広場、テーマ館、美術館、劇場、水上ステージ、世界の名店街、うまいもの店があり、その中心となる「お祭り広場」は日本のお祭りと西洋の広場の精神をとり入れたもので、世界の人類が交歓し、演技し鑑賞する場とする。

・レクリエーション・ゾーンは風致公園と遊園地とし、竹の庭、子供の国等を設け大人も子どももともに楽しめるものにする。

万博会場の起工式

基本計画が成案となったことを受けて、会場の工事も、測量、地質地盤調査を経て、基本設計、実施計画へと移行することになる。もっとも基本計画はあくまでも枠組みを示すものであり、その後の精査を経て、パビリオンの配置、南北ゲートの位置など、計画は大幅に変更されることになる。基本計画には、お祭り広場の想像図が添えられているが、大屋根の構造や観覧席の考え方なども、あくまでもイメージを示すものでしかない。シンボルゾーンのあり方や大屋根の形状などは、基幹施設を検討する委員会を別途、設けて作業することになる。

また基本計画段階では、ランドマークと命名されたシンボルタワー（のちのエキスポタワー）を南端の乗り場として、会場内の東北、西北を連絡するロープウェイが記載されているが、最終的には違う路線で運用された。また会場内の交通機関としてバス輸送が想定されたが、のちにモノレールの運用が選択されるなど、代替案に置き換えられたものもある。

１９６７年（昭和42）３月15日、１９７０年大阪万博会場建設工事の起工式が行われる。そこで配布された記念パンフレット『会場づくりへ第一歩』（日本万国博覧会協会発行）には、「１９７０年ここに世界の人々が集まる　世界から日本へ　そして会場へ――」という文言とともに会場の予

「お祭広場想像図」（『日本万国博覧会概要』1966年）

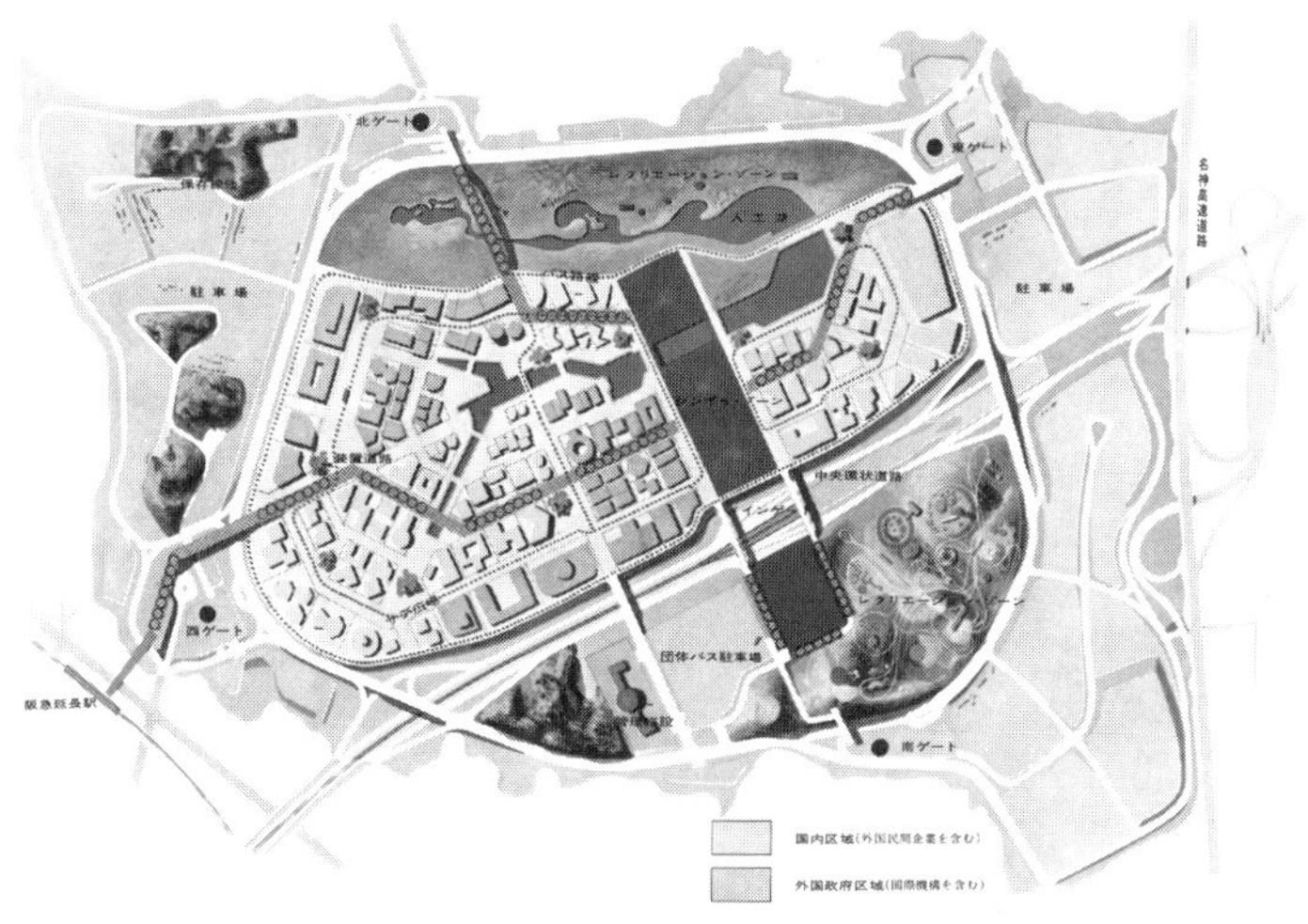

「日本万国博覧会会場予想図」（『会場づくりへ第一歩　日本万国博覧会会場起工記念』1967年）

想図が掲載されている。南ゲートの位置や東ゲートに向かう軸線のあり方など、最終実施案とは若干の相違はあるが、ほぼ第4次案に即した会場予想図が紹介されている。

2 会場設計と展示コンセプト

シンボル・ゾーンの初期構想

ここでは会場の核となったシンボル・ゾーンの初期構想について確認しておきたい。シンボル・ゾーンを含む基幹施設の構想がとりまとめられたのは、1967年(昭和42)7月3日のことだ。1967年11月に配布された冊子『日本万国博覧会　概要』(日本万国博覧会協会発行)に、会場の基本計画とともに、シンボル・ゾーンの計画が紹介されている。そこでは「ここに集まる世界の仲間たち」という見出しとともに、〝人類の進歩と調和〟というテーマの精神が「人類交歓の場」である会場全体に展開している点が日本万国博覧会の大きな特色とし、とりわけそれを「集約的に表現する場」としてシンボル・ゾーンを設けることとなったと述べる。

会場基本計画では、シンボル・ゾーンとして、東西に貫く道路の北側に、お祭り広場、テーマ展示施設、多目的ホール、美術館などを配置する。対して南側には、電子頭脳を駆使する情報管理セ

「会場基本計画図」(『日本万国博覧会　概要』1967年)

ンター、本部ビル、世界の名店街がならぶショッピングセンター、世界中の味覚を集めたうまいもの店、火の広場などが作られ、南端に高さ１８０ｍの展望塔がそびえ立つものとされた。もっとも実施計画では美術館の位置が北に変更され、また南側の中核となることが想定された「火の広場」などは実現していない。

お祭り広場の初期構想

シンボル・ゾーンにあって、「大きな呼びもの」となることが想定されたのが、お祭り広場である。その役割について、『日本万国博覧会　概要』では、下記のように説明する。

「日本のお祭りと西洋の広場の精神と

性格をかねそなえた人間交歓の場所で、テーマを象徴的に表現する人間協和の広場です」

「お祭広場に集まる世界の人びとを、分け隔てるものは何もありません。国境はもちろん宗教、思想、肌の色、言葉のちがいをのりこえて、世界の人びとが熱狂し、ともに歌い、ともに踊る――。ここに心と心のあたたかい触れ合いが生まれ、人類共通の会話が生まれます」

お祭り広場では、183日間の会期中を通じて、日本の代表的な祭り、各地の郷土芸能、参加各国のナショナルデー、大規模な民族舞踊など、「世界一流の芸術家や芸能人が参加する多彩な催し物」が連日連夜行われることが想定されていた。

お祭り広場の初期案では、演出装置として広場上空に電子頭脳が組み込まれた3体の「ロボット型移動クレーン」が設置されることが想定されていた。『日本万国博覧会　概要』では、「巨大なロボット型移動クレーン」には電子頭脳が組み込まれ、「雨や雪、霧などを自由に表現するだけではなく、春夏秋冬の四季をも演出するはず」と記す。また〝光の壁〟〝光の森〟〝光の竜巻〟と呼ばれる幻想的な照明、〝環境オーケストラ〟〝楽器スピーカー〟などの新しい音楽を提供、次のような演出が期待されるものと表現している。

「これらの催し物は、演技者と観客が一体となって盛りあげるのです。そうした感動的な人間の演技に、水や音、光や色など自然のあらゆる要素が加わって、いっそう壮大な大ページェントが出現するのです」

『日本万国博覧会　概要』に掲載された「お祭広場の演出機構想像図」に、「ロボット型移動クレー

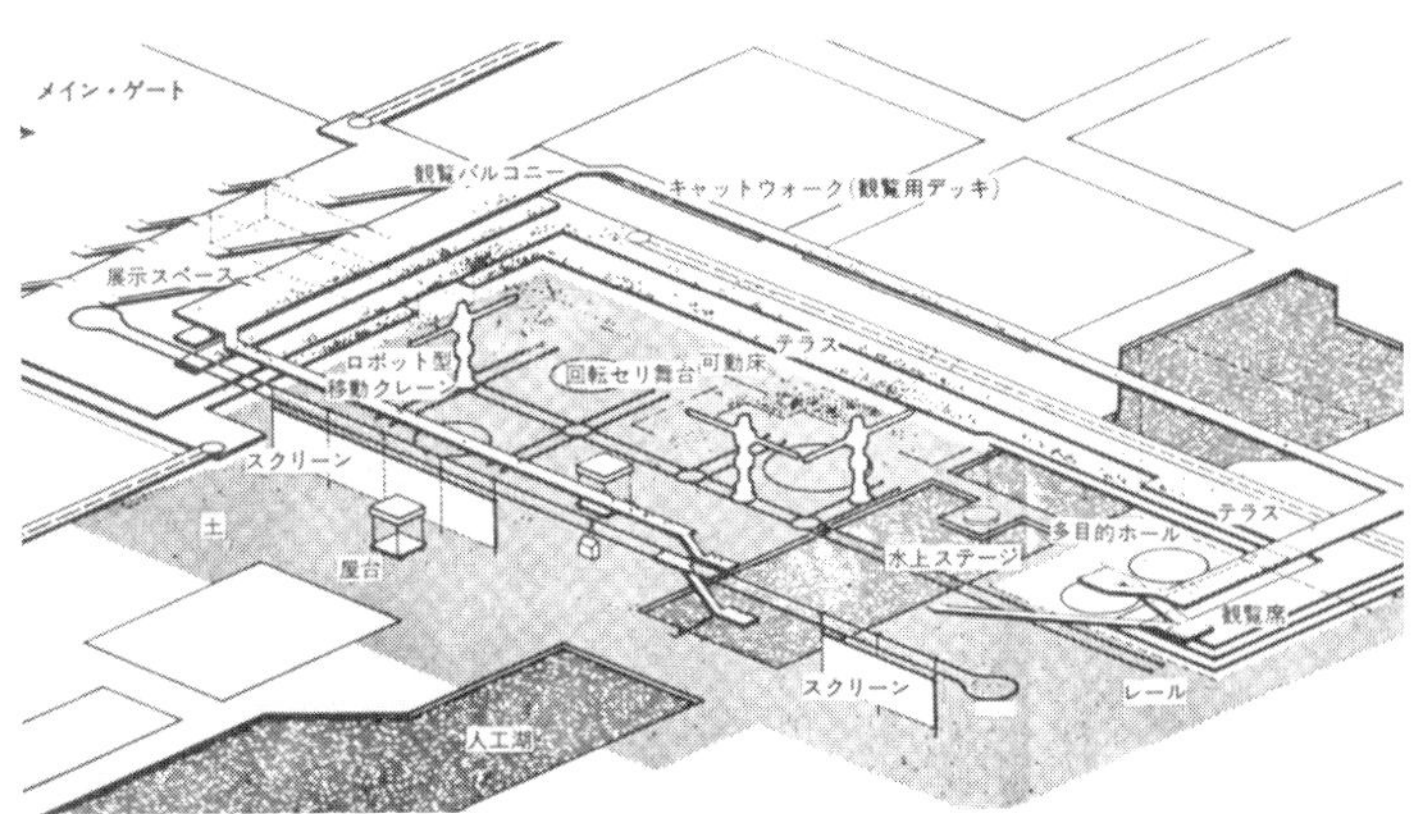

「お祭広場の演出機構想像図」(『日本万国博覧会　概要』1967年)

「お祭広場想像図」(同上)

「大噴水想像図」(『日本万国博覧会　概要』1967年)

ン」が稼働している様子が描かれている。実施案では観客席が建設されることになるが、この段階では広場の側面はスクリーンで区切られ、キャットウォークと称する観賞用デッキが記載されている。またイラストによる想像図では、スクリーンに映像が投影されている様子が描かれている。

お祭り広場の北側には水上ステージがあり、水上サーカスやシンクロナイズド・ショー、世界の花火大会、美人コンテンストなどが実施されることとされた。池には数千個の吹き出し口のある大噴水を装備、「人工の虹」を投影しつつ、華麗なステージを展開することが想定された。

また暑い夏でも快適に催事を観覧できる工夫として、地域冷房を導入するとともに、後述する大屋根から両側に流れ落ちる「冷水カーテン」をも設備することとした。強い西日を和らげるとともに、大噴水と同様にステージの背景として、音や光に合わせてその姿を変えるように工夫するものとされた。大噴水の想像図では、巨大噴水に「EXPO'70」の文字が映し出されている場面を描いている。

大屋根の初期構想

お祭り広場は、上空30ｍに太い柱で支持される開閉式の巨大な屋根で覆われることが想定された。会期が梅雨や盛夏の時期を含むことから、気候条件を加味して設置することが検討されたようだ。

初期段階では、雨を防ぎ、日光を遮るだけではなく、大屋根の下の空間に「人工気候」を生み出そうとする計画もあった。『日本万国博覧会　概要』では、大屋根の初期イメージを以下のように文章化している。

「長さ約２６０ｍ、幅が約１３５ｍ、厚さ10ｍのこの屋根は、透明な材料でつくられる予定で、数本の柱によって軽やかにささえられ、強い直射日光を防いだり広場の明るさを調節するため、自由に開閉できます」

また大屋根に直径76ｍの丸い吹き抜けを設けることも明記されている。エスカレーターで地下と地上を結びつつ、この円形の穴の周囲にテーマ展示が展開されることになっていた。前出『日本万国博覧会　概要』では、テーマ展示のプロデューサーに選ばれた岡本太郎のもとで、「この地下・地上・空中の３層の施設を利用し、過去・現在・未来の、それぞれの人間の姿をわかりやすく表現しようという計画です」と構想が練られている旨が記載されている。

岡本太郎が「太陽の塔」を立てるために大屋根に穴を開けさせたとする説があるが、正しいとは思えない。あきらかに、先に直径76ｍの大きな吹き抜け空間を設ける構想があった。この筒状の空間には、斜めに交差する２層のデッキがあり、地下と地上、空中の３層の展示空間をつなぐエスカ

レーターが装置されることになっていた。

ここでは英文パンフレット『EXPO'70　No.3』（JAPAN ASSOCIATION FOR THE 1970 WORLD EXPOSITION 発行）に掲載された「Symbol Area（シンボル・ゾーン）」の模型写真を紹介しておきたい。模型では大屋根に丸い吹き抜け部分と回廊があるが、そこに「太陽の塔」はない。この冊子が発行された段階では、テーマ館というパビリオンではなく、「Omatsuri Plaza（お祭り広場）」に隣接する吹き抜け空間である「Theme Hall」を中心に、テーマ施設を展開することが想定されていたものと理解する

「Symbol Area PLAN」（『EXPO'70　NO.3』）

「シンボル・ゾーン想像図」（『日本万国博覧会　概要』1967年）

「Scale Model of Symbol Area」(『EXPO'70 NO.3』)

ことができる。

『日本万国博覧会　概要』には同じ模型写真とともに、「シンボル・ゾーン想像図」と題するイラストを掲載する。そこには８列のエスカレーターで地上から空中に昇る観客のイメージとともに、丸く開かれた空に「EXPO'70」の文字を後方に描きつつ、高速で移動する飛行機が描かれている。

１９６７年（昭和42）７月７日に岡本太郎がテーマ館のプロデューサーに就任する。大屋根に開けられることになっていた大きな円形の穴から、テーマ館の一部を構成する「太陽の塔」が突き抜けるかたちに計画が変更されることになる。

お祭り広場の概要――祭典の場・いこいの場・催しの空間

基本計画に沿って、万博会場の工事が始まる。岡本太郎がプロデューサーとなり、テーマ展示の概要が固まったことを受けて、万国博機関施設設計グループのもとで「お祭り広場」および大屋根、太陽の塔をはじめとするテーマ施設の設計も進捗をみた。

日本万国博覧会協会は「お祭り広場建築工事」の名称で、お祭り広場共同企業体（大林組・竹中工務店・藤田組）を施工者として、躯体工事、塔工事、仕上げ工事と段階的な発注を行った。工事総額は約60億円と見込まれた。開会式が予定された１９７０年（昭和45）３月の竣工に間に合わせるべく、１９６８年9月3日、まず大屋根の躯体工事が着手された。一連の「お祭り広場建築工事」には、大屋根、デッキ（人間の広場、カフェテラス、ロイヤルボックス、コンピューター室ほか各種設備室）、太陽の塔、母の塔、青春の塔、生命の樹、空中テーマ館（生活テーマ館、世界テーマ館）、地下テーマ館（いのち、ひと、こころ）の工事のほか、トラバーサー&トロリーレール、キャットウォーク、回転歩廊、演出デッキ、高所観覧席など付帯施設の工事を含むものとされた。

お祭り広場共同企業体工事事務所が１９６９年5月に発行した『お祭り広場建築工事の概要』（以下、概要）では、その構成と役割を以下のように説明する。

「EXPO'70のテーマ『人類の進歩と調和』の精神を象徴的に表現する場として、この会場を東西に2分する線上に、幅１５０ｍ・長さ９００ｍにわたってお祭り広場を中心に、北に人工湖・名目(ママ)的ホール・美術館・水上ステージ、南にメインゲート・名店街・本部ビルそして南端に高さ１２０ｍのランドマークタワーと連なるシンボルゾーンがあります。お祭り広場はこの中でも集約的にテーマの精神を表現する〝核〟ともいえる存在で、日本のお祭りと、西洋の『広場』の精神を兼ねそなえた人類交歓の場となるところです」

どのような空間になるのか。概要では「よろこびと感動にあふれる交歓の場」と位置づけて、「会場を訪れた世界の人々は、民族や言葉の違いをのり越えてここに集まり、ともに歌い、踊り、そして語り合います」とそのイメージを説明する。さらに「野球場のグラウンドがすっぽりはいるほどの広さ」の広場は、その性格から「祭典の場」「いこいの場」「催しの空間」の３つに大きく分けられると述べる。

午前中は「祭典の場」として各国が主催するナショナル・デーの行事が中心になる。午後は「いこいの場」となり、入場者の休憩、待ち合わせ、散策などに使われるとともに、音や光を駆使した「サイケデリック・ショー」などバラエティーに富んだ催事が行われる。

そして夕方からは、巨大な「催しの空間」に転じる。毎夜、一つのテーマのもとに大ページェントを展開する。たとえば「花の中の世界」というテーマで、花に関する世界の祭礼や行事が紹介されることもあるだろう。あるいは「東洋への招待」を掲げて、東南アジアの民族舞踊やタイの象狩りなどを織り込んだ大規模なショーもあってよい。

お祭り広場は、前例のない多目的な利用を受け入れる施設となることが想定された。また暑さや雨天などの気候に対する備えであり、また演出装置を支える架構として、前例のない規模の屋根が構築されることとなった。概要では、お祭り広場を、屋内劇場と屋外劇場の「中間的な形式」と説明する。

お祭り広場完成予想図（『お祭り広場建築工事の概要』1969年）

自動演奏ロボット、移動観覧席、大カフェテラス

お祭り広場で行われる行事や催事を演出するための装置に関する説明もある。

概要では、お祭り広場の舞台装置は「すべてが大仕掛で、画期的なものばかり」と書く。とりわけ、高さ22ｍのジャイアントロボットが目玉となる装置であるとされた。照明や音響装置、自動演奏装置を備え、天井面に設けられた架線から集電して広場内を自走することが可能である。またマジック・ハンド形式の腕を備えていて、広場での催事にあっては、「移動するコントロール室」となって活躍する。

新たな趣向として、自動制御による可動式の観覧席も企画された。複数の催事が広場内で行われている際には、観客は移動観覧席に乗って好きなショーを近くで見ることができる。また移動舞台と組み合わせることで、広場の一角に「ピラミッド型」の小劇場を作ることも可能となる。180席からなる移動観覧席を6台、用意することとされた。

いっぽうでお祭り広場の設計にあたっては、多くの人を受け入れる固定席の必要性も議論されたようだ。最終的には南側にロイヤルボックスなどのある２３００人収容の中央観覧席、西側に５０００人を定員とし、飲食しながら催事を見物することができる「大カフェテラス」を設けることとなる。さらにその上方に、１００人を収める12のユニットからなる花弁状の高所観覧席が建設されることになった。

「完成予想図」には、自動演奏ロボットや移動観覧席の模型写真が掲載されている。しかし実際には、演出装置のロボットは実現をみたが活躍する機会は限定的であった。

大屋根とリフトアップ工法

お祭り広場は、地上30ｍの高さ、幅１０８ｍ、長さ２９１・６ｍ、「大屋根」と命名された当時としては世界最大のスペースフレームで覆われる。

フレームの構成は、１辺10・８ｍの正方形グリッドを上弦・下弦とし、同じく長さ10・８ｍの斜材で角錐状に結ばれる。単位となるフレームの高さは、７・６３７ｍとなる。それぞれの部材は、特殊なボールジョイントで接続されるものとされた。屋根トラスの部材は１９１９本、ボールジョイントは５３０個が使用される。

大屋根の工事にあっては、まず地上に幅１０８ｍ、長さ２９１・６ｍ、総面積３万１５００㎡の屋根トラスを組み上げる。次に６本の主柱を立てたうえ、下弦材の中心である約30ｍの高さにまで、高圧エアージャッキを用いて全体のリフトアップを行う。トラスの自重３４５０ｔに加えて、積載物

１３００ｔを加えて総重量４７５０ｔとなる。規模、重量、リフトアップ量、ジャッキを上下にタンデムに連結してリフトアップを行う独自の工法など、すべての面において世界に前例のないものであった。

屋根トラスの上部には、ポリエステル製の透過性のあるフィルムを全面に被せる。日中は青空を見ることができ、夜には全体が光り輝く。その様子を概要では「ちょうどわた雲のようにシンボル・ゾーンの上空に浮かびます」と表現している。

テーマ展示

概要には、テーマ展示の構成に関する記述もある。テーマ展示は「人類の進歩と調和」という主題を表現、「生きる歓びを感動的に全体として一つの小宇宙」となるように、大屋根を突き抜けてそびえる「太陽の塔」を中心に、地下・地上・空中の3層にわたって展開されるものと説明する。

メイン・ゲートを入った正面に、広さ１６００㎡の広場があり、中央に「太陽の塔」、左に「母の塔」、右に「青春の塔」が立つ。

「太陽の塔」は高さ60ｍ、正面・先端部・背面に異なる表情の3面の顔を持ち、それぞれが過去・現在・未来を語りかけるものとする。塔内には昇り専用のエスカレーターを装備、地下・地上・空中の展示を連絡する。

「母の塔」は高さ９ｍ、母性をイメージした５００㎡のテラスで、下り専用エスカレーターが突き抜けている。対して「青春の塔」は「未来に向かう青春の夢の動的な象徴」とされ、同時に「祭りの空間にあざやかないろどり」を添える役割を担うとされている。

テーマ展示に入ると、まず30ｍの「動く歩道」で地下空間に誘導される。地下展示は「過去・根源の世界」を主題とし、「生命」「自然」「技術」「人間」の4空間に分けて展開される。さまざまな生命の誕生シーンを投影する27面の球形スクリーン、旧石器時代の石斧・弓矢などの武器や装身具の展示などを通じて、人間と自然との関わり合いが表現される。また世界各地から収集された各民族の仮面を森のように陳列、炎の演出とともに「あたかも原始舞踏のなかにいるふんい気で、人類の根源的な連帯感」を表現する。

次に「太陽の塔」の内部に入り、直径1ｍ、高さ50ｍの「生命の樹」を眺めながら、エスカレーターで空中展示に移動する。「生命の樹」の各枝には、アメーバーから恐竜、マンモス、原始人に至るまで、「年代ごとの代表的な生物の動く模型」が置かれ、音楽や映像の演出のもと、「生命の流れ」が劇的に、

お祭り広場・南側全景（完成予想図。『お祭り広場建築工事の概要』1969年）

太陽の塔内部（同上）

かつユーモラスに表現される。

「太陽の塔」の腕を抜けて、空中展示スペースに出ると回転歩廊と呼ばれる「動くデッキ」がある。デッキに乗って「生活」「世界」の2つの空間をめぐり、「生活カプセル」「映像カプセル」などの展示空間、1辺3mの正三角形199面からなる多面スクリーン、高さ3・5m×幅2・5mの巨大な本、未来都市の模型などを順に見ることで、「未来・進歩の世界」に触れることができるものとした。

また地上の広場の一角に「世界をささえる無名の人々」という立体的な写真展示も用意することとされた。

伝統の美意識

大阪万博が開幕する2年前、1968年（昭和43）の年始から春にかけて、民間パビリオンの基本構想が順にまとめられる。日本万国博覧会協会との契約を結ぶにあたって、出展者は計画案を公表した。ここでは、筆者の手元にある各パビリオンの基本構想から、いくつかの展示館を選び、その初期案を紹介したい。

会場には、日本の伝統的な美意識に着目した展示館があった。一例が日本民芸館である。日本民芸館は「暮らしの美」を主題に掲げて、倉敷レイヨン社長であった大原總一郎を委員長、大林芳郎を副委員長として出展構想がとりまとめられた。基本構想では、一般庶民の暮らしのなかにある実用と美を兼ねた民芸品を通じて、民族の伝統を後世に伝え、民芸品によって象徴される日本人の英知と美の精神を広く海外に理解してもらうことなどを趣旨として記している。

展示企画は財団法人日本民芸館が担当、中庭を囲むように展示室を配置する展示館は、大林組が設計施工を担当した。万国博覧会終了後は建物を大阪府に寄贈、東京にある日本民芸館の分館となることが想定された。

展示と建築計画のプロセス

日本の伝統や美意識を再評価しながら、未来に向けた技術開発や情報発信に繋げようとする古河パビリオンや三菱館などの出展計画もあった。

古河パビリオンイメージ図「七重の塔を仰ぎ見る」(『古河パビリオン』万国博古河館推進委員会、1968年)

古河パビリオンは「古代の夢と現代の夢　東大寺七重の塔とコンピュートピア」をテーマとする。高さ約86m、失われた東大寺七重の塔を今日の技術で復興するとともに、テーマ・スペース、エレクトロニクス・シアター、エレクトロニクス・トレイニングランドの3コーナーからなる展示館「コンピュートピア」を出展し

三菱館「第三部　日本の陸（想像図）」

三菱館「第一部　日本の自然（想像図）」（『日本の自然と日本人の夢　三菱館　出展構想』三菱万国博綜合委員会、1968年、以下同）

三菱館「第四部　日本の空（想像図）」

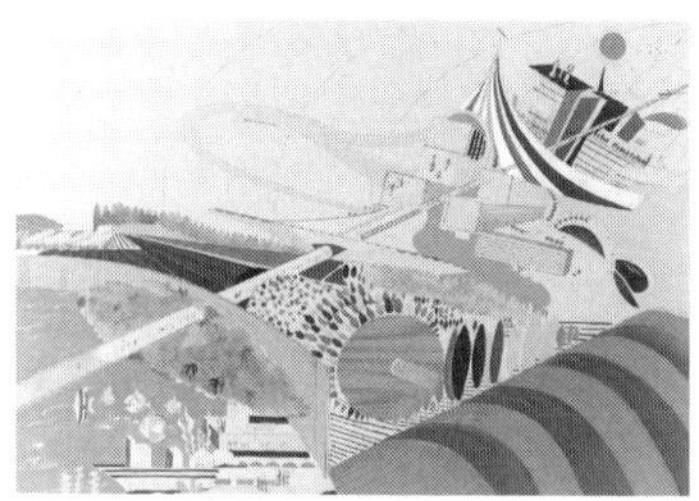
三菱館「第二部　日本の海（想像図）」

ようとするものであった。

基本構想では、バベルの塔やパリ博のエッフェル塔を比較しつつ、日本古代文化の象徴である伝統的な高層建築を展示のシンボルとして再現する事業の意義を強調、「東西文化交流の極致といわれる唐文化の影響を受けながら、日本人独特の美意識に裏打ちされたその美しさ」が内外の人々に感銘を与えるだろうと述べる。

三菱館（三菱未来館）も、まったく異なる角度から、日本らしさにアプローチしようとする試みであった。田中友幸（ともゆき）を総合プロデューサーに、SF作家の福島正実（まさみ）・星新一・矢野徹、イラストレーターの真鍋博を起案グループに迎えた。

主題は「日本の自然と日本人の夢」と定められた。日本人は、変化に富み、時に激しく猛威をふるう自然と風土に生きてきた。今後はいかにそれを制御し、利用して、より高い文化と理想の生活を築きあげていくのかを、最新の技術と手法を駆使して立体的に描き出すものと基本構想では強調する。また科学技術に依存する進歩を肯定するだけではなく、そこに日本固有の調和を重く見る知恵に着目、以下のように記載する。

「日本の風土の激しさ、力強さ、美しさを示し、科学・技術の偉大な達成を見せながら、日本人が、自然と夢とを調和ある総合に結実させていく知恵といったものを、たからかにうたい上げるものです」

展示は「日本の自然」「日本の海―50年後の海はこうなる」「日本の陸―50年後の陸はこうなる」「日本の空―50年後の空はこうなる」「あなたも、参加する！」の5部構成とするものとされた。「コンベア・ベルト方式」で、ムービング・ウォーク上から自然の脅威を技術によって克服した未来の日本の姿を眺めることになる。

三菱館の基本構想は、建築の考え方やイメージを示していない点に特徴がある。会場のランドマークとなる象徴的な建築を具体化しようとした古河パビリオンに対して、三菱館では魅力的な展示を先行して構想し、その覆屋となる建築をのちに設計する手順を踏んでいる。まったく異なる展示施設の設計プロセスの考え方を示すものとして興味深い。

せんい館の外観（絵葉書。橋爪紳也コレクション）

せんい館の基本構想のイメージパース（橋爪紳也コレクション）

創造するパビリオン

基本構想から実施設計に向けて大幅に変更をみたパビリオンもあった。

一例が、せんい館である。基本構想における「建物」の項では、「スカートのイメージをとり入れた特殊構造で、内外装ともに繊維を使い、色彩ゆたかな、そして全体としてやわらかな感じを与えるものとなります。内部は床、天井、壁とあらゆる部分に高級な繊維品をふんだんに使用し、隅から隅まで「せんい館」にふさわしいものとします」と記載する。イメージパースでは、2本のマストに大きな幕を吊すテント状の構造物が想定された。

しかし実施案では、カーテンのドレープに由来する懸垂曲線の白い構造体の屋根状に、赤いホール部分が突き抜ける造形に変更された。また未完成の美を見せる環境芸術を企図して、ドームには赤い建築足場を組みあげ、作業服姿の人形を置いた。パビリオンの建築デザインを環境美術として造形することを意図するなかで、基本構想から大幅な変更がなされた結果であると思われる。

三井グループ館も、基本構想から実施設計に至る過程にあって、大

三井グループ館の外観（絵葉書／橋爪紳也コレクション）

三井グループ館・模型（基本構想。橋爪紳也コレクション）

きく変更されたパビリオンである。同館では、彫刻家山口勝弘をチーフプロデューサーに迎えて、「創造の楽園」をテーマに掲げた。基本構想では、パビリオンの建築を演出構成の重要な部分を担うものという認識を示す。従前の博覧会の建物の多くはシンメトリカルで、しかも動かないと批判、そのうえで「創造するパビリオン」をかたちにするものとした。

敷地にはまず45〜50mほどの2本の塔を建てる。人間の腕と手を表現するものであると同時に、建設クレーンの機能を担うものだ。建屋が竣工し、万博が開幕して入場者を受け入れると、このタワーは観客を中央ドームに輸送するべく、空中でダイナミックな動きを継続する。展示室であるドームも外部に大きく開き、また建物の一部分が「不思議な動きをしながら敷地内を移動」することが想定された。

「建物部分の形態は、動きの機能と魅力的な色彩に包まれるが、建築的な面からも、鉄骨架構による『複合多面体構造』は、日本はもとより世界でも珍しい不定形建築物として、将来の都市計画の考えを内包したものとして話題を呼ぶものとなる」

基本構想ではこのように説明、「建物全体が演技者として、休みなく『動くパビリオン』となる」と強調している。添えられた模型写真からは、立体造形をそのまま巨大化したような実にユニークな建築計画であったことを見てとることができる。

しかし株式会社環境計画を設計者に迎えて実施設計を詰める過程で、建物そのものが動くという発想は断念されたようだ。後日、発行された冊子『EXPO70　三井グループ館建設工事』では、建物のあり方について下記のように説明する。

「その演出の機能、目的を発揮する建物はあくまで、装置としての建築であり、装置化建築として大胆素直な手法が採用されております。万博パビリオンのなかでも、ユニークな存在の一翼をになうことと思います」

「動くパビリオン」というアイデアは、スペースレビュードームと命名された映像ホール内を上下する観客席の機構を採用する点などに限定的に採用されている。また角のようなタワーのイメージも継承されているが、全体として基本構想とはまったく異なるデザインの建物となった。

三井グループ館は、純粋に現代芸術として構想された「創造するパビリオン」、さらには「動くパビリオン」という建築計画案を、実施段階において「装置化建築」という実践的な計画に着地させたと見ることができる。結果として、基本構想案をアートに昇華させた「せんい館」とは、まったく逆の方向性を示した事例である。

3　70年万博のレガシーと評価

1970年大阪万博のレガシー

１９７０年（昭和45）３月14日、日本万国博覧会（１９７０年大阪万博）は開幕した。計画当初には、入場者数の目標を３０００万人と設定したが、５０００万人に上方修正がなされた。春から夏へと気候が良くなるにつれて、会場は混雑を極め、人気のあるパビリオンに入館するには3時間もの待ち時間が必要であった。新聞は「万国博」ではなく「残酷博」、あるいは「人類の進歩と調和」というテーマをもじって「人類の辛抱と長蛇」などと揶揄した。９月5日には83万５８３２人もの入場者を記録、帰宅できなくなった多くの人が朝まで会場に留まった。最終的には予測を超えて６４２１万８７７０人を動員、国際博覧会の入場者数の記録を塗り替えた。

日本万国博覧会にあって、各パビリオンはユニークなデザインを競いあった。いっぽう、施工や構造面にあって、従来にない試みも行われた。新陳代謝を前提に、変化し、成長する都市建築を想定し

1970年大阪万博の会場風景（橋爪紳也コレクション）

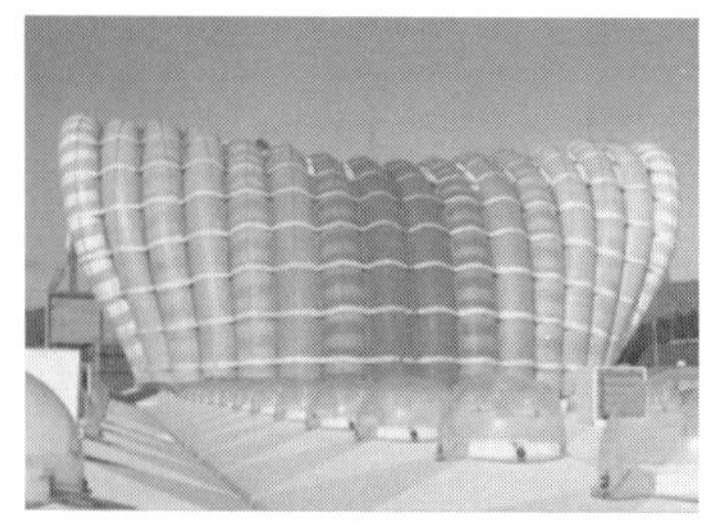

富士グループパビリオン

タカラビューティリオン（橋爪紳也コレクション、以下同）

電力館

アメリカ館

た「メタボリズム」の理論が、複数のパビリオンで応用された。黒川紀章（きしょう）が設計を担ったタカラビューティリオンなどが好例である。フレームの中に、工場で制作された方形のユニットが組み込まれており、現場での施工は7日間で完了した。

　空気膜構造の建物も話題になった。アメリカ館は、長径142m、短径83・5m、床面積1万㎡におよぶ楕円形のエアドームである。ガラス繊維に塩化ビニールをコーティングした膜をワイヤーロープで補強、送風機で館内に空気圧を加えることで、18㎝の積雪荷重にも耐える強度が確保された。

　幌馬車のような外観が人気を集めた富士グループパビリオンは、16本のエアビームを横に連結することで、高さ31mの巨大な無柱空間を創出させた。直径４ｍ、長さ78ｍの各ビームは、特殊加工した高強度ビニロン帆布を継いだもので、外圧より０・08気圧ほど高い空気を常に送風して自立させた。０・25気圧ほど高くすることで、秒速60ｍの暴風にも耐えるものとされた。電力館の一部である水上劇場も、３本のエアビームによって、水面に浮かぶ外径23ｍの円形建築物を支持する構造であった。

万博で披露された技術や工夫が、私たちの生活に実用化された。ハードでは、カプセル建築に象徴される建築のユニット化や工業化、複数の施設にエネルギーを供給する地域冷房システム、マルチ映像などがある。「動く歩道」も各地で採用されるようになった。

運営面などのソフトでは、コンピューターによる情報の中央集中制御システム、民間によるイベント警備、ポケベルなどが博覧会後に汎用化した。ファーストフード、缶コーヒー、ヨーグルト、携帯電話、シャチハタのスタンパーなど、万博から流行した商品も少なくない。

カプセルホテルも万博にその発祥がある。大阪のニュージャパン観光はサウナの仮眠室を設けるにあたって、万博会場で見たカプセル建築を応用したいと考えて黒川紀章に設計を依頼、１９７９年に世界初のカプセルホテルを実用化した。

１９７０年大阪万博の評価

専門家は、大阪万博をどのように見たのか。『工芸ニュース』38巻3号（１９７０年11月）は特集「EXPO'70のデザイン（Ⅴ）その評価」を組み、さまざまな評価を紹介している。

たとえば建築家の池辺陽は「デザイン実験場としてのEXPO'70」という文章を寄せる。ブラッセル博の意義を「戦後の技術のシンボルである原子力を中心的課題としながらも、一方で新しい意味での人間環境の形成に対する万博としての初めての接触であった」と説き、これを受けてモントリオール博にあって「人間環境の形成」を明確な主題としたとみる。対して大阪万博は「アジアにおける最初の万博」の姿を示すことが期待されたが、結果として近代の生産システムや機能的な意味の技術の「モデル化」にすぎず、「人間に対する本質的把握の欠如」が露見したと批判する。「大国意識とコマーシャリズム」の両面から日本のデザインは毒されており、1970年大阪万博を警鐘としなければいけないと問題を提起する。

グラフィックデザイナーの亀倉雄策は「万国博のむなしさ」と題する文章を寄稿、前川國男の鉄鋼館、イサム・ノグチの噴水彫刻、福田繁雄のピクトグラムを高く評価しつつ、随所に置かれた「気取った前衛芸術」は多くの人はそれがアートだと気がつかないと批判する。いっぽうで、アメリカ館やソビエト連邦館の月ロケットや宇宙船など、芸術家が作ったものではない展示品に、新鮮で美しく、迫力のあるものが混じると指摘する。亀倉は、「雑多な人間群に対して説得力のあるもの以外は価値がないということを知らなければいけない」と強調、「こんな形式をくり返して巨額の金を使って何が残るのだろう。私にはわからない。もうこの形式は大阪で終りだとしか考えられないにしろ、こういう見世物小屋形式はモントリオールで頂点に達し、大阪で爛熟した。あとは何をしてもマンネリになるだけだ。日本が万博を主催して何が大きな収穫だったろうか」と述べている。

同特集記事では、インダストリアルデザイナー、インテリアデザイナー、グラフィックデザイナー、建築家など184人からの回答を得たアンケートの分析も掲載する。ここでは会場計画と建築関連の評価を紹介しておこう。

調査では「会場計画」を「万国博の成否のカギをにぎるもののひとつ」と位置づけ、その成否を問う。「会場構成」に関しては7割近くのデザイナーが不成功とみた。1日の入場者数を前提に「50～60万人対象とした計画としては不十分」という意見が多く、「現在の都市計画の無能ぶり」を再現しただけとする声もあった。多くの人が待たされ、疲れ、休めないことから、「休憩施設不足」ゆえに「人間不在」の計画であったと感じたようだ。

とりわけ「未来都市のコア」として設計がなされたシンボル・ゾーンについては、アンケートでは「未来としてイメージと合致した」と答えたのはわずか4％にとどまり、逆に8割以上のデザイナーが、その試みの意義を認めていない。「現在の延長」「どこにも未来が感じられない」「人間が右往左往して現実の問題がうきぼりにされただけ」「もっと次元の高いものを想定していた」「人工的すぎる」など厳しい意見が多く寄せられた。

「大屋根」に関しては、企画や外観については賛否が分かれたが、リフトアップなどの技術面は評価する意見が大勢を占めた。いっぽう基幹施設のなかで、過半の支持を得たのが「お祭り広場」である。「万国博の企画のなかでもっとも成功」という意見を含め、6割以上が成功したと見る。批判的な意見も、「大空間に対応する演出が不十分」という運営や演出面の課題を指摘するにとどまった。

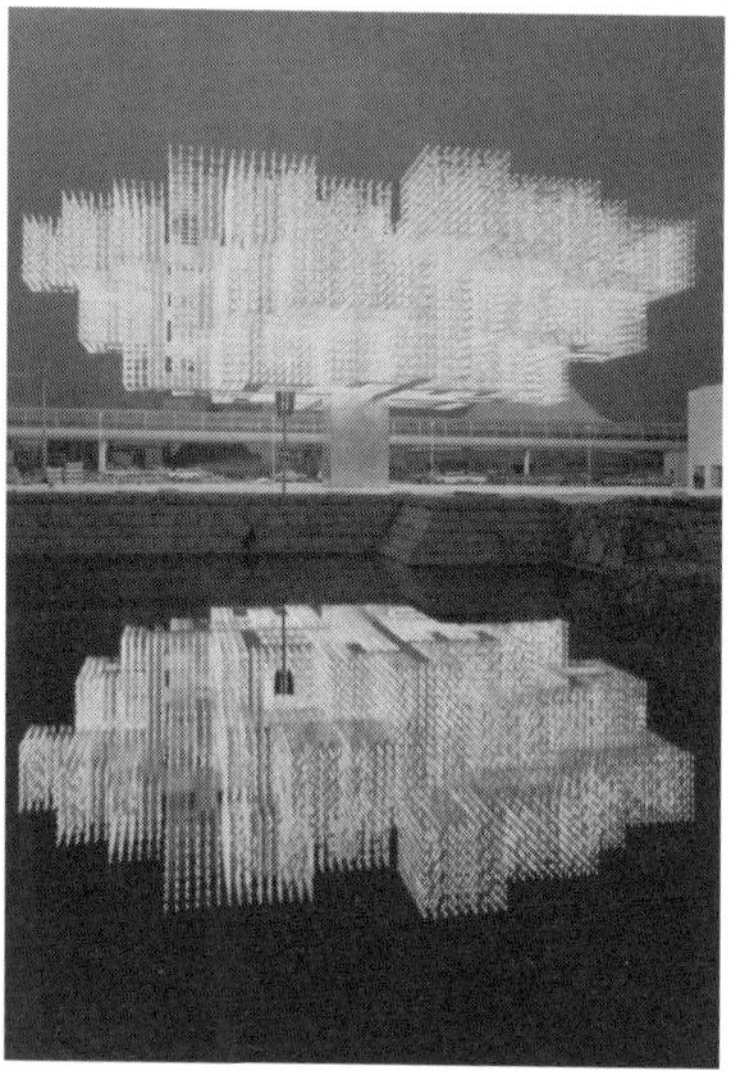

スイス館（橋爪紳也コレクション）

カナダ館（同上）

ストリートファニチュアやサイン計画に関しては、賛否があいなかばする。ただ7カ所に配置された「七曜広場」については、広さも不足し、不必要な造形が多く、樹木などの自然物が少なく安らぎが感じられないなどの批判が多い。分析では、繁った椎の木などでも植えたほうがよかったのではないかと総括している。

「未来の建築の構想、技術を示唆するもの」としては、空気膜構造が高く評価され、ユニット式の高層住宅や大屋根の技術がこれに次いだ。「デザイン的にすぐれた館」「展示構想に共感した館」を問う質問では、チェコスロバキア館が1位となった。「人類が求めるよりよき未来の道」というテーマに基づき、歴史資料や芸術作品を主体とした展示は、音楽や照明の効果とあいまって、優雅かつ「身のひきしまる雰囲気」をかもしだしていたとする評価があった。

建築的に優れたパビリオンとしては、スイス館、アメリカ館、カナダ館、チェコスロバキア館、オーストラリア館、松下館、ソビエト連邦館、富士グループ館、イタリア館、英国館、大屋根、鉄鋼館、東芝館の順に票を集めた。１９７０年8月に発表された日本建築学会万国博特別賞に、スイス、カナダ、チェコスロバキアの3館が選定されたことも、あわせて紹介している。

映像技術にあって、多くの人が成功と評価したのが、みどり館の全天全周映画「アストロラマ」である。「多少の技術的に未完な点はあっても、高さ31ｍの半球状のスクリーンに映し出される映像によるダイナミックな臨場感は、これまでの平面スクリーンとは比較にならない異質な体験を与えた。そのユニークさは衆目の一致するところだろう」と論評されている。

次の万国博覧会に贈るべき新しい技術や構想は何かという問いかけに対しては、お祭り広場、空気膜構造、アストロラマ、コンピューターによる情報処理や展示演出コントロール、レーザー光線の利用、大屋根の技術などの回答があった。ただしモントリオール博で話題となった「新しいメディアとしての映像技術」のような、展示全体に影響をおよぼすものは見当たらなかったと総括する。さらに現実の社会に利用できるものは何かという設問に対しては、電気自動車、映像技術、コンピューターの利用、無線電話、地域冷房、空気膜構造の建築などの回答が並ぶ。

また同アンケートでは、１９７０年大阪万博に対するデザイン関係者による評価は、概して厳しく、「やっと及第」といったものであった。ただコンピューターによる情報システムや映像技術などは、応用するべきものと認識されていた。

「ことにデザイン関係者にとって良い面悪い面を含めて数多くの学ぶべき点があったと思われるのだが、今後それらを現実の社会にいかに効果的に生かしてゆくのかが今回の催しの最終的な評価につながってゆくことになるのではないだろうか」

編集部はアンケートの分析を、このように結んでいる。

4 会場跡地利用計画

万博会場跡地の利用をめぐる議論

万博会場の跡地をいかに利活用するのか。博覧会の開催以前から議論があった。端緒は、大阪府による用地買収に遡る。会場と想定された千里(せんり)丘陵は、大阪の都心から15㎞圏内にあっては数少ない、まとまった未開発地であった。1965年（昭和40）12月、府議会において購入予算に関する議論がなされた際、大阪府は会場跡地を公共的な施設整備の要地として確保、大阪ひいては近畿圏の将来に役立てる方針を示した。これを受けて議会は、大阪地方計画に基づいた跡地利用計画を早急に策定することを付帯決議に加えて可決した。

これを受けて大阪府は、１９６６年3月に「万国博覧会用地利用計画（基本構想）」を策定する。そこでは近畿圏整備計画や大阪地方計画に掲げた北大阪の整備開発を促進することに配慮、会場跡地を「文教施設地区」「公園緑地地区」「官公庁地区」「流通施設地区」に分け、それぞれに利用計画を策定するものとした。

「文教施設地区」は、大阪大学や調査研究施設を大阪の都心から誘致、学園研究団地とするものとした。郊外に大学を移すことで、過密と用地の不足が顕著であった都心の環境整備に役立てることが想定されたわけだ。「公園緑地地区」は、近畿の文化水準の向上、健全な余暇利用、青少年の体位向上に資するものとし、具体的には、万国博記念施設、青少年運動施設、教養施設などを含む文化・リクリエーション地域とするものとされた。「官公庁地区」には大阪府の関係機関、さらには近畿圏の広域行政に資する公共的な機関を整備する。「流通施設地区」は、近畿圏における自動車交通の要衝となる立地を生かして、流通系の施設群を配置するものとした。

基本構想を受けて、１９６７年2月、より具体的な「万国博覧会跡地利用計画（案）」がまとめられる。そこでは、大阪周辺地域の整備開発とともに大阪都心の過密の弊害の解消に役立つこと、国際的な大事業である万博の開催を記念するに足る社会的価値のある施設を存置すること、大都市における相対的な社会資本不足の現状に鑑みて公共的施設を中心とした整備を行うことが前提条件とされた。

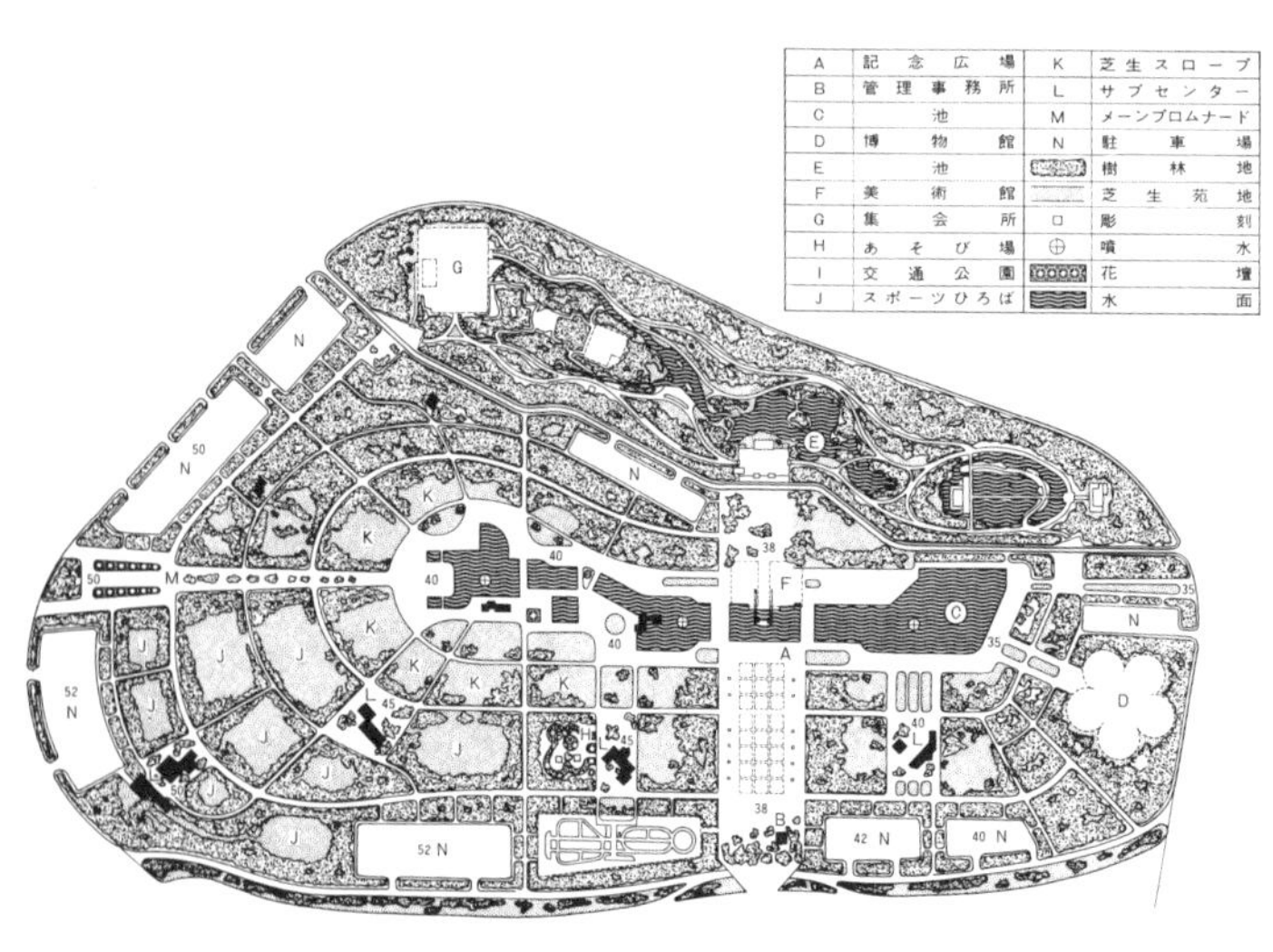

千里丘陵公園（『人類の進歩と調和—大阪開催のあゆみ』大阪府、1970年）

具体的には3エリアに区分する計画が定められた。場周道路内は、万博開催を記念する教育的文化施設に転用、「全国的な利用者圏」を持つ公園として整備する。中央環状線以北、場周道路の外側は、すでに移転が決定している大阪大学の用地とあわせて「文教地域」とする。いっぽう中央環状線以南は、トラックターミナルを中心に運輸倉庫や問屋などからなる街区を整備する。加えて万博の国際性に鑑み、西日本や近畿圏などの広域的な問題に対処する機関、国際交流の窓口となる機関、学術研究に寄与する情報センターや研究センターを設置することにも配慮するものとした。

大阪府の計画をもとに、政府の各省との協議が重ねられた。外務省は「アジア太平洋文化館」の新設を提案、文部省は在阪国立3大学の移転と国立歴史博物館構想を示した。また大阪市長であった中馬馨は、森林公園に転用することを主張したという。

１９６７年９月、大阪府議会は万国博協会への補助金に関する審議に応じて、「跡地利用については、国立大阪大学代替用地部分を除く全域を万国博記念公園とし、全国民の憩いの場、青少年の教養を高める場としてふさわしい施設の充実をはかり、これを永久に保存維持せられたい」とする付帯決議を添えた。基本構想と比べると、公園としての利活用に重きが置かれるようになったことが読み取れる。

翌10月、大阪府は会場中央部の展示区域にあたる約１２９haを都市計画法に基づく都市計画公園「千里丘陵公園」とすることを定める。シンボルゾーンの東側は万博開催を記念する地区、西側を子どもや家族、青少年のリクリエーションの場とし、日本庭園を中心とする北側一帯を「静的な地域」とする方針を定めた。当初の計画では、場周道路の内側に駐車場を配置、お祭り広場一帯を「記念広場」とし、日本館を博物館として再利用する案であった。

日本万国博覧会記念協会による記念公園整備

博覧会の開催が迫ると、跡地利用を議論する場は大阪府から政府に移る。１９６９年（昭和44）4月、国民各層の意見を聞くべく、学識経験者や報道関係者、労組や一般市民、地元関係者など39名が参画、万博担当大臣の私的な諮問機関「万国博覧会跡地利用問題懇談会」が設けられた。

そこにあって大阪府は、都市計画決定区域にあって「万国博を永久に記念するため国費による公園」を造成することを意見として述べた。懇談会では、土地を国が一括で買い上げ、文化施設を配した記念公園を設けること、さらに一元的な管理と運営を行うことなどの意見が大勢を占めたという。

議論は博覧会開催中にも継続される。１９７０年７月、政府は通産大臣の諮問機関「日本万国博覧会後処理委員会」を設ける。そこでは存置するもの、暫定的に存置するもの、撤去するものの３区分で会場内の諸施設を整理、日本館、日本庭園、鉄鋼館、日本民芸館などの展示施設、万国博ホール、万国博美術館、迎賓館、協会本部ビルを利活用するほかは、閉会後、半年以内に撤去する方針が定められた。

会期終了後、大蔵省が跡地を所管することになる。10月、高山英華（えいか）東京大学名誉教授などを委員とする大蔵大臣の諮問機関「万国博覧会跡地利用懇談会」が設けられた。懇談会は、施設中心の再利用計画を採用せず、大規模な公園を整備する方向性を示す。都市化による自然破壊に歯止めをかけ、さらに失われた自然を復元することで、都市住民が自然に接し、自然保護の思想を普及する機会を設けるとする報告書をまとめた。

１９７１年９月１日、公園を整備、運営する主体となる財団法人日本万国博覧会記念協会が設立された。高山が顧問を務めていた株式会社都市計画設計研究所が基本計画をとりまとめる。「人間と自然が触れ合うことのできるすぐれた『緑』の環境を実現し、自然の中で市民が積極的、能動的に参加し、体験することができる芸術、学術およびスポーツ・レクリエーション等の文化的活動の場を提供する」という方針のもと、２６４haの公園用地は、自然文化園地区１３０ha、スポーツ・レクリエーション地区91ha、管理サービス地区43haに区分された。

自然文化園のうち１００haに関しては、造園家の吉村元男が設計を担った。「跡地」から「公園」へと転換する創成期（１９７２～83年）、「緑」に包まれた記念公園の完成を目指す育成期（１９８４～99年）、充実をはかる熟成期（２０００年）の３期30年をかけて、多様な生態系の森林を再生する試みが始まる。

ポスト万博の都市整備

１９７０年大阪万博後、大阪はいかなる発展を目指すのか。大阪府、大阪市とともに、将来の構想を描いた。大阪市は「昭和65年」（１９９０年）を目途とするマスタープランをまとめ、万博開催をその節目と位置づける。

冊子『伸びゆく大阪　EXPO'70』（大阪市公聴部広報課・万国博覧会協力部発行、１９７０年３月）は、大阪市内で進められている事業と、今後、進める都市整備の方向性を示す。冒頭に次の文を掲げる。

「いま　ここに　幕ひらく　日本で　アジアで　初の万国博　それは　70年代の世界をひらく　黄金の鍵といえよう　大阪の町も面目を一新した　その断片は　どのページからも　うかがえるだろうが　70年代こそ人間回復の時代　働く喜びと　住む楽しさとが　機能とも調和する管理中枢都市

その都市像をめざし　求めて　たくましく　はつらつと　さらに大阪は伸びていく」『伸びゆく大阪　EXPO'70』では、「これからの大阪」と題する1章を設けて、「都市行政は先手必勝　常に20年先　30年先を読んで　積極策をとらねば手遅れになる　昭和65年を目標とする　マスタープランにとって　万国博の大阪開催は　序盤の大きな推進力であった　これからは　中盤にさしかかる（後略）」と、市役所の強い想いを記す。

そのうえで大阪の発展を担う一連のプロジェクト群から10事業を選定して概要を説明する。列挙するならば「阿倍野地区再開発構想」「近隣地区の建設」「大阪駅前土地区画整理事業」「鶴見緑地の建設」「新大阪駅周辺土地区画整理事業」「総合文化センターの構想」「新大阪港建設計画」「港の見える丘＝千島計画」「第9回水道拡張事業」「下水道5カ年計画」である。ここに示された計画は、阿倍野地区のように想定以上に時間を費やしたものや、新大阪港建設計画のように当初とはかなり異なるかたちを取った事業もあるが、おおよそ実現したと見てよいだろう。

ただ唯一、大阪大学医学部跡地を中心に中之島西部に各種の文化施設を集める「総合文化センター」だけは具体化しなかった。「総合文化センター」は、図のようにエリアの中心に軸となる公園「憩いの広場」を東西に設けて、周囲に中央市民ホール、近代科学技術館、民俗芸能博物館、郷土資料館、市民劇場、野外音楽堂などの公共施設を配置することとされていた。冊子では「ビジネスセンターの一角に文化芸能施設を集中的に設置し、広場や川沿いの遊歩道とともに、市民の憩いの場、文化活動の基地にしようとするもの」と説明されている。

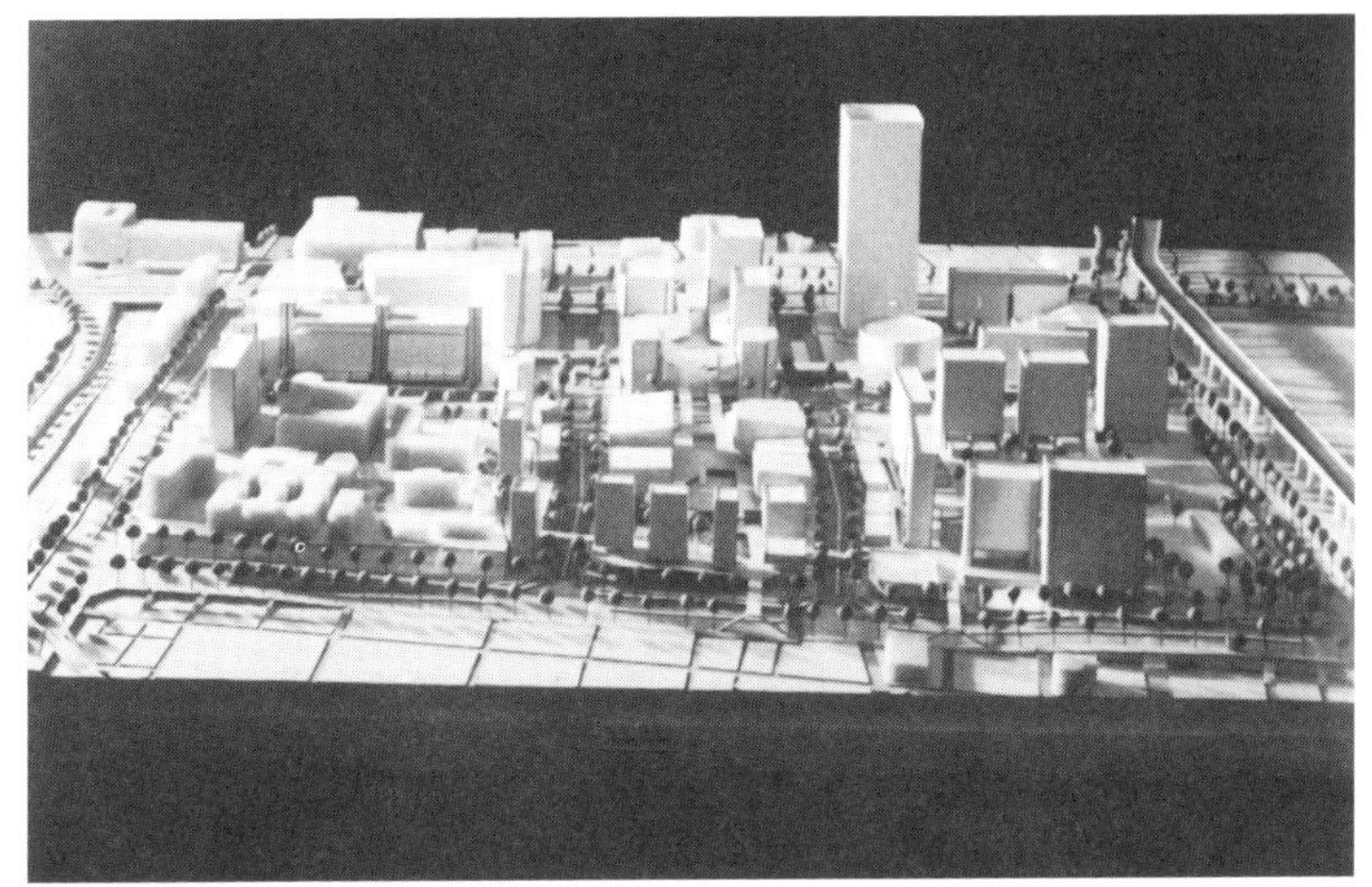

阿倍野地区再開発構想（『伸びゆく大阪EXPO'70』1970年、以下同）

新大阪港建設計画

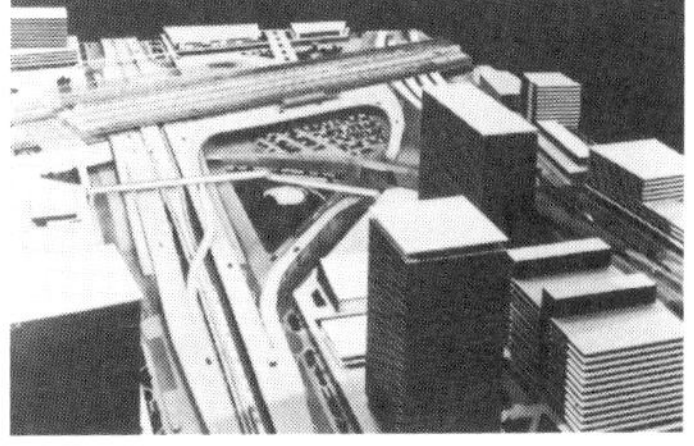

新大阪駅周辺土地区画整理事業

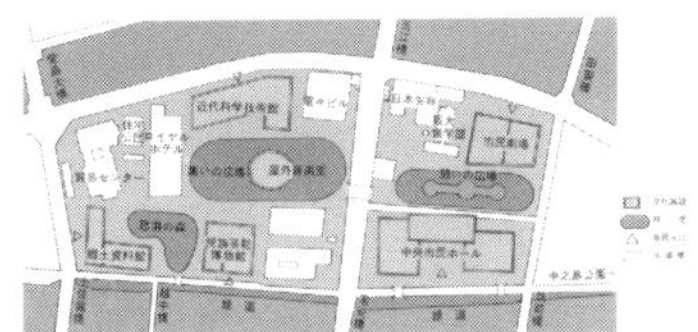

総合文化センターの構想

大阪駅前土地区画整理事業

総合文化センター構想は未成に終わったが、当該地にはその後、大阪市科学館、国立国際美術館、国際会議場などが整備された。さらに２０２２年（令和４）に中之島美術館が開館したことで、初期の計画とはまったく異なるかたちで、中之島に文化施設の集積がはかられることになった。万博開催前に大阪府が示した構想では、中之島にあった大阪大学医学部などを千里に移転するいっぽうで都心の事業を促進、「過密の弊害の解消に役立つこと」が意図された。郊外における公園や国際施設の整備と、都心の再開発を一連のものとみなす発想があった。その願いは、半世紀の時間を経て、ようやく実を結ぶこととなる。

終章

万博と万博のあいだ

１９７０年大阪万博から

１９７０年大阪万博のあと、大阪では１９９０年（平成２）に「国際花と緑の博覧会」（大阪花博）を開催、来る２０２５年（令和７）には「大阪・関西万博」の実施が想定されている。大阪は国際博覧会を契機に、都市のあり方を変えてきた。またいわゆるバブル経済の崩壊や阪神淡路大震災など、厳しい時期を乗り越えて、今日に至る。

１９７０年大阪万博と２０２５年の「大阪・関西万博」のはざまで、大阪はどのような都市を目指したのかを簡潔に述べておきたい。

１９７０年大阪万博の経験を踏まえて、大阪は国際都市、さらには世界都市を目指す必要性が提唱された。対象となったのは、万博を契機として道路網の整備が進み、都市施設も拡充された千里地区である。

国立民族学博物館を創設した梅棹忠夫は、千里ニュータウンと博覧会跡地を軸に、より広域の「グレーター千里」を想定しつつ、「国際文化都市」として整備することを提唱した。また京都、大阪、神戸を関西の主要都市を結んだ三角形の中心にあることから、千里を魅力ある都市とすることで、京阪神の三都を「京阪神千」の四都とするアイデアも示された。

これを受けて、大阪府は１９８２年（昭和57）、府総合計画の中で北大阪地域を「国際文化ゾーン」と位置づけた。さらに１９８６年11月、阪急を含む民間企業7社と大阪府、茨木市、箕面市、住宅・都市整備公団（現・都市再生機構）からなる「国際文化公園都市建設協議会」が発足、茨木市、箕面市にまたがる北摂（ほくせつ）の丘陵に文化・学術・居住機能を兼ね備えた「国際文化公園都市」を建設する構想を発表した。今日、「彩都（さいと）」と呼ばれるエリアである。

彩都は第二名神（新名神）を介して、「けいはんな学研都市」を貫き国土軸にもつながることから、双方を連携することが想定された。ここでは事業の経緯には触れないが、当初、「国際文化都市」という構想が示されたことを強調していきたい。

国際情報文化都市構想からベイエリア開発へ

大阪市も「国際化」をキーワードとする事業を進める。１９８３年（昭和58）10月１日、大阪府、大阪市、大阪財界の協力のもと「大阪21世紀計画」がスタートする。大阪を世界に開かれた「国際文化都市」に育もうとする長期計画を示すとともに、「大阪築城４００年まつり」など多彩なイベントを実施することが示された。

１９８５年には、「テクノポート大阪」の基本構想が、ついで１９８８年７月に基本計画が公表される。１９８０年に埋め立てが完了した南港（なんこう）、および埋め立てが想定された北港（ほっこう）を整備して、大阪を魅力ある「国際情報文化都市」として発展させようという構想であった。

整備対象は、１０００haもある南港（咲洲（さきしま））の埋立地の１６０ha、北港北地区（舞洲（まいしま））の２２５ha、北港南地区３９０ha（夢洲（ゆめしま））の合計７７５haとなる。ここに「先端技術開発機能」「国際交易機能」「情報・通信機能」などの中核機能を用意し、世界各地から多くの人が集まり、情報・文化・技術などの交流や創造活動を行うことができる「24時間都市」の実現と、文化とスポーツやリクリエーションの機能に特化した「職・住・遊」が近接した居住空間を設けることが想定された。

南港地区（咲洲）は、テクノポート大阪の玄関口として、国際交易機能を集中し、関西国際空港と連絡する「24時間都市」を目指すものとされた。国際見本市会場であるインテックス大阪や衛星通信の基地局である大阪テレポートを中心に、ホテル、海洋博物館（のちに「なにわの海の時空館」と命名）、国際フェリーターミナル、航空貨物基地を設ける方針が示された。

南港地区の中枢となる地域の愛称は、公募により「コスモスクエア」と定まった。国際交易機能

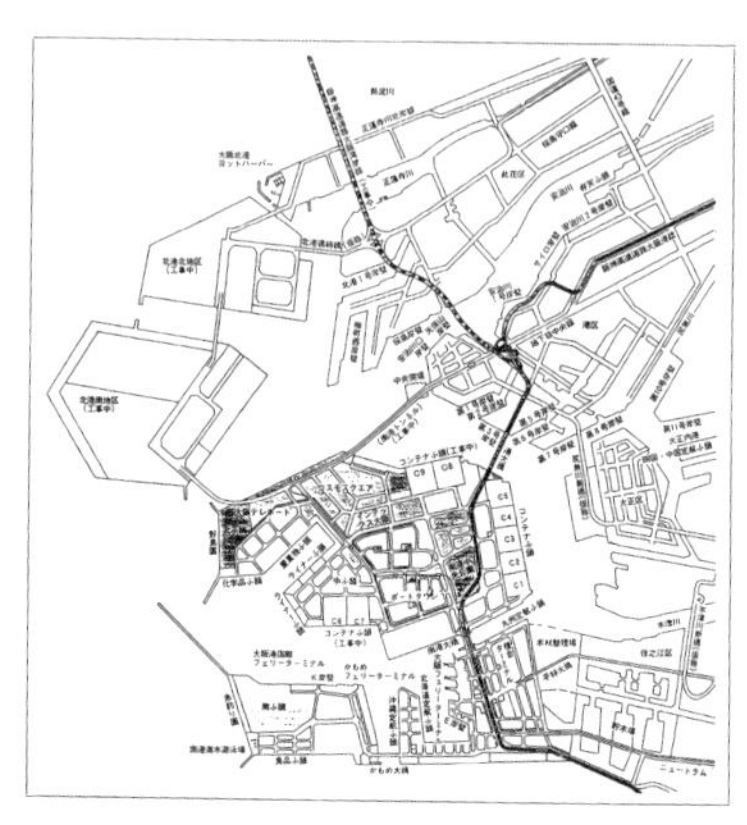
「テクノポート大阪」の北港・南港計画図（『大阪のまちづくり――きのう・今日・明日』大阪市計画局、1991年）

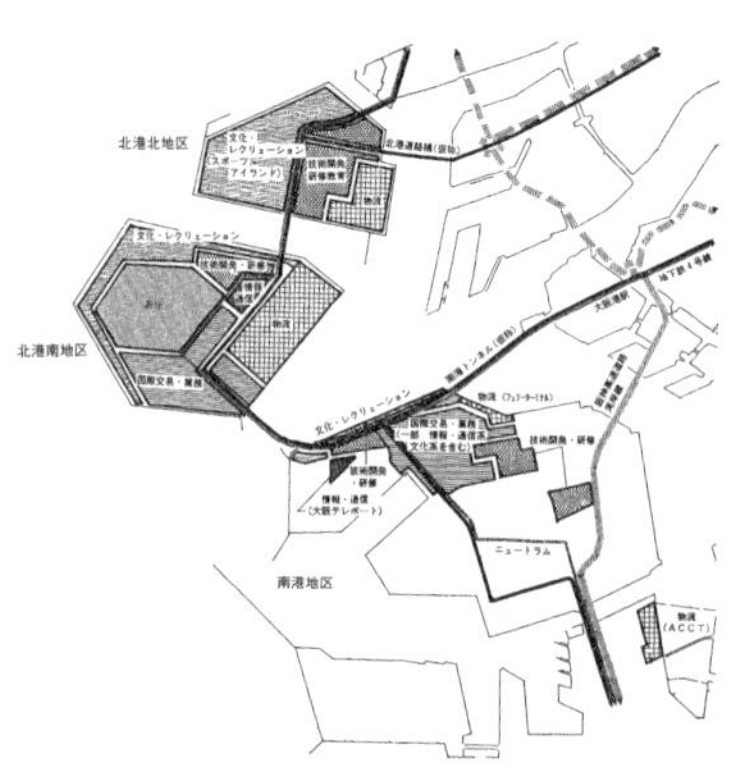

「テクノポート大阪」土地利用・交通施設計画図（同上）

を担う施設として、ＡＴＣ（アジアトレードセンター）、ＷＴＣ（ワールドトレード）が基幹施設として建設された。あわせて企業の本社を集積する都市開発が企図されたが、いわゆるバブル経済の破綻により土地利用は低迷する。

北港北地区（舞洲）は、広大なリクリエーション空間と技術開発・研修・教育ゾーンと位置づけられた。北港南地区３９０ha（夢洲）は、業務・商業施設を中心に、２万戸の各種住宅を建設する。マリーナ付きの住居も想定された。実現はしなかった大阪オリンピックの招致計画にあって北港地区は、主会場や選手村などの建設予定地とされた。

「テクノポート大阪」の基本構想では、東西軸と湾岸軸の概念が示される。従来の大阪の都市構造が南北軸、すなわち大阪国際空港や千里から新大阪、梅田から天王寺に至る御堂筋(みどうすじ)線沿線という軸線で発展をみたことに対して、従前とは異なる都市機能を受け入れるエリアを連絡する都市軸が設定された。

大阪湾岸軸は、関西国際空港から南港・北港地区、阪神間から神戸に至る。市街地の地先にあたる埋立地を横に繋ぐ新たな都市軸である。いっぽうの東西軸は、湾岸軸から都心を経て東へ、鶴見緑地から関西学術研究都市に至る。弁天町の再開発地区、中之島地区、大阪城、ＯＢＰ（大阪ビジネスパーク）などの拠点を連鎖する軸線となる。

１９９２年（平成４）12月に「大阪湾臨海地域開発整備法」が成立した。世界都市にふさわしい機能と住民の良好な居住環境等を備えた地域として大阪湾ベイエリア（大阪湾臨海地域及び周辺地域）の整備に関する総合的な計画を策定、各種の事業を促進することで、当該地区の活力の向上をはかることで、東京一極集中の是正、世界および我が国の経済、文化等の発展に寄与することを目的とする関西圏に限った立法である。関西国際空港の建設に向けて、大阪湾の環境の保全と開発との整合性をとろうとするものであり、テクノポート大阪に関する一連の事業も同法に位置づけられることになる。

1990年大阪花博

1989年（平成元）、大阪は市政100周年を迎えた。さまざまな記念事業が実施されたが、そのひとつに、鶴見緑地を会場とした「国際花と緑の博覧会」があった。

「国際花と緑の博覧会」は、博覧会国際事務局が定める「特別博覧会」の認定を受け、なおかつアジアで初めてとなる「国際園芸博覧会」を兼ねた国際イベントに位置づけられた。テーマに「自然と人間との共生」を掲げ、「大阪花博」「花の万博」「EXPO'90」などの愛称で親しまれた。

鶴見緑地の140haを会場とし、1990年4月1日から9月30日までの183日を会期とした。当時としては万博史上最多となる83カ国、55国際機関、212の企業・団体の参加を得て開催、総来場者数は2312万6934人を数えた。

会場は「山のエリア」「野原のエリア」「街のエリア」から構成された。「山のエリア」では「政府苑」や「国際陳列館」を中心に、各国が伝統的な造園を競い合う「国際庭園」が点在した。「政府苑」では世界最大の花であるラフレシアが人気を集めた。

「国際庭園」では、国ごとに異なる花や緑のあるライフスタイルに触れ、花に託された象徴的な意味合いを学ぶことができた。花にかかわる文化の多様性に触れることができるエリアであった。なかには開幕に間に合わず、職人による庭造りの作業そのものを観客に見せることになり、結果的に人気となったパキスタン庭園などもあった。

対して「野原のエリア」は、大池を中心に広場が確保され、大阪府の「いちょう館」や2haにおよぶ花桟敷・花の谷などが配置された。

「街のエリア」には、大阪市の「咲くやこの花館」、寄付によって建設された「生命の大樹・いのちの塔」のほか、環境共生の理想や技術を最新の演出手法で示す企業のパビリオンが建ち並んだ。

北側の区画では「マジカルクロス」が営業した。欧州の移動遊園地を再現する「キルメスゾーン」と米国流の「パークゾーン」からなる遊園地は、幻想的な夜景の美しさもあって若者や家族連れの人気を集めた。

「山のエリア」から、「野原のエリア」、さらには「街のエリア」に向けて、段階的に「都市内の自然」から「自然と共生する都市」へと遷移する様子を感じることができた。博覧会のねらいが会場構成にも反映していた。

大阪花博の基本理念をうたう文章に次のような時代認識がある。

「21世紀を目前にして、世界文明が大きく変わろうとしている今日、花と緑を身近なものとする技術、園芸と、それにつながる生命科学は画期的な意味を持ち始めた。世界の多くの国々において、都市化は歴史的規模で進展しつつある。高密度の人口集中地域に住み、その中で生涯をおくる人間の急増は、都市の内部に花と緑のふるさとを創造する必要を高めている。自然を愛し、自然を畏敬し、生命を祭る場所と仕組みを、ちまたの中にこそつくらねばならない。住環境を高める園芸の普及、公共的庭園の充実、また自然を学びその美をたたえる施設の整備は、人類の基礎的な生活要求の一部と見なければならない。世界の諸国とともに、日本も路地の一隅にさえ花と緑を育てる伝統を持ち、都市生活の中に自然を創造する独自の技術を培ってきたが、これは21世紀に臨む現代にこそ活かされるべきであろう」（公益財団法人国際花と緑の博覧会記念協会ウェブサイトより）

　産業社会の構造的な転換期にあって、都市化が進展する。そこにあって、自然と共存する場所や仕組みを創り上げることの重要さが強調されている。そのうえで「今日の花と緑の博覧会は、そうした産業思想の転換を紹介し、産業と生命、文明と自然が対立者ではなく、本来、調和しあう存在であることを確認する場所ともなるはずである」と述べる。

　ここでは、産業と生命との「調和」、文明と自然との「調和」が強調されている。１９７０年（昭和45）の大阪万博では「人類の進歩と調和」というテーマを掲げ、東西文明、さらには諸文明の調和について、さまざまなメッセージが示された。対して大阪花博では、人類文明と自然との調和を示す場が用意された。１９７０年の大阪万博にあって掲げられたテーマを、継承しつつ、より発展させたものとみてよい。

21世紀の大阪像

大阪花博が開催された1990年（平成2）10月、大阪市は2005年を目標とした中長期計画である「大阪市総合計画21」をとりまとめた。総合計画としては、1967年（昭和42）に全国の諸都市に先駆けて策定した「大阪市総合計画／基本構想」、1978年にまとめた「大阪市総合計画1990」に続くものである。

「大阪市総合計画21」は、長期のビジョンである「構想編」と2005年までに推進されるべき施策の方向性を体系的に示す「計画編」の2編からなる。立案にあたっては歴史的な転換期を迎えているという認識のもと、来るべき長寿社会への対応、魅力ある大都市生活の実現、文化的魅力の向上、活力ある国際社会への発展、国際社会への貢献、大阪のアイデンティティの確立などが主要な課題として設定された。

「構想編」では、誰もが個性あるいきがいを追求し、豊かな大都市生活を送ることができる「人間主体のまち」、経済と文化を都市発展の両輪として、活力と創造性に満ちた「世界に貢献するまち」を両立させることとした。そのうえで、住（生活）・職（経済）・遊（文化・ゆとり・アメニティなど）のバランスがとれたまちを実現させることを、21世紀の大阪が目指すべき基本方針とした。

「計画編」では、健康で安心できる生活、心豊かでいきがいのある生活、魅力ある大都市居住、創造性に満ちた大阪文化、活力ある経済・産業、多彩な交流と世界への貢献、アメニティ豊かな空間、確固たる都市基盤の8分野ごとに施策の方向性を定めている。

住・職・遊のバランスがとれた都市空間を創造するために、業務や商業など高次の機能が都心に集積している「都心集中型」の大阪の都市構造を改めることが想定された。まず従来の都心に対して、南港・北港地区および周辺の臨海地域に「新しい都市機能」を計画的に集積し、「もう一つの新しい都心」として育成することが明記された。

加えて都市軸の拡充がうたわれた。新都心と都心を連絡し、さらに関西学術文化研究都市を連絡する東西都市軸、北大阪・都心・南大阪を結ぶ南北都市軸を充実し、強化する。また神戸や関空を

都市構造の概念図（『大阪のまちづくり――きのう・今日・明日』1991年）

「大阪市総合計画21」の整備ブロック区分図（同上）

連絡する広域軸（湾岸軸）、大阪を中心に京都を経由して東日本、神戸を経由して西日本を結ぶ広域軸（国土軸）の形成を誘導する。都心を中心に大阪市域を方形の構造で把握する考え方が図示された。

そのうえで各軸に囲まれた中心部、西部、北部、東部、南部の5ブロックに市域を分けて、均衡のある発展をはかることが明記された。「大阪市総合計画21」では、この都市構造に従って、ブロックごとの整備計画が検討された。

2025年の「大阪・関西万博」に向けて

2025年（令和7）に「2025年日本国際博覧会（大阪・関西万博）」が開催される。会場となる夢洲は、先に紹介した「テクノポート大阪」の北港南地区にあたる。当初の構想では、2万戸の住宅地を設ける予定であり、大阪がオリンピックを招致した際には選手村の予定地となっていた。しかし北京に敗れたこともあって、都市的利用ではなく、コンテナヤードなど港湾機能を中心とした土地利用が進められた。しかし統合型リゾートと万博の誘致成功もあって、「国際集客」を主とする構想に転換がなされた。

私は「大阪・関西万博」の大阪府案の策定にあたって、もっとも初期の段階から中心的な役割を担ってきた。さらに経済産業省による計画立案にも参画、具体化に向けた検討会の委員も拝命、ワーキングでも取りまとめ役を務めた。

誘致段階では、大量動員型の巨大イベントは、わが国ではもはや不要であるという否定的な意見をしばしば耳にした。しかし今日の国際博覧会は、世界人類が直面している諸課題を解決する場として再定義されている。

「大阪・関西万博」は、「いのち輝く未来社会のデザイン(Designing Future Society for Our Lives)」をテーマに掲げた。「人(human lives)」に焦点をあてて、個々人がポテンシャルを発揮できる生き方と、それを支える社会のあり方を示すことになる。

また「大阪・関西万博」は、国連のSDGs(持続可能な開発目標)の達成に貢献することもうたっている。博覧会は、持続可能な社会経済システムの理想を示す。同時に、日本がうたう「ソサイエティ5・0」のモデルを対外的に訴求する好機となることも強調している。

「大阪・関西万博」は、医療やライフサイエンス関連領域の先端技術が可視化され、「平均寿命100歳」となる「超高齢化社会」への対処法を世界に示す場になることだろう。ライフサイエンス関連の産業は、京都、大阪、神戸などで成長が期待されている。博覧会は、関西がこの分野の先進地であり、アジアにおける拠点であることを示す好機となるはずだ。

いっぽう都市計画やまちづくりの領域にあってはどうだろうか。1970年大阪万博は、都市計画道路や鉄道など戦後復興期に計画されたが未達であった事業の進捗を促した。同時に大阪空港の国際化や阪神高速道路の整備など、新たな都市基盤の整備を生み出した。短期間に飛躍的な経済成長を果たし、人口の急増を見るなかで派生した深刻な都市問題を解決するなかで、万博に関連する事業が実践的な解決策を示した。

対して「大阪・関西万博」はどうだろう。状況は1970年大阪万博の当時とは激変している。少子高齢化社会が想定されるなか、規模を拡大する都市計画から、コンパクトな都心を目指すまちづくりへの転換が求められている。自動車を優先するまちづくりから歩行者中心とした社会へ、DX（デジタルトランスフォーメーション）化を前提とした「ウェルビーイング」を目指す居住地の再生など、人々の生活様式の変化に応じて理想とする都市のあり方も変容した。「大阪・関西万博」では、新たな都市課題に対して解決策を示す機会になる。

さらには「大阪・関西万博」は国際観光の振興にも貢献する。跡地の利活用は今後の検討に委ねられるが、隣地での事業化が進む「統合型リゾート」とあいまって、日本を代表する観光目的地がここに出現することになるはずだ。

半世紀以上の期間を経て開催されるふたつの万国博覧会を通じる都市の課題は「国際化」であった。2025年を契機として、大阪は真の国際文化都市を目指す段階に入る。

主要参考文献

第1章

大阪市都市再開発局編『座談会　大阪の戦災復興　その一』大阪市都市再開発局、１９７８年
同『座談会　大阪の戦災復興　その二』大阪市都市再開発局、１９７９年
小林一三「縮小『新大阪市』設計要項」（『小林一三全集』５、ダイヤモンド社、１９６２年）
『大阪人』１９５０年2月号
『大阪人』１９５０年10月号
『新建築』１９４６年2月号
『建築と社会』１９４７年3・4・5月号

第2章

大阪市民生局編『本市の住宅事情』（民生局報告第12号）、大阪市民生局、１９４７年
大阪府地方自治研究会編『大阪府政　十二年の歩み』大阪府、１９５９年
初田香成「戦後における都市不燃化運動の初期の構想の変遷に関する研究　耐火建築促進法成立の背景」『都市計画論文集』42巻3号、２００７年10月
毎日新聞社編『復興大博覧会誌』毎日新聞社、１９４９年
『国際建築』１９５９年1月号
『市政グラフ』第3号、１９５５年

『大阪市の住宅』大阪市建築局住宅建設課、1959年
『復興大阪の巨像』大阪郷土文化会、1955年
『さかえる街　もえない街』大阪不燃都市建設促進協議会、1960年4月
『あたらしいまちづくり　上六—下寺町　その計画と歩み』上六—下寺町地区改造促進協議会連合会、1962年

第3章

大阪市行政局編『大阪市政年鑑　昭和24年版』大阪市、1949年
大阪商工会議所調査課編『「大阪工業の復興状況」に関する調査報告書』大阪商工会議所調査課、1948年
工藤敏郎「都市と観光」(『建築と社会』1949年11月号)
高橋正義・十代田朗・羽生冬佳「戦後復興期の観光関係特別都市建設法の成立と同法制定都市における観光都市計画に関する研究」(『都市計画論文集』38巻3号、2003年10月)
武部英治「観光日本の新構想」(『楽園』第1号、1947年2月)
日本国際見本市委員会事務局編『日本国際見本市報告書』日本国際見本市委員会事務局、1954年
『大阪人』1951年8月号
『大阪府産業復興五ケ年計画の概要』大阪府、1949年

第4章

泉眞也「時速100kmの世界　名神高速道路案内標識の基本デザインの提案から公開テストまで」(『デザイン』第44号、1963年3月)
格井保治「阪神高速道路の構想」(『新都市』1962年5月号)

嘉名光市、増井徹「船場センタービル建設に至る経緯とその計画思想に関する研究　基本構想（案）・実施計画（案）の分析を通じて」（『都市計画論文集』46巻3号、2011年10月）
栗本順三「阪神高速道路公団の使命」（『新都市』1962年5月号）
『高速道路五十年史』編集委員会編『高速道路五十年史』東日本高速道路株式会社・中日本高速道路株式会社・西日本高速道路株式会社、2016年
竹元千多留「大阪府の幹線道路網計画」（『新都市』1970年11月号）
日建設計工務株式会社編『東大阪流通業務団地建設基本計画1968』日建設計工務株式会社、1968年
阪神高速道路公団編『新しい道　阪神高速道路公団10年史』阪神高速道路公団、1972年
同『阪神高速道路公団二十年史』阪神高速道路公団、1982年
阪神高速道路公団総務部総務課編『阪神高速道路公団年報　昭和37〜昭和49年度』阪神高速道路公団総務部総務課、1967〜76年
前田美種「東大阪流通業務団地について」（『新都市』1969年10月号）
『大阪人』1959年9月号
『太平洋戦争による我国の被害総合報告書』経済安定本部総裁官房企画部調査課、1949年
『HANSHIN EXPRESSWAY』阪神高速道路公団、1966年
『築港深江線　船場ビル』大阪市・阪神高速道路公団・株式会社大阪市開発公社、1967年
『OSAKA CENTRAL RING HIGHWAY』（大阪府、1967年）
『大阪中央環状線概要』（1966年版、大阪府）

第5章

大蔵公望『大阪地方交通統制に関する報告書』大蔵公望、1936年

大阪国際空港50周年記念事業実行委員会編『翔―大阪国際空港50周年史』大阪国際空港50周年記念事業実行委員会、１９９０年
大阪市都市再開発局編『新大阪の建設』大阪市都市再開発局、１９７５年
大阪都市協会編『近代大阪の五十年』大阪都市協会、１９７６年
三木理史『水の都と都市交通―大阪の20世紀』成山堂書店、２００３年
『目でみる運輸白書　運輸と国民生活　昭和32年度版』運輸省運輸大臣官房文書課、１９５８年
『やさしい運輸白書　運輸と国民生活　昭和33年度版』運輸省運輸大臣官房文書課、１９５９年
『やさしい運輸白書　運輸と国民生活　昭和36年』運輸省運輸大臣官房文書課、１９６１年
『大大阪』１９３３年1月号
『SPACE MODULATOR』34号（特集「建築複合化現象とガラス」）、１９６９年
『東海道広軌新幹線着工』日本国有鉄道、１９５９年
『大阪環状線』日本国有鉄道関西支社、１９６１年
『東海道新幹線』日本国有鉄道広報部、１９６３年
『新幹線　１９６２年度版』日本国有鉄道
『グラフ大阪　新大阪風土記　摂津編』大阪府知事室広報課、１９６４年
『大阪港安治川内港’65　安治川内港完成記念』大阪市港湾局、１９６５年
『高速鉄道　第3号線　西梅田↕大国町開通記念』大阪市交通局、１９６５年
『高速鉄道　第5号線　野田阪神↕桜川開通記念』大阪市交通局、１９６９年
『地下鉄堺筋線　天神橋筋六↕動物園前　中央線　本町↕谷町四開通記念』大阪市交通局、１９６９年
『大阪府政　進歩と調和を』大阪府、１９７０年
『地下鉄千日前線　桜川↕谷町九開通　地下鉄網完成記念』大阪市交通局、１９７０年

『地下鉄御堂筋線　新大阪↕江坂　開通記念』大阪市交通局、１９７０年
『地下鉄・市バス』大阪市交通局総務部総務課、１９７２年
『地下鉄谷町線開通記念　東梅田↕都島』大阪市交通局、１９７４年
『建設のあゆみ　大空への飛翔』第三港湾建設局大阪空港工事事務所、１９８５年

第6章

大阪府編『人類の進歩と調和―大阪開催のあゆみ』大阪府、１９７０年
京大川崎研究室「JEXPO'70　日本万国博覧会構想計画」（『新建築』１９６６年3月号）
京都大学万国博調査グループ報告書『'70日本万国博覧会会場計画に関する基礎調査研究』財団法人日本万国博覧会協会、１９６６年
斎藤五郎編『日本万国博事典（改訂再版）』丸之内リサーチセンター、１９６９年
西山夘三「万国博覧会会場計画―調査から企画へ」（『建築雑誌』１９７０年3月号）
日本万国博覧会協会編『日本万国博覧会公式記録　第3巻』日本万国博覧会協会、１９７２年
橋爪紳也「１９７０年大阪万博の会場計画」（橋爪紳也著・監修、乃村工藝社編『博覧会の世紀　１８５１―１９７０』青幻舎、２０２１年）
橋爪紳也・西村陽編著、都市と電化研究会著『にっぽん電化史4　万博と電気』日本電気協会新聞部、２０２０年
万国博覧会会場計画原案作成委員会「日本万国博覧会会場基本計画第2次案」（『新建築』１９６６年7月号）
矢嶋哲男「万国博覧会会場の跡地利用」（『新都市』１９７０年11月号）
『工芸ニュース』38巻3号、１９７０年11月
『日本万国博覧会概要』日本万国博覧会協会、１９６６年

『会場づくりへ第一歩　日本万国博覧会会場起工記念』日本万国博覧会協会、1967年
『日本万国博覧会　概要』日本万国博覧会協会、1967年
『「せんい館」のあらまし』日本繊維館協力会、1968年
『古河パビリオン』万国博古河館推進委員会、1968年
『日本の自然と日本人の夢　三菱館　出展構想』三菱万国博綜合委員会、1968年
『創造の楽園　三井グループパビリオン　1968＝MARCH』三井グループ万国博出展委員会、1968年
『お祭り広場建築工事の概要』お祭り広場監理共同企業体・お祭り広場共同企業体：㈱大林組・㈱竹中工務店・㈱藤田組、1969年
『伸びゆく大阪　EXPO'70』大阪市公聴部広報課・万国博覧会協力部、1970年
『EXPO'70 NO.3』日本万国博覧会協会、1969年
『EXPO70 三井グループ館建設工事』三井グループ出展者会他
『日本民芸館の出展概要　日本民芸館―暮らしの美』万博日本民芸館出展協議会

終章

『大阪のまちづくり―きのう・今日・あす』大阪市計画局、1991年

あとがき

大阪の都心である島之内の竹屋町が故郷である。生家のあった場所は、1989年（平成元）に東区と合併して中央区となるまでは南区に属していた。

南綿屋町にあった道仁小学校が母校である。毎週、音楽朝礼があり、全校児童で1921年（大正10）に制定された「大阪市歌」を合唱することがあった。「東洋一の商工地」と呼ばれた当時の繁栄を、「生気ちまたにみなぎりて、物みな動くなりわいの　力ぞ強き　大阪市」と高らかにうたう歌詞に心が躍ったことを覚えている。

のちに京都大学の建築学科に進学、大阪の都市計画や都市開発に関する歴史的研究と実践を生涯を賭する仕事としたいと考えた背景には、子ども時代に育まれ、かつ鍛えられた大阪への強い「愛市精神」があると今にして思う。

これまで明治時代から大正時代、さらに昭和初期に至る大阪の都市文化や都市開発について、多くの論考を執筆してきた。特に大正末に市域を拡張、アジア最大、世界でも五位、六位を争う人口を誇る大都会となった「大大阪の時代」に焦点をあてて、建築や郊外文化、生活文化などの視点から、何冊もの著書をものにしてきた。

もっとも当初から、明治から昭和戦前期だけを研究の対象としていたわけではない。戦時下から戦後復興期、高度経済成長期における大阪の動向についても、機会をみて研究成果を世に示していきたいと考えていた。

本書は、戦災復興から占領期までを対象に毎日新聞社が保管する報道写真を編んだ写真集『写真図説　占領下の大阪・関西』（橋爪編著、毎日新聞大阪本社編。創元社、２０２２年）に続く、戦後の大阪を論じる仕事である。

今後も戦後復興期から今日に至る大阪について継続して史料を集め、研究を深めていきたいと考えている。特に戦前と戦後を分断して読み解くのではなく、総動員体制の時期をはさみながらも継続した生活文化や都市機能に焦点をあてて、都市大阪の歴史を論じる研究が必要であると考えている。

ここで、本書の成り立ちについて記しておきたい。

この本は、一般社団法人大阪府建築士事務所協会が発行している会誌『まちなみ』に２０１８年４月号から２０２２年３月号までの４年間、41回にわたって、「大阪１９４５〜１９７０　建築と都市の時代」と題して、連載させていただいた文章をもとに再構成したものだ。

単行本に編み直すにあたっては、連載のうち数回分を減じつつ、「はじめに」と「終章」を書き下ろして増補した。また連載時には毎回、私が収集したビジュアル資料や往時の雑誌に掲載された図表など多くの図版を添えていたが、ページ数の限界もあり、一部を省かざるを得なかったのは残念であった。いずれ大阪に限らず関西の都市開発や都市計画に関する図版やデータをまとめた資料集を編む機会があればと思っている。

『まちなみ』の連載から書籍を編むのは、『ツーリズムの都市デザイン』(鹿島出版会)、『大大阪モダニズム遊覧』(芸術新聞社)についで本書で3冊目になる。

大阪府建築士事務所協会は1976年(昭和51)に大阪建築士事務所協会として設立、翌年から『まちなみ』の刊行を始めている。2008年に改称、2009年に建築士法に基づく「法定団体」として認可された。

現在は800社ほどの建築士事務所が加盟、4つの常設委員会と特別委員会と8つの支部を設けて、講演会や見学会、セミナーなどの会員サービスとともに、公共の福祉や「建築文化の育成」に対する貢献を行っている。

長期にわたって、継続して執筆の場を提供していただいている大阪府建築士事務所協会には感謝の言葉しかない。佐野吉彦氏、戸田和孝氏、樋上雅博氏の歴代会長、『まちなみ』編集委員の皆様、連載当時に担当いただいた協会の肥田奈津子さんと高峰秋雄さん、編集チーフである北村ひとみさんなど、ご支援をいただいたすべての関係者に心よりお礼を申し上げたい。

最後に株式会社山川出版社編集部の本多秀臣さんに、最上級のお礼を。いつも企画段階から伴走いただき、必要な時に必要な助言をいただだいている。今回もお世話になりました。ありがとうございました。

二〇二三年五月　京都西京の双窓席にて、著者記す

著者
橋爪紳也（はしづめ・しんや）
1960年大阪府生まれ。大阪公立大学研究推進機構特別教授。京都大学工学部建築学科卒業、大阪大学大学院工学研究科博士後期課程修了。建築史・都市文化論専攻。工学博士。大阪府と大阪市の特別顧問として「大阪・関西万博」の誘致に構想段階から携わる。著書に『大大阪の時代を歩く』（編著。洋泉社歴史新書、2017年）、『昭和の郊外　関西編』（柏書房、2019年）、『大阪の教科書　上級編』（監修。創元社、2019年）、『大阪万博の戦後史』（創元社、2020年）、ほか多数。

編集協力：古川順弘
組　　版：キャップス

都市大阪の戦後史——復興・再生・発展

2023年7月20日　第1版第1刷印刷
2023年7月30日　第1版第1刷発行

著　者　橋爪紳也
発行者　野澤武史
発行所　株式会社山川出版社
東京都千代田区内神田1－13－13　〒101－0047
電話　03(3293)8131(営業)
03(3293)1802(編集)
印　刷　株式会社明祥
製　本　株式会社ブロケード
装　丁　黒岩二三［Fomalhaut］
https://www.yamakawa.co.jp/

造本には十分注意しておりますが、万一、乱丁・落丁本などがございましたら、小社営業部宛にお送りください。送料小社負担にてお取替えいたします。
定価はカバーに表示してあります。

ISBN 978-4-634-15230-4